经济法的理论与实践研究

祁慧丽　肖慧敏　连北坤　著

中华工商联合出版社

图书在版编目（CIP）数据

经济法的理论与实践研究 / 祁慧丽, 肖慧敏, 连北坤著. -- 北京 : 中华工商联合出版社, 2022.6（2024.4重印）

ISBN 978-7-5158-3495-5

Ⅰ. ①经… Ⅱ. ①祁… ②肖… ③连… Ⅲ. ①经济法—研究—中国 Ⅳ. ①D922.290.4

中国版本图书馆CIP数据核字(2022)第108054号

书　　名：经济法的理论与实践研究

作　　者：祁慧丽　肖慧敏　连北坤　著
出 品 人：郭　婷
图书策划：米　秦
责任编辑：于建廷
绘　　图：杨　红
装帧设计：刘　伟
责任审读：李　佳
责任印制：陶　莹
出版发行：中华工商联合出版社有限责任公司
印　　刷：北京世纪海辉印刷有限公司
版　　次：2022年6月第1版
印　　次：2024年4月第2次印刷
开　　本：787×1092　1/16
字　　数：350千字
印　　张：15
书　　号：ISBN 978-7-5158-3495-5
定　　价：78.00元

PREFACE

法治是现代文明的制度基石，知法、守法、用法、尊法是现代社会对每个公民的基本要求。全面依法治国、建设社会主义法治国家，离不开每个公民的参与和支持。学习法律的目的，不仅是要掌握法的知识，更重要的是增强法律意识，提升法治素养，使自己成为社会秩序的自觉维护者。

市场经济不仅是竞争性经济和有序的经济，更是法治化的经济。在这种法治化经济的条件下，无论是国家管理经济活动，还是经济主体之间的经济交往，或者是商事主体的设立、变更和终止，市场准入和交易规则的制定和实施，市场交易秩序的维护与监管等，都必须有法可依、依法操作。

本书共由七章组成，内容分别为：经济法基本理论、经济竞争法律制度、公司法、劳动法、金融法与税收法、知识产权法、社会保障法。

本书以科学发展观为指导，注意吸收经济法学领域最新的前沿研究成果，反映经济法制建设的新观念，系统而简明地阐述了经济法的基础理论和具体的经济法律制度。本书内容全面系统且突出重点，具有科学性、准确性、实践性、逻辑性和稳定性，同时也努力反映司法实践中出现的新问题，反映经济法学研究中的新成果，反映新的立法和新的司法解释，并且在理论体系和结构上力求有所创新。

本书旨在培养"知法，懂法，用法"的职业素质，形成"有序经营、安全交易"所必备的法律知识体系，为进入职场从事经营管理活动提供必要的法律指南。

本书由山西省职业技能鉴定中心祁慧丽、武汉工程大学邮电与信息工程学院肖慧敏、河南开封科技传媒学院连北坤著。具体编写分工如下：祁慧丽负责第一章至第四章的编写(共计18万字)，肖慧敏负责第五章和第六章的编写(共计10万字)，连北坤负责第七章的编写(共计7万字)，祁慧丽负责全书的统稿和修改。

CONTENTS 目 录

第一章　经济法基本理论

第一节　经济法的兴起

一、经济法兴起的历史

关于经济法是什么时候产生的问题，国内外法学界有着不同的认识。有学者认为，经济法是在资本主义进入垄断阶段以后才出现的一种法律现象;[①] 有学者认为，经济法没有自己的历史，它是随着国家和法的产生而产生的。[②] 我们认为，上述观点并没有实质上的分歧，它们都反映出在前资本主义"诸法合体"的法律体系中，存在着许多国家干预经济的因素，我们可以称这种经济法为"前资本主义经济法"或"古代经济法"。而作为一种独立的法律力量兴起的经济法，即"资本主义的经济法"或"现代经济法"，则是在人类社会进入资本主义社会以后产生的。

我国经济法的实践自新中国成立起便开始启动，若以 1978 年中国共产党十一届三中全会召开为界，大致可分为改革之前的经济法实践和改革之后的经济法实践。改革之前，在最初的基本完成社会主义改造阶段，我国颁布了一系列经济法规，这些法规对于建立无产阶级政权赖以存在的物质基础和作为发展的前提条件，对于恢复国民经济，实现社会主义工业化，促进对农业、手工业和资本主义工商业的社会主义改造以及发展生产，起到了重大的推动和保证作用。在全面开始社会主义建设阶段，我国的经济立法有了新的发展，这对促进大规模经济建设起到了积极的作用。但是，由于在工作指导思想上受到"左"的影响，一些行之有效的经济法规被行政管理手段所取代，社会主义经济法制受到一定削弱。在"文革"时期。我国的经济立法遭到了严重的破坏，许多经济法规被否定，而新

---

① ［日］金泽良雄：《经济法概论》．满达人译，中国法制出版社 2005 年版．第 23～24 页；史际春、邓峰：《经济法总论》，法律出版社 1998 年版，第 68～71 页。

② 关乃凡：《中国经济法》，中国财政经济出版社 1988 年版，第 23～26 页；杨紫炬主编：《》经济法》，北京大学出版社．高等教育出版社 1999 年版．第 10～14 页。

的经济法规几乎没有制定。党的十一届三中全会以后，随着党的工作重点转移到以经济建设为中心的轨道上，经济领域的法制建设也受到了重视。从 1979 年到 1992 年，国家制定了大量的经济法律和法规，从而使得我国经济法制的主要框架得以形成，经济活动的许多方面基本上有法可依。1992 年年底，党的十四届三中全会把建立社会主义市场经济体制确立为我国经济体制改革的目标，并对加强法制建设做了系统而明确的要求。与此相适应，我国经济法迎来了全面革新的历史机遇，经济立法中限制政府的经济干预权力趋势日益显著。2003 年，党的十六届三中全会召开，这次会议做出了完善社会主义市场经济体制的决定，这使得国有经济、金融体制、投融资体制、"三农"问题、社保改革、市场体系、分配制度等与经济法相关的问题受到了高度重视。目前，随着"十四五"规划的制定和实施，与之相应的经济法律制度的完善或建立正在科学发展观的指导下有条不紊地进行着，这些经济法律制度的发展也必将为构建社会主义和谐社会提供重要的制度保障。

在回顾了中国经济法实践的基础上，我们可以进一步了解中国经济法理论的发展过程。中国经济法理论研究开始于党的十一届三中全会以后，在 1992 年以前，我国经济法理论在很大程度上继受了苏联的经济法学说，这一时期的经济法理论反对和批判市场经济，把计划法作为经济法的"龙头法"，反映了高度集中的计划体制的要求。随着我国对市场经济体制的确认，既往的经济法理论得到了全面的反思和检讨。在此基础上，经济法学者把目光转向已趋成熟的西方现代经济法，而苏东国家经济法理论的学术影响日趋弱化。目前，经济法这门年轻的学科在我国已经获得了长足的发展，取得了可喜的研究成果。尽管探索法与经济之间的关系是一个艰辛的过程，但经济法理论定会接受实践的检验，我们也定会在革故鼎新中发现更多的关于法与经济互动的真理性认识。

综上可见，我国经济法理论和实践正在社会主义市场经济条件下朝着具有现代化特征的现代经济法形态演进。

二、经济法兴起的原因

对经济法这一新兴法律领域在世界范围兴起原因的探究，需要我们从多个角度加以展开。在多角度视阈的交融下，我们可以看到，经济法的兴起是现代社会中法律实践深入发展的集中反映。

（一）经济法兴起的经济原因

从经济角度认识经济法的兴起，需要注意的是现代经济发展的形态和国家在现代经济发展中的作用。现代经济的发展形态是现代工业社会的大生产取代了传统农业社会自给自足的生产模式，现代工业社会的商品经济取代了传统农业社会的产品经济。现代经济在专业化程度变得越来越高的同时，实现了越来越广泛的社会分工，整个社会化大生产有了对各个生产部门进行协作的需要，社会总供给与社会总需求之间也需要平衡。在这样的背景下，社会经济的发展要求国家从社会总体利益出发，采取切实有效的措施，解决市场自身不能解决的问题，克服社会总供给和总需求之间失衡的矛盾。由此，现代社会的经济形态成为国家干预之下的有组织的经济。而对这种有组织的经济进行规范和调整需要有力的法律手段，这在客观上促成了以调整需要国家干预的经济关系为特征的经济法的兴起。

（二）经济法兴起的政治原因

从政治角度认识经济法的兴起，需要注意的是国家和国家干预对经济法形成的作用。自从国家产生以来，国家对经济的干预就随之产生。而国家干预的必然性导致了经济法兴起的必然性。在社会经济发展的不同时期，国家干预经济的方式、范围、目标和价值也不相同。

在政治层面了解经济法的兴起，我们应当明确以下两个问题：[1]　其一，国家对经济生活的必要干预，是国家领导和组织经济职能的一部分。在有国家存在的不同社会形态下，国家都要为实现这种职能而采取干预政策，所不同的是实现其干预职能的范围、目的和手段。即使是宣称"无为而治"的自由资本主义国家的政府，也不会完全放弃对经济发展的组织和领导以及相应的国家干预经济的措施。其二，国家干预经济的过程，也就是国家干预经济的法制化和民主化的过程。比较而言，在国家原始干预阶段，即奴隶制和封建制阶段，国家干预是非法制化和非民主化的。在国家积极干预阶段，即垄断资本主义阶段，国家对经济的干预是以经济法治、经济民主、经济公平、经济秩序以及经济效益为目标，这也是各国在行政法和民法之外，制定体现国家干预经济的经济法所追求的目标。综上可见，国家干预走过了一个从集权制、非法制化到民主化、法制化的过程，干预的形式也由全面的、直接的干预发展为适度的、间接的干预。而民主化、法制化、间接干预和适度干预也是以国家干预为己任的现代经济法所具备的基本特征。

（三）经济法兴起的法律文化原因

从法律文化的角度认识经济法的兴起，需要注意的是不同时空下的文化传统和文化因素对经济法形成的作用。在新法形成和发展的过程中，既有的法律文化对其形成和发展起着重要的作用。一般而言，法律文化是人们在文明进程中从事实践活动所创造的智慧结晶和精神财富，是社会法律现象存在与发展的文化基

---

[1]　李昌麒主编：《经济法学》，中国政法大学出版社 2002 年版，第 30～31 页。

础。① 由于各国在各自的文明进程中从事实践活动而生成的文化基础不一样，因此，经济法在各国的形成和发展中也有着自身的特色。由此可见，法律文化对于经济法的制定和实施都有着重要的影响。这是我们理解经济法的兴起和立足本国法律文化建构中国特色的经济法时应当注意的一个方面。

（四）经济法兴起的部门法原因

从部门法的角度认识经济法的兴起，需要注意的是，行政法和民法调整经济关系之不足为经济法的产生提供了契机。我们知道，每一个独立的法律部门都有自己质的规定性。就行政法而言，它所调整的社会关系的质的规定性是"隶属性"；就民法而言，它所调整的社会关系的质的规定性是"平等性"。我们在考虑解决新的社会经济问题、调整新的社会经济关系时，不能强求法律部门背离其质的规定性去应对这些问题、处理这些关系，即既不能在民法中注入调整隶属性经济关系的内容，也不能在行政法中注入调整平等性经济关系的内容。具体而言，民法作为私法，不能解决整体经济发展中的无序状况，这是因为私法不足以防止私权的滥用，更无法遏制国家干预经济过程中公权的滥用；行政法作为公法，其依法行政的价值取向虽然可以在某种程度上防范公权对私权的侵扰，但行政法所担负的任务在于调整行政机关在行使行政职权和接受行政法制监督时所形成的行政关系和行政法制监督关系，它无力对公权与私权的界限做出全面而又合理的界定，尤其是不能对私权及其行使以及私权与公权的良性互动机制做出说明和安排。由于经济的发展客观上要求私权和公权在一个恰当的法律形式中互为作用，这就要求建立一个具有公、私兼容性质的法律形式。这样，具有这种性质的经济法就在补足行政法和民法调整经济关系之不足的现实要求下应运而生了。

（五）经济法兴起的理论原因

从理论的角度认识经济法的兴起，需要注意的是经济学、社会学、哲学等学科对经济法的兴起提供了丰富的理论资源。在经济法这一新兴法律部门兴起的过程中，一个不容忽视的事实就是其他学科的发展对法学研究和法律实践所产生的重要影响。如果说经济法是法学理论和法律实践在现代社会的一个发展成果，那么，这个成果的取得无疑得益于跨学科的理论资源的利用，这些学科的理论成果，一方面丰富了法学研究的内容，另一方面法学研究也为这些学科提出的经济问题、社会问题乃至哲学问题的解决找到了制度化的路径，并且，通过法律实践使这些问题得到切实的化解。事实上，现代资本主义国家也总是在自身经济的发展过程中交替采用"看不见的手"和"看得见的手"来调节经济的运行。相应的，资本主义国家的经济理论和经济政策影响着经济法理论（主要是大陆法系国

---

① 刘作翔：《法律文化理论》，商务印书馆 1999 年版，第 81 页。

家）和经济法实践的形成和发展。

第二节　经济法的定义和调整对象

一、经济法的定义

（一）我国学者对经济法的不同定义

我国学者对经济法的定义可以分为市场经济体制确立之前和市场经济体制确立之后两个阶段。

1. 在市场经济体制确立之前

一是把经济法作为非独立法律部门进行定义。主要观点有：

（1）综合经济法论

经济法是国家认可或制定的以经济民法方法、经济行政法方法、经济劳动法方法分别调整平等的、行政管理性的、劳动的社会经济关系的法律规范的总和。

（2）学科经济法论

经济法是综合运用各个基本法的方法和原则对经济关系进行综合调整的法律规范的总和。

二是把经济法作为独立法律部门进行定义。主要观点有：

（1）经济行政法论

经济行政法是国家行政权力深入经济领域，对国民经济实行组织、管理、监督调节的法律规范的总称。

（2）纵向经济法论

其中又有三种主张：①经济法就是调整我国社会主义经济关系中的宏观纵向经济关系的法律规范的总和；②经济法是调整宏观国民经济管理关系和微观企业管理关系的法律规范的总和；③经济法是调整社会主义计划经济里的各种关系的法律部门的总和。

（3）纵横经济法论

这是经济法学界广为主张的一种理论。该理论认为，经济法既要调整一定范围内的纵向经济管理关系，也要调整一定范围内的横向经济协作关系。这一理论由于对"一定范围"的界定不同，又有以下四种不同的主张。①经济法是调整经济管理和经营协作中所产生的经济关系的法律规范的总和。②经济法是调整经济管理关系和经济协作关系的法律规范的总和。③经济法是确立国家机关、社会组织和其他经济实体在国民经济体系中的法律地位，调整它们在经济管理和与管理、计划密切相联系的经济协作过程中所发生的兼有商品性（财产）和行政性（权力）双重因素的经济关系的法律规范的总和。④经济法是调整经济管理关系以及与经济管理关系有密切联系的经济协作关系的法律规范的总称。这是一种有限制的纵横经济法论。

上述定义，可以说都是为了适应当时既存的体制或者当时的改革发展的需要而提出的，只是因为人们认识的角度不同，使各种理论对既存体制和改革方向的适应程度有所差异。

2. 市场经济体制确立之后

（1）新经济行政法论

经济法是国家从社会整体利益出发，对市场进行干预和调控、管理的法律。就性质而言，它是公法，也就是经济行政法。同时，经济法大体包括两个部分：一是创造竞争环境、维护市场秩序的法律；二是国家宏观经济调控和管理的法律。这种观点明确肯定了经济法作为一个独立法律部门的地位。①

（2）经济协调关系论

经济法是调整在国家协调经济运行过程中发生的经济关系的法律规范的总称。这种观点把企业组织管理关系、市场管理关系、宏观经济调控关系和社会保障关系纳入经济法的调整范围。②

（3）平衡、协调结合论

经济法是平衡协调法，是经济集中与经济民主对立统一的法，是社会责任本位法，是以公法为主、公私兼顾的法。从机能上说，经济法是综合调整法，是系统调整法。③

（4）国家调节论

经济法是调整在国家调节社会经济过程中发生的各种社会关系，以保障国家调节，促进社会经济协调、稳定和发展的法律规范的总称。④

（5）纵横统一论

基于纵横统一说，从调整对象的角度对经济法进行界说，即经济法是调整经济管理关系、维护公平竞争关系、组织管理性的流转和协作关系的法。⑤

（6）国家调制论

① 王家福：《社会主义市场经济法律制度建设问题》，载《中共中央举办法律知识讲座纪实》，法律出版社1995年版，第98~99页。
② 杨紫烜：《经济法 调整对象新探》，载《经济法制）1994年第2期。
③ 刘文华：《掌握规律，揭示本质——经济法的几个基本理论问题》，第五届经济法理论研讨会论文。
④ 漆多俊：《经济法 基础理论》，武汉大学出版社2001年版，第84页。
⑤ 史际春．邓峰：《经济法总论》，法律出版社1998年版，第30页。

经济法是调整在国家对市场进行宏观调控和市场规制过程中发生的经济关系的法律规范的总称。①

（7）国家需要干预论

经济法是国家为了克服市场调节的盲目性和局限性而制定的调整需要由国家干预的具有全局性和社会公共性的经济关系的法律规范的总称。②

上述诸种观点，虽然在表述上不尽相同，但是，各种观点都力图按照一种新的思维方法揭示社会主义市场经济条件下经济法的定义，都认为经济法最基本的特征是体现了国家对经济关系的干预，都把平等市场主体之间的合同关系排斥在经济法调整范围之外，结果表现出各种观点之间的一致性大于分歧点。

二、经济法的调整对象

概括而言，经济法的调整对象是需要由国家干预的经济关系。通常，国家运用经济法促进、限制、取缔和保护的社会关系有一个具体的范围。按照本书对经济法的定义，经济法的调整对象的具体范围包括以下四个部分：③

（一）市场主体调控关系

所谓市场主体调控关系，是指国家从维护社会公共利益出发，在对市场主体的组织和行为进行必要干预的过程中发生的社会关系。

在市场经济条件下，市场主体所从事的市场活动，已经不再是自给自足的自然经济条件下的那种单纯为了自身需要而进行的活动，而是一种为满足社会日益增长的物质文化需要进行的活动。市场主体在从事这样的活动过程中，为了实现自己的要求，也有必要对其内部机构和成员的行为进行管理。这样，经济法所涉及的市场主体调控关系就包括两个层面的内容：一层是国家作为一种外部力量，在对市场主体进行宏观经济调控或其他管理活动的过程中发生的经济管理关系，其中包括如因市场准入，企业形态设定、企业社会责任规范等发生的经济关系；另一层是国家在对经济个体的内部进行管理的过程中所发生的经济管理关系。其目的在于优化经济个体的内部结构，实现多种形式的经济责任，完善计划、生产，劳动，质量，成本，财务等管理体系。我们所考察的经济个体内部治理关系，其体现的既不是一种应当由民法调整的独立法人之间的财产关系，也不是一种应当由行政法调整的纯粹隶属性行政关系，而是一种既体现国家和企业管理者的意志，又体现被管理者意志的符合经济法调整属性的社会经济关系。当然，国

---

① 张守文；《略论经济法上的调制行为》，载（北京大学学报）2000年第5期。

② 李昌麒；《经济法——国家干预经济的基本法律形式》，四川人民出版社1999年版，第208页。

③ 李昌麒主编；《经济法学》，中国政法大学出版社2011年版，第46~54页。

家对企业等经济个体内部关系进行调整，必须受到严格的限制，其干预行为在绝大多数情况下应当是基于经济法律、法规所进行的旨在实现国家宏观经济调控目标的间接干预。

（二）市场秩序调控关系

所谓市场秩序调控关系，是指国家在培育和发展市场体系过程中，为了维护国家、生产经营者和消费者的合法权益而对市场主体的市场行为进行必要干预而发生的社会关系。

市场体系是指由商品市场和要素市场所构成的有机整体。在市场经济条件下，市场资源的有效配置，必须要有一个发达的、结构合理的市场体系。而所要培育和发展的市场体系，不仅要着眼于满足市场主体自身利益的重要，同时，还要着眼于满足其他市场主体和全局性、社会公共性利益的需要，但这种需要单靠私法的维护是难以满足的，必须同时依靠经济法的作用才能形成。在任何一个国家，最能影响市场秩序的是垄断、限制竞争、不正当竞争、假冒伪劣产品以及其他损害消费者和经营者利益的行为。这些行为只能依靠国家干预才能得到有效制止。因此，经济法调整的市场关系主要是反垄断关系、反限制竞争关系，反不正当竞争关系、产品质量关系、广告关系以及消费者权益保护关系等。

（三）宏观经济调控和可持续发展保障关系

所谓宏观经济调控关系，是指国家从全局和社会公共利益出发，对关系国计民生的重大经济因素实行全局性的调控过程中与其他社会组织所发生的关系。它主要包括产业调节、计划、财政、金融、投资、国有资产管理等方面的关系。可持续发展保障关系，是指国家在经济发展中，在平衡本代人和后代人的利益过程中所发生的人与人之间的关系。它主要包括人口，环境，资源等方面的关系。这两类关系既存在相互独立的一面，更存在相互统一的一面。这种统一性主要体现在，宏观经济调控本身要符合可持续发展的一般要求；宏观经济调控的手段要建立在环境、资源的可持续性之上；可持续发展战略的实施又对宏观经济调控的实效起着积极的促进作用。

（四）社会分配关系

所谓社会分配关系，是指在国民收入的初次分配和再分配过程中所发生的关系。社会分配是指对物质生产部门的劳动者所创造的国民收入进行的分配，它是社会再生产过程中的一个重要环节。国家对国民收入的分配是通过初次分配和再分配实现的。初次分配是国民收入在物质资料生产部门进行的分配。这种分配最终可表现为多种收入，包括以按劳分配为原则形成的劳动者的个人收入，投资者基于投资而取得的回报、以税收形式形成的国家财政收入，以留用资金的形式形成的企业收入等。再分配是国民收入在初次分配的基础上，在全社会范围内进行的分配。它主要是在非物质生产部门，因种种原因缺乏基本生活保障的公民以及国家重点发展和扶植的产业部门中进行。再分配的结果形成以下各种收入：基本建设单位和国家储备部门来自国家的预算收入；科学文化，教育、艺术、保健、国家管理和国防事业来自国家的预算事业费收入；非物质生产部门因提供服务而从企业和公民等处取得的收入；非生产领域的职工，非生产领域劳动者的个人收入；享受社会保障待遇的公民的收入等等。

第三节　经济法的基本原则、调整方法和功能

一、经济法的基本原则

法律原则是法律的基础性原理，或者是为法律规则，法律概念等其他法律要素提供基础的综合性原理或出发点。它对法律的制定、对理解法律规则具有指导意义，它可以作为疑难案件的断案依据或者直接作为审判的依据。[①] 经济法的基本原则，是指规定于或者寓于经济法律法规之中，对经济立法、经济执法、经济司法和经济守法具有指导意义和适用价值的根本指导思想或准则。它具有明确的准则性或导向性，表明了经济法的精神或价值，反映了经济法的基本属性，体现和适应了经济法体系中所有法律法规的本质要求。[②]

在市场经济条件下，经济法的基本原则构成如下：[③]

（一）资源优化配置原则

在经济法中，资源是一个内容广泛的概念，包括人力资源（如劳动力），财力资源（如资本），物力资源（如自然物），技术资源（如科学技术成果）以及信息资源（如商业秘密）等。资源的优化配置，是指资源在生产和再生产各个环节上的合理及有效的流动和配备。把资源优化配置作为经济法的基本原则，是市场经济体制对经济法的基本要求。

一般来说，资源的配置有两种方式：一是以计划为主的配置方式，其显著特点是行政权力因素在资源配置中起着主导作用，其典型形式是通过国家计划配置资源，其主要出发点是企图通过国家的计划干预来解决经济短缺等问题；二是以

---

① 张文显主编；《法理学》，高等教育出版社，北京大学出版社 2003 年版，第 74 页。
② 李昌麒主编；《经济法学》，中国政法大学出版社 2011 年版，第 57～58 页。
③ 李昌麒主编；《经济法学》，中国政法大学出版社 2011 年版，第 59～66 页。

市场为主的配置方式，其显著特点是价值规律在资源配置中起主导作用，其典型形式是通过经济杠杆促进经济的发展，其主要出发点是试图通过价值规律的自发作用来解决供需矛盾。各国历史都已证明，以市场为主的资源配置方式优于以计划为主的资源配置方式。目前，我国在建立社会主义市场经济体制的过程中，就是要使市场在国家宏观调控下对资源配置起基础性作用。同时，我们也必须重视国家在资源配置中的作用。在经济法范围内，国家发挥配置资源的作用：一方面就是要通过制定和实施各种经济法律法规，保证市场在资源配置中的基础性作用，比如通过制定市场主体规制法保障多种形式的市场主体并存和发展，赋予其充分的权利，使其在竞争中处于平等的法律地位，实现生产要素和生产关系要素资源的优化配置；另一方面，要通过制定和实施各种经济法律法规，保障国家宏观调控措施在资源配置中发挥作用，比如通过颁行自然资源法、劳动法、财税法、金融法等，保证国家对自然资源、人力资源、财力资源的优化配置。这表明，所有的经济法律法规都必须贯彻资源优化配置原则。

（二）国家适度干预原则

该原则体现了经济法的本质特征。所谓适度干预，是指国家在经济自主和国家统制的边界条件或者临界点上所作的一种介入状态。在历史上，国家对社会经济生活的干预，既有经济状况比较恶劣情况下的"过多"干预，也有经济状况良好情况下的"过少"干预。如今，更多的国家都已从过多和过少干预的教训中走出来，寻求对经济生活的"适度"干预。在我国，随着社会主义市场经济体制的确立，国家已不能再像过去那样对经济生活进行过多的干预，而是开始寻求干预的适度。这里所指的适度，既包括干预范围的适度，又包括干预手段的适度。

不管是干预范围的适度，还是干预手段的适度，我们都应当强调其法定化。经济法将适度干预作为一个基本原则，目的是避免国家干预的随意性。例如，《中国人民银行法》第33条规定："当银行业金融机构出现支付困难，可能引发金融风险时，为了维护金融稳定，中国人民银行经国务院批准，有权对银行业金融机构进行检查监督。"在这里，法定的干预范围是"银行业金融机构出现支付困难，可能引发金融风险时"这一前提条件，以及"银行业金融机构"这一对象范围，而法定的干预手段是"检查监督"。又如，《产品质量法》第15条规定："国家对产品质量实行以抽查为主要方式的监督检查制度，对可能危及人体健康和人身、财产安全的产品，影响国计民生的重要工业产品以及消费者、有关组织反映有质量问题的产品进行抽查。"在这里，法定的干预范围是三类产品：危及安全的、有关国计民生的、被反映有质量问题的，而法定的干预手段是"抽查"。总之，在经济法体系中的一切法律和法规，都应当贯彻国家适度干预原则。

而衡量干预是否适度的最根本的标准，就是看这种干预是促进还是阻碍了经济的发展。

（三）社会本位原则

法律部门的本位思想，是指体现在这个法律部门中的解决社会矛盾的基本立场。就调整社会经济关系的法律部门的本位思想而言，它主要有三种情况：一是"国家本位"，这是以国家利益为主导的行政法的本位思想；二是"个体本位"，这是以当事人利益为主导的民法的本位思想；三是"社会本位"，这是以维护社会公共利益为出发点的经济法的本位思想。所谓社会公共利益，是指广大公民的利益。这里所指的"广大"，一是指范围上的广大，即既有全国性的广大，又有地区性的广大，其外延取决于特定的法律法规的适用区域；二是指时间上的广大，即既包括生活在地球上的当代人，也包括未来将生活在地球上的人们。在国家利益，社会公共利益和个体利益之间，存在着既相互区别又相互联系的关系。具体而言，社会公共利益可以说是特定多数个人共同利益的总和。而在我国社会主义条件下，国家利益和社会公共利益从根本上讲是一致的，但在有的情况下，如果从国家利益出发，就会妨碍社会公共利益。比如，扩大积累，增加货币发行、加重税负等，可能暂时对国家有利，但对社会公共利益却有损。对于这种利益关系的矛盾，我们不能用以命令和服从为特征的行政法或以保护当事人利益为出发点的民法来调节，而应用以国家适度干预为己任的经济法进行调节。经济法把社会本位作为自己的调整原则，表明经济法在对产业调节固定资产投资，货币发行、价格水平，反对垄断和不正当竞争、产品质量控制以及消费者权益保护等关系进行调整时，都必须以社会利益为本位。与此同时，任何市场主体在参与市场活动时，都不得一味地追求自身利益最大化而忽视社会公共利益，否则，就是对自己应当承担的社会责任的背离。

（四）经济民主原则

"经济民主"是作为经济高度集中或者"经济专制"的对立物存在的。在当今资本主义国家，在国家宏观经济调控下实行经济民主，已经成为资本主义市场经济获得发展的一个重要条件。在经济法视阈，经济民主主要强调的是经济决策的公众参与，包括宏观和微观两个层面：在宏观层面，经济民主要求国家对经济进行干预时，应当广泛征求各方意见，协调各种利益冲突，将宏观调控决策建立在充分对话的基础上，从而保障和促进国家宏观决策的顺利实施，降低社会运行成本；在微观层面，经济民主则体现为国家在充分尊重企业自由的前提下，要求企业建立一套有效的经济民主机制，保障企业职工的民主权利，促进企业的民主化管理。就我国的经济法而言，实现经济民主最核心的问题是：①要改变高度集中的经济管理体制，实现政企分开，国家行政权与国家所有权分开，国家所有权与企业经营权分开，使企业真正拥有作为法人应有的权利；②要按民主集中制的原则，实现中央和地方经济职权的合理划分，以调动中央和地方两个方面的积极性；③要实现企业的现代化和民主化管理，使劳动者真正成为国家和企业的主人；④要实现国家机构的经济职权与经济职责的统一，经济主体的经济权利和经济义务的统一，以形成经济法主体的权、责、利的统一机制；⑤要坚持以按劳分配为主体，多种分配方式并存的分配制度，体现"初次分配注重效率""再分配注重公平"的分配原则。这表明，国家机关或经济实体等经济法主体，在依法从事经济活动时，都必须始终把实现经济民主作为自己的基本目标。

（五）经济公平原则

经济公平最基本的含义是指任何一个法律关系的主体，在以一定的物质利益为目标的活动中，都能够在同等的法律条件下，实现建立在价值规律基础之上的利益平衡。在以契约关系为经济联系纽带的市场经济体制中，经济公平主要体现为交易公平。在法律体系中，作为调整经济关系最重要的两个法律部门——民法和经济法，在实现市场交易的公平原则中都起着重要的作用。在民法上，公平主要体现为形式公平，它意味着机会平等，而机会平等至少有四个方面的规定性，即各种社会资源平等地向市场主体一体开放；市场主体在市场竞争中处于同一条均等的起跑线上；市场主体享有同等的公正对待而不受歧视；市场主体平等地拥有实现其经济目标的手段。① 比较而言，经济法上的公平，是在承认经济主体的资源和个人禀赋等方面差异的前提下追求的一种结果上的公平，即实质公平。民法主要是通过意思自治来保证实现交易公平，是以平等求得形式公平；经济法主要是通过对意思自治的限制来实现公平，是以不平等而求得实质公平。从我国的现实情况来看，影响经济公平的因素主要有行政干预，权力经济，不适当的差别政策、税负不公．分配不公，不正当竞争和垄断等因素，而要克服这些因素，民法的作用是微乎其微的，因此，我们必须发挥经济法的作用，而经济法也必须把实现经济公平作为自己的一项基本原则。

（六）经济效益原则

经济效益，是指经济活动中占用，消耗的活劳动和物化劳动与所取得的有用成果之间的比较。经济效益包括微观经济效益和宏观经济效益。微观经济效益应当符合宏观经济效益的要求，而宏观经济效益又是微观经济效益的总和。当前，提高经济效益是我国全部经济工作的重点和归宿，同时也是我国加强经济法的制定和实施所要追求的终极价值目标。作为一项系统工程，提高经济效益需要许多要件的配合，其中，也包括加强经济法的立法和实施工作。具体说来，经济法要

---

① 公丕祥：《论当代中国法制的价值基础》，载《法制与社会发展》1995 年第 2 期。

实现经济效益，至少应具备以下条件：①要有一个足以促进和保障提高经济效益的制度安排，其核心是要处理好政府的有效干预权与市场主体的充分自主权的关系；②要有一个足以保证市场主体实现利益价值的企业运行机制，其核心是赋予他们广泛的法律权利，并为他们实现自己的权利扫清障碍；③要把市场主体对经济效益的追求建立在正当手段之上，其核心是不得滥用权利。具体来讲，它是要通过建立和完善现代企业法律制度，转换企业的经营机制，充分发挥企业的主动性和积极性，为社会生产更多更好的产品；要通过建立和完善市场运行法律制度，逐步培育和发展市场体系，为市场主体创造一个统一、开放、竞争、有序的经济环境；要通过建立宏观调控法律体系，指导和促进市场主体提高经济效益，使市场主体的生产经营活动符合社会需要；要通过建立和完善社会保障体系，使企业从沉重的社会负担中解放出来，使企业职工能够为全力提高企业的经济效益做出贡献，使农民能够无后顾之忧地积极从事农业生产。总之，无论是市场主体规制法．市场秩序规制法、宏观调控和可持续发展保障法，还是社会分配调控法，都要把促进和保障提高市场主体的经济效益和社会效益放在首位。

（七）可持续发展原则

可持续发展，是在人类面临文明加速进化与生态环境不断恶化、富裕与贫穷的差距不断拉大这两大失衡的背景下产生的一种新的发展模式和发展观。对于什么是可持续发展，我们可以从生态学、环境学，经济学，社会学，伦理学等多种角度进行解释。在所有这些解释中，以下六点内涵是共同的：①人类生命的连续支撑；②生物资源存量和农业系统生产力的长期维持；③控制人口增长；④有限增长的经济；⑤强调小规模；⑥保护环境和系统的质量。可见，可持续发展的核心，在于促进人与自然的和谐，实现经济发展与人口、资源、环境相协调，要求人类以最高的智力水平和泛爱的责任感去规范自己的行为，创造和谐的世界，要求人们在做出每一个行为选择时，不仅要考虑到本代人利益的平衡，同时要考虑到代际人利益的平衡。在经济法中，将可持续发展原则作为经济法的一个基本原则的理由是：①我国已经将可持续发展战略提到议事日程。由于可持续发展目标的实现需要国家的干预，而这个法律体系中的法律，主要是经济法律。②虽然可持续发展的理念可以贯彻于经济法其他原则之中，但是，其意义和要求的分散，会增加可持续发展战略的不明确性，不足以突出可持续发展战略应有的地位，也不利于经济法对可持续发展关系进行有目的、有步骤的规范。③将可持续发展作为一个基本原则，可使经济法在调整社会经济关系时，始终把可持续发展放在应有的高度，综合考虑诸如人口增长的失控、资源和能源的无节制消耗、生态环境的日益恶化，技术落后以及企业和政府的短期经济行为等制约可持续发展的因素，从而有意识地通过相应的健全、完备的经济法律法规加以遏制。

二、经济法的调整方法

经济法的调整方法是与经济法本质属性和经济法调整对象相联系的一个概念。经济法的调整方法是指由国家规定的、可用于干预社会经济生活的各种合理方式。

具体而言，经济法的调整方法可以概括为如下两种：

（一）公权介入的调整方法

公权介入的调整方法，是指国家以公权者的身份，依法对各种经济关系进行调整的措施或手段的总和。按照公权行使的具体方式的不同，公权介入的调整方法又可划分为指令性调整方法和指导性调整方法。

1. 指令性调整方法

这是指国家权力机关和国家行政机关以某种形式指令相对人应当作为或者不作为，相对人应予服从的一种调整方法。它所体现的是国家对社会经济关系的"刚性调整"或者"刚性干预"。这种调整方法是以国家最高权力机关颁布的法律、国家最高行政机关颁布的行政法规、有立法权的地方权力机关颁布的地方性法规以及国务院各部委和地方各级政府规章为依据的。根据我国现有的经济法律法规的规定，指令通常体现在命令，禁止、撤销、免除、确认等具体的经济干预活动中。经济法的指令性调整方法有两个显著的特点：一是指令总是为了直接或间接地实现某种经济目的，与经济目的无关的指令不具有经济法调整方法的性质；二是这种指令对于相对人来讲，具有必须服从的性质，经济法律关系当事人的权限和责任，许多就是通过这种调整方法形成的。

2. 指导性的调整方法

这是指国家机关为引导公民和法人的经济活动符合某种既定的经济干预目标而实施的非强制性的调整方法。与指令性调整方法相比，指导性的调整方法所体现的是一种"柔性调整"或者"柔性干预"。这种调整方法通常有三种表现方式，即行政指导、计划指导和行政协商。

行政指导从根本上来讲，是属于行政法的范畴，但是，由于现在为我国所认同的经济法，是指国家从社会整体利益出发，对社会经济生活进行适度干预的法，其中相当一部分是国家为了适应经济行政管理需要而由国家行政机关制定的，因此，行政指导也必然要成为经济法的一种调整方法。行政指导作为经济法的调整方法的法律依据在于，行政指导是宪法和其他法律法规赋予行政机关的可以在特定时期和特定情况下，对公民和法人实施某种行政措施的一种"特殊权力"。这表明行政指导不是行政机关的一种职权外行为，而是法律承认的一种职权行为。行政指导本身不具备法律效力，即行政指导对于其所涉及的相对人不会产生必须服从的法律上的义务。但一旦接受行政指导，即应承担相应的法律义务，并获得法律规定的相应权利。作为经济法调整方法的行政指导，与作为行政法调整方法的行政指导，在表现形式和本质特征上并没有多大区别，即它们在形式上都表现为指导，劝告，建议、告诫等具体的行政措施；在本质特征上都具有指导性或者说非强制性，对相对人不产生必须接受的法律效果。所不同的是，经济法上的行政指导相对而言更是以经济内容为指向的，或者说是为了达到经济法规定的经济干预的目的。

行政协商作为经济法的一个重要的指导性调整方法，是指国家经济行政机关为了达到某种目的而主动与相对人进行协商，在此基础上做出某种决定的决策方法。例如，发展经济计划编制前与计划实施单位的协商，政府有关部门任免国有企业领导前与职工的协商即是。行政协商的结果，可能是国家的一项经济决策，如做出经济计划，任免领导等，也可能是一项行政合同。

（二）私权介入的调整方法

直接介入经济的调整方法，是指国家使用非权力的，私法的手段直接地介入经济生活的一种干预方式。这种调整方法一般在国家作为经济活动的主体和国家对于私人经济给予经济援助的情况下才发生。市场机制的国家介入，其目的在于发生人为的、政策的作用，以克服自由主义经济体制自动调节不充分的倾向。他指出，政府进行非权力的特定物资的购买，向特殊的金融机构出资、向执行一定经济政策的机构提供国家资金，向公共事业和特殊形态的生产部门投资以及向私人企业提供补助等，均属于国家对经济的直接介入。

三、经济法的功能

一般而言，法律具有调整功能、保护功能、教育功能、指引功能和评价功能。就部门法而言，每一部门法因其本质属性和内在结构不同，因而可能具有不同的功能。经济法在克服市场失灵中具有独特的优势和作用，这是民法和行政法因其自身的功能界域所限而不具备的。在此，我们将通过揭示经济法、民法和行政法在功能上的联系和区别，从而说明经济法是克服市场失灵的最佳法律形式。

（一）市场失灵的一般分析

所谓市场失灵，是指由于内在功能性缺陷和外部条件缺陷引起的市场机制在资源配置的某些领域运作不灵。由于市场机制达到最优状态的前提条件在现实的经济运动中难以实现，市场在许多领域都会失灵。具体而言，市场失灵的类型有

如下几种:①

1. 垄断失灵

它表现为市场上只有为数很少的几家供应商甚至是独家垄断的局面,垄断厂商通过操纵物价牟取暴利,使市场均衡作用失灵。市场本身有一个悖论:所谓市场的良好状态是竞争状态,不管是完全竞争的理想状态,还是垄断竞争这种市场常态,只有保持竞争,市场机制才能有效地发挥作用。可是,市场竞争本身具有走向垄断的趋势,尤其是在规模经济意义显著的行业,这种趋势更为明显,它导致积聚和集中,导致垄断,从而抑制竞争,妨碍经济效率的提高。在这种情况下,市场自身是难以克服垄断及其危害的。

2. 信息失灵

它表现为在交易过程中,交易双方对商品质量、性能等信息的了解程度不同,出现了信息不完全或信息不对称的现象。这种现象在市场持续一段时间后,就会破坏市场机制优胜劣汰的作用,甚至会出现"劣胜优汰"的奇怪现象——当交易前卖方比买方更多地了解自己商品的质量和性能,而买方只有将商品买回后才能真正了解商品的好坏时,就会出现劣等商品赶跑优等商品的情况。而当交易双方在交易后,一方因不能掌握足够的信息去监督另一方的行为时,则可能出现后者违背道德规范,在一味追求自己的利益的同时损害前者利益的情况。对于这样的信息失灵,市场自身也是难以克服的。

3. 外部性失灵

它的一种表现是当某些市场主体的活动,如环境污染,给外部(社会或其他主体)带来经济损失时,通过市场机制的自发作用来调节将难以达到有效配置资源的目的。在这种情况下,私人成本小于社会成本,私人收益大于社会收益,这就不能实现资源的有效配置。外部性失灵的另一种表现是,有益效应得不到鼓励,比如新发明在给社会带来较大效益时,其他人也跟着受益。在这种情况下,私人成本大于社会成本,私人收益小于社会收益,这就不利于鼓励私人以良好行为创造有益的外部效应,同样达不到资源的最优配置。可见,无论是有害还是有益的外部效应,市场配置都不是有效的。

4. 公共性失灵

它表现为在国防、市政建设、生态环境保护,教育和医疗保健等公共部门或准公共部门的产品,不能像面包,手机等私用产品那样,在市场上被自发有效地生产出来。这是由公共物品消费的特征决定的:首先,公共物品消费具有非竞争

---

① 郭小聪主编;《政府经济学》,中国人民大学出版社 2003 年版,第 23~28 页。

性，即同一公共物品可以被许多人同时享用，一个主体对它的消费，并不影响其他主体对该物品的消费；其次，公共物品的消费具有非排他性，即公共物品一旦被提供，则任何人都可以享用。所以，市场不可能自发有效地提供公共物品。准公共物品可以在自由市场上由私人提供，因为准公共物品通常具有排他性特征，如教育、医疗、邮政、公路、自来水，煤气、有线电视等，既可以供每个人享用，又可以收费，不付费便得不到。但是，准公共物品同样不能完全由私人按自由市场选择的原则来提供，因为市场上的准公共物品相对于需求来说，其供给不足，如果完全由私人按自由选择原则行事，则消费者对准公共物品的需求会受到其收入水平的制约，即只有收入较高的人，才能获得想要的商品。可见，在公共物品和准公共物品领域，市场的自由选择原则是行不通的，市场机制在这里无法实现社会资源的最优配置。

5．分配失灵

它表现为，在分配领域，单纯依靠市场机制的自发作用不可能完全实现公正的收入分配。造成这类失灵的原因主要是：一是在存在垄断的条件下，会使价格严重背离价值，从而使部分人获得不合理收入；二是在市场机制的自发作用下，生产要素供求状况的不平衡必然形成要素收入的不合理差距；三是虽然市场交易在原则上是平等的和等价的，但由于人们的资源禀赋不同，收入水平就会有差别；四是由于收入分配具有公共性、外部性等特征，因而，市场本身无法保证其公正性；五是在市场纯经济效益的作用下，各经济利益主体追求各自利益的最大化，会使收入差距不断拉大，以至出现富者越富，贫者越贫的"马太效应"。可见，市场机制虽然也有分配功能，但就公正性而言，它又几乎是无功能的。

6．宏观失灵

它表现为市场总供求关系发生以超额供给或超额需求为特征的宏观经济总量失衡。当存在超额供给时，国民收入以小于充分就业的水平达到均衡，引起生产过剩、经济衰退和大量失业；当存在超额需求时，以货币计算的国民收入增长超过以实物计算的国民收入增长，国民收入超分配，诱发过度需求，引起严重的通货膨胀；当二者交替出现或并存时，又引起经济停滞和通货膨胀交替出现或并存。上述情况出现时，就需要国家采取必要的宏观调控措施，对市场总供求关系加以引导和平衡。

（二）克服市场失灵的法律途径选择

1．市场失灵由行政法克服的困境

市场失灵由行政法克服，必然会面临以下困境：

（1）行政法价值的困境

公平与效率是法律的两大价值，它们之间存在着内在的矛盾：过多的公平会导致效率的减损，过多的效率则会导致公平的损伤。这说明公平和效率在相当程度上是不可调和的。这就决定了法律不可能把公平与效率放于同等地位，否则，法律将陷于矛盾的境地。我们认为，只应存在以公平为主兼顾效率或以效率为主兼顾公平的法律，而不应存在既追求公平又在同等程度上追求效率的法律。行政法是调整行政活动中所形成的各种社会关系的法律规范，它配置并控制行政权，确认和保障行政相对人的合法权益。行政法作为架构国家机构的基本法律，其首要价值是公平，而非效率，行政法对效率的追求只限于行政法自身的效率之层面，这与行政法追求公平的价值目标不能相提并论。而市场失灵实质上是一种市场的非效率，对市场失灵的克服正是为了使资源配置和资源运用得到理想的效率。如果行政法对市场失灵进行克服，则行政法的价值目标将发生变异，即既追求公平，又追求效率，这会使行政法在具体行事时无所适从，最终导致公平与效率都不可得的不良结果。

（2）法域归属的困境

对市场失灵的克服既要求干预主体运用公权，又要求干预主体尊重私权；在干预关系中，既存在着一定的公的关系，又包括一定的私的关系。由此可知，行政法作为最典型的公法对市场失灵进行克服，将导致行政法兼有公法和私法的属性，这与行政法作为架构国家机构的最基本法律的地位相冲突。

（3）行政性偏好困境

导致市场失灵的原因是多种多样的，我们无意否定行政法在克服市场失灵中所能够起到的作用，但是，行政机关自身的某些偏好的存在是客观的。这些偏好的存在，会导致政府干预的制度偏离市场的干预需求，甚至与市场的干预需求完全不相一致，从而导致诸如市场准入的不当限制、不当的行政性兼并以及行政垄断等行为。这些行为非但不能很好地克服市场失灵，反而会加剧市场失灵的程度，增加市场失灵的种类，使市场失灵更为复杂，从而增加克服市场失灵的难度。这些不当行为在行政法的框架内是难以克服的，因为让行政机关自身彻底消除其偏好并非易事。

（4）克服市场失灵的执行机构及其司法救济的困境

首先，当今世界各国在克服市场失灵的进程中，逐渐出现了一些集立法，司法、行政于一体的独立的经济管理机关。这些机构很难被归入行政机关的范畴。因为从权力的构成看，这些机构不仅拥有行政权，同时还拥有立法权和司法权；从内部运作程序看，这些机构有别于一般的行政机关，它们通常实行委员会制。而之所以出现这种机构，原因在于唯有它们才能适应克服市场失灵的要求。只有这种体制，才真正有助于干预主体摆脱行政机关的不良影响，有助于解决因行政机关更迭而产生的干预制度变迁的困境，同时还有助于干预主体进行科学，民主的决策。如果将克服市场失灵的执行机构归属于行政机构，那么，就会使行政法在理论构架上面临一些矛盾。其次，在我国，如果将因克服市场失灵而产生的案件一概按照行政法进行解决，那么，假如我国出现了类似微软垄断的案件，就不仅会产生谁作为原告的困境，同时也会产生依何种诉讼程序进行审理的困境。而要走出这种困境，只能通过制定有别于行政法的其他法律（如《反垄断法》）才能实现。

2. 市场失灵由民法克服的困境

市场失灵由民法克服，必然会面临以下困境：

（1）限权的困境

微观的市场失灵主要通过利益均衡得到克服，而利益的均衡主要是通过对行为人的权利限制实现的，这就使民法具有一定的克服微观市场失灵的可行性。如，民法中的侵权规则就可以在一定程度上解决已产生的负外部效应问题；民法上绝对所有权的突破，使所有权附带义务，这在一定程度上也可预防负外部效应的发生。但民法的本性毕竟不是限权法，而是确权法，民法不可能丧失它的本性而对私权进行全方位的限制，否则，民法将发生异化。近一个世纪以来，随着经济结构，社会思潮以及立法本位的变迁，民法自身确实发生了一些变化以适应形势的发展，但这种变化并没有达到变异的程度。我们认为，民法考虑社会利益是必要的，但必须有其自身的前提和限度：其前提是民法对社会利益的考虑必须立足于民事主体的私人利益；其限度是民法的社会化必须考虑民法自身的性格。如果把社会本位与个体本位置于同等地位，并基于社会本位而对市场主体的权利进行全面限制，不仅民法的规则将发生彻底变异，民法的原有价值也将丧失殆尽，同时还将导致和谐的法律体系受到破坏。

（2）有限性困境

著名制度经济学家科斯曾经提出，以协商等私力途径和诉讼等公力途径解决侵权这种负外部效应，但是，这在理论上必须具备以下相当严格的前提条件：第一，负外部效应必须有确定的受害人；第二，负外部效应的存在必须是明显的，其信息对受害人而言必须是及时的，充分的；第三，负外部效应的受害人的利益受损度必须达到一定程度；第四，负外部效应的受害人之间不存在搭便车的现象；第五，取得交易结果的交易成本必须足够小；第六，交易结果必须具有可预期性。但事实上，这些前提条件全部符合是不可能的。如果负外部效应没有确定的受害人；如果负外部效应的存在不是相当显然的；如果负外部效应对社会整体的损害很大，但对每个受害人的利益损害很小，或当负外部效应只对受害人或社会整体的远期利益损害很大，而受害人被损利益的现值很小；如果负外部效应的受害人足够多，以至于他们之间产生搭便车的现象；如果受害人认为取得补偿的交易成本过高，或者由于司法程序上的问题而使交易结果具有不可预期性……以上这些假设单靠民法的方法是难以解决外部效应问题的。

（3）作为私法的困境

民法通过物权法和债权法的设定，使经济人追求自身利益有了广阔的空间和法律保障，民法保护了经济人的这种理性行为，而正是这种理性行为促成了市场整体的非理性。所以，民法所保障的市场关系只是一种静态的、单一的关系，它保障静态的市场行为和单一的市场主体行为，对动态的、整体的市场运行结果，则无法进行有效调整。以合成谬误①为例，在经济萧条时，劳动者收入减少，因而减少消费，而消费的减少又使企业的产品积压，从而使企业减少产出或减少投资，而这进一步使萧条状况恶化，对消费者产生更加不利的影响。当经济过热时，由于劳动者的收入增加而增加消费，消费的增加又使企业的产品供不应求，进而使企业做出增加产出或投资的决策，而这会增强经济的过热程度，导致对消费者的不利影响。在合成谬误方面，民法调整的是合成谬误的形成过程，即民法保障了合成谬误的形成，但对合成谬误的纠正却无能为力。可见，在经济萧条时期，宏观的失调不可能通过对财产权的使用限制而得到克服。对信息不足问题的克服，民法也会无从下手。因为市场总体的信息不足正是由于私权主体之间的搭便车行为所致，要让私权主体互相之间不再有搭便车的行为是不可能的，除非彻底抑制经济人追求利润最大化的特性，而这是行不通的，也是反市场的，因为市场主体的利益最大化是市场得以运行的动力和前提。所以，信息不足的问题只能由市场以外的主体来解决。公共产品提供不足的问题也无法由民法解决，因为民法不可能运用其关于物权和债权的规定来激励私权主体提供公共产品，更不能基于社会本位而强制性地要求私权主体提供公共产品，所以公共产品主要应当由非市场主体来提供。

3. 经济法克服市场失灵的优势

经济法对克服市场失灵具有其内在的优势，其主要表现是：

（1）经济法可以直接限制市场主体私权

经济法之所以能够实现对私权的限制，源于国家的存在。国家是能够合法运用强制力的唯一组织，它能够合法地取走市场主体的财产而不侵犯财产权，从而拥有干预能力；它能够赋予生产者和经营者对消费者的说明义务而不侵犯商业秘密，从而强制性地实现信息分布的均衡；它能够对垄断企业进行强制性解散而不侵犯其经营权，从而确保竞争的市场态势等。这些是民法的功能所不及的。更重

---

① 合成谬误，是指市场体制中某一团体或社会中的每一个体基于最有利于自身而做出行为选择，但因所有个体的这些选择而形成的结果则对这些个体都不利。这是个体理性与集体理性相矛盾的例子之一。

要的是，对私权的剥夺使国家获得相应的干预能力，这使经济法对私权的剥夺意义不仅限于私权本身，也扩展到了公权层面，因为这种私权的被剥夺直接导致了公权的增加，从而增强了经济法对市场失灵的克服能力；而民法对所有权的限制完全是在私法层面上进行的，其影响也没有到达公法领域。

（2）经济法可以直接改变市场主体的利益结构

经济人是市场经济下人性的最恰当表述，一般而言，法律不应该从根本上改变经济人的这种本性。但是，一旦经济人对利益的追求损害了国家和社会公共利益，国家就应当实施必要的干预。对此，民法的功能是微弱的。经济法则可以通过直接改变经济人的利益结构以达到干预的目的。例如，经济人在进行"成本——收益"核算时，经济法可以通过改变经济人行为的成本构成或利益归属，从而使经济人在进行"成本——收益"核算时，做出既有利于其自身又有利于社会的选择。又如，对环境公害这种负外部效应问题，民法的处理方式是以负外部效应的存在为前提的事后处理，其处理效果要受制于交易费用等因素；而经济法则通过征收环境税和排污费等途径让企业的产品价格真正反映出产品制造过程中对环境造成损害的成本。可见，民法对排污企业的利益结构的影响是事后的，并且具有不确定性；而经济法对排污企业的利益结构的影响因其事先规定而具有确定性，环境税和排污费的征收能直接改变企业的利益结构，从而使企业理性地做出良性行为。

（3）经济法具有公共利益优势和远视优势

市场主体是自利性的，它一般不会主动追求公共利益；市场本身又具有"近视"的性格，它只追求眼前利益而忽视长远利益；市场在运行过程中还会迷失方向或越轨。而国家则是各市场主体利益的代表，它以追求公共利益和长远利益为己任，以适当抑制市场的自私和克服市场的"近视"的弱点为目的，还可能通过给市场安装虚拟的"大脑"和"心脏"使市场能够有效运行。国家的这种特性是其他任何主体不可能具备的。在民法框架下，由于只涉及个体利益，没有一个高于私权主体之上的主体存在，也不存在把众多的个体利益汇集成公共利益的程序，所以我们对民法自身所确认的私权主体的自利性和民法所放任的私的主体的"近视"是难以进行适当抑制或克服的。

第四节　经济法律关系

一、经济法律关系的构成

经济法律关系，是指经济法律关系主体根据经济法的规定在参加体现国家干预经济的经济活动过程中所形成的经济职权和经济职责，以及经济权利和经济义务关系。经济法律关系是一种既体现国家意志又体现当事人意志的思想社会关系，是一种由国家强制力保证实现的思想社会关系，是一种市场主体规制法律关系，市场秩序规制法律关系、宏观经济调控和可持续发展保障法律关系以及社会分配法律关系相互作用的法律关系。

经济法律关系由经济法律关系的主体、经济法律关系的内容和经济法律关系的客体三要素构成。

（一）经济法律关系的主体

1. 经济法律关系主体的定义

这里是指参加经济法律关系，拥有经济职权或经济权利，承担经济职责或经济义务的当事人。在经济法律关系中，拥有经济职权或经济权利的一方分别被称为职权主体或权利主体，承担经济职责或经济义务的一方分别被称为职责主体或义务主体。但是，双方当事人在许多情况下，既拥有经济职权或经济权利，同时又承担经济职责或经济义务。

2. 经济法律关系主体资格的取得

这里所指的主体资格，不是泛指一切事实上存在的社会组织和公民的资格，而是指特定的，具体的参加体现国家干预的经济关系的当事人的资格。它是依以下两种方式取得的：

①法定取得，即依法律的规定而取得。因此，凡是国家法律法规规定，能够对社会经济生活实行干预或者接受干预的社会组织和自然人，都可以作为经济法律关系主体。

②授权取得，即依据有权机关的授权而取得。如，中国人民银行根据宏观调控或维护金融稳定的需要，实施对银行间同业拆借市场和银行间债务市场的监管，可以自行发布市场信息，也可授权中介机构发布市场信息。该中介机构发布市场信息的资格是由中国人民银行授权取得的。

3. 经济法律关系主体的分类

（1）经济决策主体

这是指根据法律规定，在经济法律关系中享有经济决策权的各级国家机关和企业等其他经济活动主体。在我国，决策按其范围和作用的不同，可分为宏观决策和微观决策。前者是各级国家机关对关系全局和长远的经济利益的决策，如，制定和批准国民经济和社会发展计划；后者是指企业等经济主体根据宏观决策目标，市场的需要以及本身能力所做出的提高经济效益的决策，一般表现为确定生产经营计划和重大经济措施。这种决策权的层次性反映在经济法律上，是各级国家机关在各自的权限范围内享有宏观决策权，企业等经济主体在具体的生产经营活动中享有微观决策权。对于微观决策，国家可根据宏观调控目标，引导企业正确地进行。

（2）经济管理主体

这里是指根据法律的规定或者国家机关的授权，在经济法律关系中享有经济管理权限的各级行政机关、企业单位等经济主体。作为行政机关的管理主体只限于在各自的管理范围内通过政策指导、协调、监督等形式行使领导和管理经济工作的职权；企业单位等经济主体只限于在本单位范围内行使行政管理权。

（3）经济实施主体

这里是指按照法律规定，在经济法律关系中，为实现决策和管理主体所确立的目标和任务以及自身的需要，而具体进行生产经营管理活动的经济组织及其内部机构、承包户和个体经营者，以及执行国家经济决策的国家机关。

4. 经济法律关系主体的特征

（1）主体资格具有复杂性

这一方面表现为同一个主体因参加不同内容的经济法律关系或具有不同的相对人而拥有不同的主体地位。如，计划机关可以是管理主体，也可以是实施主体。另一方面，其表现为主体参加经济管理时，双方都不是以法人而是以管理者和被管理者的身份出现的，这就与民事法律关系主体区别开来了。

（2）主体的形式具有广泛性

这主要表现为法人、自然人，不具备法人资格的企业内部职能科室、生产单位、分支机构、承包经营户、个体工商户等都可以是经济法律关系的主体。

（3）主体之间往往具有一定的隶属性

这主要表现为：一是组织上的隶属性，如一方是国家机关，另一方是其下级机关，或者一方是企业，另一方是其下属单位或成员；二是意志上的隶属性，即享有经济职权的经济法律关系主体在行使经济职权时，相对人必须服从经济职权的要求。

（二）经济法律关系的内容

经济法律关系的内容，是指经济法律规范所确认的经济法律关系主体的经济职权、经济职责、经济权利和经济义务。其中，经济职权与经济职责、经济权利与经济义务形成对应关系；由于经济职权作为一种权力，具有不同于权利的必须行使的性质，因而，经济职权同时又是其享有者必须履行的经济职责。在经济权利与经济义务的对应关系中，一方的经济权利往往是对方的经济义务。

1. 经济职权

它是指国家机构依法行使领导和组织经济建设职能时所享有的一种具有命令

与服从性质的权力，包括经济立法权、经济执法权，经济司法权和准经济司法权等。

经济职权具有五个法律特征：一是经济职权是一种国家权限，即各种政治实体以其实在权限代表国家行使经济职能，这种实在权限是国家通过法律规定或者授权，由政府及其职能部门行使的；二是经济职权是一种专属的职务权限，即这种权限只能由特定的机关对特定的管辖对象行使，且只能由享有经济职权机关的负责人或经依法授权的其他成员来行使；三是经济职权在通常情况下具有命令与服从的性质；四是经济职权是一种基于法律的规定而直接产生的权限；五是经济职权是一种权力和责任相统一的权限，即经济职权具有必须行使的性质，否则就是失职。

2. 经济职责

它是指国家机关依照法律的规定必须为或不能为一定行为的责任。它有两种表现形式：一是主动作为和不作为的经济职责。前者表现为承担经济职责的国家机关，必须主动地履行自己的职责。后者表明国家机关必须正确行使国家法律赋予的经济职权，不得有滥用经济职权的行为。滥用经济职权，是指政府机关超出法律的规定行使侵犯他人权利（力）的行为。二是被动作为和不作为的经济职责。前者表现为一方主体按照法律规定，本应主动履行某种职责而未履行时，在另一方主体的请求下，在有关机关和社会的督促下，或者在法院的裁决下所做的作为。后者表现为一方主体在另一方主体的请求下，在有关机关和社会的督促下，或者在法院的裁决下，被动地停止某种作为。

经济职责有两个显著的特征：一是专属性，即这种职责是专属于特定的机关的；二是范围的法定性，即当事人不得超出法律的规定要求对方履行职责。

3. 经济权利

它是指经济法律关系主体依法可以为或不为，要求他人为或不为一定行为的资格。我国法律赋予经济法律关系主体的经济权利主要有以下几项：

（1）国有资产管理权

它是指国家授权的单位对所有权属于国家的资产进行管理的权利。这里所谓的国有资产，既包括所有权属于国家的自然资源和能源，又包括所有权属于国家的其他有形的和无形的资产。

（2）经营管理权

它是指国有企业对于国家授予其经营管理的财产享有占有，使用和依法处分的权利，包括生产经营决策权、产品劳务定价权，产品销售权、物资采购权、进出口权、投资决策权、留用资金支配权、资产处置权、工资资金分配权．劳动用工权、内部机构设置权、人事管理权、拒绝摊派权、联营兼并权等。

（3）自主经营权

它是指集体所有制经济组织、个体经营者和私营企业对自己的财产依法享有的占有、使用、收益和处分的权利。集体经济组织、个体经营者和私营企业的自主经营权与国有企业的经营管理权相比，具有更大的"自主性"，国有企业的经营管理权要受到国家较多的限制，而集体经济组织、个体经营者和私营企业的自主经营权实际上就是完全所有权的一种表现。

（4）承包经营权

它是指农民、农村承包经营户和企业的职工、班组、车间等为完成一定任务对集体或者国家的财产行使占有、使用和收益的权利。我国在改革中出现的承包经营关系主要有两种表现形式：一种是国家与全民所有制企业之间发生的承包经营关系；另一种是社会经济组织与它的内部成员或者生产单位之间发生的承包经营关系。前一种承包经营权实质上是企业经营管理权的一种形式。因此，这里只是从后一种意义上谈承包经营权，其可以表现为对土地、森林、山岭、草原、荒地、滩涂、水面等自然资源的承包权，也可以表现为对单项农副业生产活动的承包经营权；在企业中，其既可以表现为基于某项生产经营过程而产生的承包经营权，又可以表现为基于某项生产经营任务而产生的承包经营权。

（5）经济请求权

它是指经济法律关系主体享有的可以请求他人为一定行为或不为一定行为的权利，是一种救济性权利。它通常在一方主体不履行应尽的职责和义务时发生。它是经济法律关系主体为使自己的合法权益得以实现而必须拥有的权利。它主要有两种表现形式：一种是管理性的请求权。其是指在经营管理过程中，由于管理者没有为被管理者提供由法律规定的条件或者由于某种原因给被管理者一方造成损害时，被管理者享有的请求管理者满足自己要求的权利。如在税收法律关系中，因不可抗力不能履行纳税义务时，纳税人有权请求减免；国家机关不当罚款时，承受罚款的单位和个人，有权请求有关行政机关进行复议等。另一种是损害赔偿请求权。它是指一方主体致他方主体损害时，他方主体享有的请求赔偿的权利，如产品责任承担请求权以及环境污染损害赔偿请求权等。

（6）申诉、举报和起诉权

经济法律关系主体的合法权益受到法律保护，任何部门、单位和个人都不得干预和侵犯，否则，被侵犯的经济法律关系主体有权向政府和政府有关部门申诉、举报或者依法向法院提起诉讼。

4. 经济义务

它是指经济法律关系主体一方为满足另一方的要求必须为一定行为或者不为一定行为之约束。经济义务的表现形式可以归纳如下：

（1）贯彻执行国家的方针、政策、法律和法规的义务

国家的方针和政策是经济法律关系主体行动的指南，法律和法规是经济法律关系主体行动的具体规则。现在，我们应当把经济法律关系主体是否贯彻执行党的方针、政策和法律、法规，提到是否切实履行应尽义务的高度来认识，以增强贯彻执行方针、政策和法律、法规的自觉性。

（2）正确行使经济权利的义务

其含义包括四个方面：一是不得滥用经济权利。构成滥用经济权利的要素为：滥用经济权利是以法律确认的合法权利的存在为前提的，滥用权利的后果具有社会危害性，权利滥用者具有故意和过失的心理状态。二是不得僭越权利，即被僭越的权利根本不存在，如无权减免税的机关做出减免税决定。三是不得随意放弃权利。权利本身是可以放弃的，但若放弃权利给他人的合法权益构成损害，则是法律所禁止的。四是不得非法转让权利，由于许多经济权利具有专属性，因而不得转让给其他主体行使。

（3）服从合法干预的义务

在我国，无论是国家对国民经济的干预，还是企业对自己内部机构和成员的干预，都是以国家的法律和授权或者企业的自律机制为依据的，这就决定了凡是干预所及的范围，被干预者都有服从的义务，否则，干预就没有任何意义。当然，对于干预有异议的，可以通过正当合法的途径寻求救济，但不能拒绝履行义务。

（4）征收、缴纳税金和其他合法费用的义务

税收是国家财政收入的重要来源，纳税的程序是国家法律规定的。这就决定了税务机关必须依法尽到征税的义务，积极、主动、正确地征税；纳税人必须及时、足额地向国家交纳税金。此外，凡是国家规定必须缴纳的费用，征收机关不得怠于征集，相对人不能借口抵制不合理摊派而逃避缴纳义务。

（5）承担经济法律责任的义务

经济法律责任就其实质而言，是国家对违法行为所作的一种否定性评价，其目的在于恢复被破坏的法律秩序。而这种恢复，又必须通过经济法律责任主体承担责任才能实现。在经济仲裁和经济审判实践中，较普遍存在的执行难问题，在很大程度上就是由于违法者不承担经济法律责任造成的。对此，我们应当通过对责任主体进行教育，以促使其自觉承担违法行为的后果；同时，也要通过专门机关强制其履行义务。

（三）经济法律关系的客体

1. 经济法律关系客体的定义

经济法律关系的客体，是指经济法律关系主体的经济职权和经济职责，或者

经济权利和经济义务直接指向的对象。在经济法律关系中，如果仅仅只有主体和主体的职权职责或者权利、义务的存在，而无它们所指向的具体事物，那么，作为经济法律关系内容的经济职权，经济职责，经济权利和经济义务就会落空，主体双方之间建立经济法律关系就失去了意义。因此，经济法律关系的客体，构成了经济法律关系不可缺少的要素。

2. 经济法律关系客体的范围

根据经济法律关系主体确立经济法律关系的动机，以及经济法律关系作用的事物的性质的不同，我们可以把经济法律关系的客体确定为以下四类：

（1）经济干预行为

这里是指经济法律关系主体在进行经济干预的过程中，为达到一定的干预目的而进行的有目的、有意识的活动。这种干预行为，既可以表现为具有权力因素的经济干预行为，如经济职权行为，又可以表现为具有财产因素的管理行为，如国家对国有资产的管理行为、企业的管理行为等。

（2）干预行为所及的物

物是民事法律关系的重要客体。物作为经济法律关系的客体则是受到一定的限制的。这种限制主要表现为与干预行为相联系的物才能作为经济法律关系的客体，如基于许可，税收、土地征用、环境保护，规费和罚没等而产生的法律关系所指向的物才是经济法律关系的客体。

（3）科学技术成果

智力劳动成果可分为文学艺术成果（如小说，诗歌，戏剧，乐曲、舞蹈，摄影、绘画、雕塑等作品）和科学技术成果（如发明创造，商标和技术秘密等）。前者由于一般不与生产发生直接关系，所以，只是民事法律关系的客体；后者由于直接对宏观经济运行和生产经营过程发生作用，所以，它既可以是民事法律关系的客体，又可以是经济法律关系的客体，即在转让科学技术成果的法律关系中，它是民事法律关系的客体；而在对技术成果进行管理所发生的法律关系中，它是经济法律关系的客体。

（4）经济信息

经济信息是反映社会经济活动发生，变化等基本情况的各种消息、数据、情报和资料的总称。当今时代，经济信息作为一种重要的资源，无论是对宏观经济调控，还是对微观经济运行，都起着十分重要的作用。因此，国家和企业都必须加强信息资源的管理，建立，健全完善的经济信息系统，这就需要把经济信息的收集，整理、汇总、计算、分析、加工，传递、储存和输出等全过程纳入经济法制建设轨道。这样，经济信息就成为经济法律关系的一类客体。

3. 经济法律关系客体的特征

经济法律关系客体主要有以下三个特征：

①作为经济法律关系客体的物既有广泛性的一面，又有限制性的一面。广泛性是指即使在民事法律关系中流转受到限制甚至禁止的物，在经济法律关系主体之间也可以流动，如限制流通的土地，可依经济法进行征用和划拨；限制性是指不是所有的物都可以作为经济法律关系的客体，能够作为经济法律关系客体的，只能是那些与调控因素相联系的物。

②经济法律关系的客体呈现出复杂的结构。作为民事法律关系客体的物、行为和智力成果，在具体的民事法律关系中往往是单独存在的。同时，民事法律关系的客体，通常不表现为一定的宏观经济指标。在经济法律关系中，行为、物和指标在许多情况下是作为一个不可分开的综合体而存在的。因为经济法律关系的确立，既要规定人们行为的具体目标，又要规定人们行为的具体标准。如计划法律关系的客体，在大多数情况下就是计划行为、计划指标和计划物资或项目的综合体。

③经济干预行为是经济法律关系的客体。作为民事法律关系客体的行为，通常是指转移财产、提供劳务和完成工作等行为，并不包括干预行为。由于经济法是国家干预经济的法，而经济法对此类关系的调整，又是通过制定相关的法律、法规，规定管理机关行为以及切实实施这些行为来实现的，这就决定了调控行为是经济法律关系最重要和最常见的客体。

二、经济法律关系的确立

（一）经济法律关系确立的含义

经济法律关系的确立，是指使特定的经济法律关系处于某种确定状态的过程。经济法律关系的确定状态有以下三种：

1. 经济法律关系的发生

它是指经济法律关系的最初形成。这种发生使得原本没有法律联系的当事人之间形成了由国家强制力保障实现的经济法律关系，从而产生一种新的处于确定状态的经济法律关系。这种最初形成的经济法律关系，在通常情况下可以持续到因建立经济法律关系的目的达到而终止之时。

2. 经济法律关系的变更

这是指由于出现了某种情况而使得业已存在的法律关系在主体、内容和客体上发生变更，从而达到另外一种新的确定状态。这种变更既可以是经济法律关系要素的部分变更，也可以是全部变更。当事人应当按照变更后的经济法律关系履行义务。

3. 经济法律关系的终止

它是指经济法律关系的消灭。经济法律关系可以依当事人的协议或者履行义务而消灭，也可以依不可抗力或者一方当事人依法实施的单方宣告行为而消灭。后一种情况通常是在具有行政隶属性的经济法律关系中存在。经济法律关系一经终止，即处于一种确定状态，只不过此时的确定状态表现为原本存在的经济法律关系不复存在。

（二）经济法律事实

1. 经济法律事实的含义

经济法律事实，是指能够引起经济法律关系发生，变更或终止的客观情况。这种"客观情况"包括自然现象和社会现象，它通常被称为"事实关系"。但是，不是所有的事实关系都能引起法律后果。只有那些能够引起法律后果的事实，才能被称为"法律事实"。经济法律事实可以归结为行为和事件。

2. 经济法律事实的分类

（1）经济行为

它是指经济法律关系主体为了实现一定的经济目的而进行的活动。经济行为按其性质可以划分为经济合法行为和经济违法行为。这两种行为都可以引起经济法律关系的发生变更或终止。

①经济合法行为。它是指经济法律关系主体实施的符合法律规定的经济行为。这种行为又可以划分为以下几类：一是依法进行的经济干预行为，即国家权力机关，行政机关为了实现一定的经济目的而依法干预社会经济活动的行为；二是依法实施的经营管理行为，即企业或其他经济组织和个人为实现经营性财产的保值，增值而依法实施的一切行为；三是行政执法、经济仲裁、经济审判和行政审判等行为，即行政机关，仲裁机构、法院对经济纠纷或者经济违法行为的查处、裁决等行为。

②经济违法行为。它是指经济法律关系主体违反经济法律、法规的规定所实施的行为，如国家行政机关的不当罚款行为，市场主体的垄断和不正当竞争行为等。

（2）事件

这里是指不以当事人的意志为转移但能引起经济法律关系发生，变更或终止的客观情况。事件可以是自然现象，也可以是社会现象。但是，作为经济法律的自然现象，多限于足以引起经济法律关系主体之间的经济法律关系发生变化和终止的自然灾害，如严重的自然灾害可以引起计划法律关系，税收法律关系发生变化等。作为经济法律事实的社会现象，主要是指军事行动和政府禁令等，它们都可以引起某项干预行为的变化。

第五节 经济法责任

一、经济法责任的含义和属性

经济法责任是专指经济法作为独立法律部门所具有的责任，不是泛指所有具有经济内容的法律法规所确立的责任。它包括违反法律的规定而产生的否定性后果，以及虽不违法，但直接基于法律的规定而加于行为人的负担。

经济法责任的属性体现在以下四个方面：

第一，经济法责任是以经济职责和经济义务为存在前提的。一般的法律责任以法律义务的存在为前提，无法律义务，就无承担和追究法律责任的依据。这于经济法责任也是适用的。同时，国家经济管理机关在拥有国家法律赋予的经济职权时，也承担着必须履行经济职权的经济职责。如果经济管理机关滥用经济职权或者怠于履行经济职责而给相对人造成损失，也应承担相应的经济法责任。因此，经济职责也是经济法责任的存在前提。

第二，经济法责任不以给违法行为人带来经济上的不利后果为唯一结果。经济法责任在许多情况下会给违法行为人带来经济上的不利后果，此种不利后果，表现为加重违法行为人的经济负担。但在某些情况下，不加重违法行为人经济负担的否定性法律后果，在经济法律法规中也是作为一种责任形式而被规定的，如限期改正、没收非法所得、退回多收规费或税金等。

第三，经济法责任具有复合性。经济法责任是一个综合性的范畴，它是由不同性质的多种责任形式构成的统一体。在经济法责任项下，包括：公法责任和私法责任；过错责任，无过错责任和公平责任；职务责任和非职务责任；财产责任和非财产责任等性质相异的责任形式。它们共同构成完整意义上的经济法责任。这是其他部门法所不具有或不甚明显的现象。

第四，经济法责任是责任者必须承担的否定性法律后果或者其他后果。首先，经济法律关系主体对其负担的经济职责和经济义务表现出消极的不作为，或者经济法律关系主体不适当履行经济职责或经济义务时，即导致法律对其消极不作为或不适当作为的否定。这种否定性后果必须归于责任者，若责任者怠于承担，即会受到国家强制力的干预。其次，基于维护社会公共利益等方面的需要，经济法律法规规定了一些即使行为不违法，行为人仍需承担一定责任的情形。这是有别于否定性法律后果的一种责任方式。这也是其他法律责任所不具备或者表现不甚明显的。

二、经济法责任的构成要件和分类

(一) 经济法责任的构成要件

法律责任的构成要件，是指行为人据以承担法律责任或者能够满足国家机关追究行为人法律责任的法定条件。学理上，一般从责任主体、行为人的心理状态、行为的违法性、损害事实以及因果关系等多个方面去把握法律责任的构成要件。经济法责任的构成要件也可以从这几个方面加以认识。

1. 责任主体

责任主体是指依法应当承担法律责任的当事人。经济法责任主体与其他法律部门的法律责任一样，具有两个基本条件：一是必须具备责任能力，二是不具备免责条件。但是，与行政责任和民事责任的主体相比，经济法责任主体兼有限制性和广泛性的特征，前者表现为责任主体多为从事生产经营活动的经济组织和具有经济管理职能的经济行政机关，后者表现为经济组织内部不具备法人资格的单位，经济组织的内部成员在某些情况下也可成为经济法责任主体。

2. 行为人的心理状态

在民事法律责任中，通常实行过错责任原则，特殊情况下也适用无过错责任原则。在经济法责任中，贯彻的是过错责任和无过错责任相结合的归责原则，且无过错责任得到了更为广泛的运用，即行为人虽无过错，但由于其给他人和社会造成了损害，基于经济法的规定，也要承担责任。无过错责任原则的确立，正好体现了国家运用其权力对受害人的保护。它是人权等原则在经济法责任中的具体运用。

3. 行为的违法性

行为的违法性具有多种表现，国家经济管理机关怠于履行或不适当履行其经济职责，经济组织违反国家的限制性或禁止性规定，不履行或不正确、不全面履行法定的或约定的经济义务等，均是行为违法的具体体现。经济法责任创设的目的之一，即在于对这些具有违法性的行为进行否定性评价，进而实现经济法的权威，社会的有序、当事人的权益等经济法的多重目的。此外，缘于经济法责任在某些情况下并不以违法行为的存在为前提，故行为的违法性有时于责任的承担和追究并非必要条件，在适用无过错责任和公平责任原则时，在基于国家利益，社会公共利益等原因而占用、征用或损害他人的财产时，即可能出现此种情形。

4. 损害事实

民事责任的追究和承担通常须以损害事实的存在为条件，无损害则不承担责任。而经济法责任的构成，在许多情况下，并不以损害事实的客观存在为必要，行为人即使没有给特定人造成具体损害，也要承担法律责任。如有的不正当竞争行为、销售不合格产品的行为，可能没有给具体人造成损害，但是，考虑到对这种行为如果不加以制裁，最终必然要给具体人或者社会造成损害，因此，我们也要追究行为人的经济法责任。这正好表明经济法具有行政法和民法难以起到的维护社会经济秩序的积极作用。

5. 因果关系

因果关系是原因与结果之间存在的不以人的意志为转移的必然联系。在民法中，损害事实的存在是追究责任的前提，因而民法特别强调损害行为与损害结果之间的因果联系。而在经济法中，主体的行为即使未造成损害事实，相关主体也可以依法要求行为人承担责任。在这种情况下，经济法责任就无所谓以损害行为与损害结果之间的必然联系作为构成要件。这就决定了在经济法责任中，在有的情况下，只要行为人实施了某种按照法律规定需要承担法律责任的行为，就可以根据法律的直接规定，追究行为人的责任。

（二）经济法责任的分类

经济法责任可以从不同角度进行分类，主要包括以下几种：

1. 公法责任和私法责任

这是根据法律责任据以确立的部门法的性质来划分的。

公法责任是指刑法、行政法等公法规定的行为人的责任。私法责任是私法（主要是民法）规定的行为人的责任。在纯属公法和私法的法律部门中，公法责任和私法责任是泾渭分明的。而经济法是公法和私法兼容的法律，因而，它的责任形式也具有公法责任和私法责任兼容的性质。其具体表现是，经济法不像行政法、民法和刑法那样，只分别采取单纯的行政的、民事的或者刑事的责任方式，而是采取三者兼而有之的责任方式。其对这三种责任方式，有时单独适用，有时一并适用。对于这种现象，有学者将其解释为是行政法、民法和刑法的责任在经济法领域中的综合适用，有学者将其解释为经济法特有的综合责任形式。我们认为，对经济法责任应有以下两个基本认识：一是三种责任形式同时存在于经济法之中，这是行政法、民法和刑法所不具备的。立法机关在经济法中所作的这种安排，主要是考虑到对于某一具有经济意义的行为，仅仅使用一种责任形式难以达到全面评价的效果。二是在经济法中同时使用行政、民事和刑事性质的责任形式，从立法技术上讲，有利于经济法律关系主体清晰而全面地认识到某一行为可能招致的各种不同程度的法律后果，这既有利于守法，又有利于执法。

2. 过错责任、无过错责任和公平责任

这是根据行为人的主观心理状态在追究法律责任中的地位来划分的。

过错责任是指以行为人存在故意或过失的心理状态为必要条件的一种责任。这种责任发端于罗马法的"无过错而无责任"的理念，发展和完善于许多资产阶级国家的民法典。过错责任的确定，对于保护财产所有权、契约自由以及权利平等有着重要的意义。

随着社会的进步，人和社会日益面临由于工业时代所必然带来的损害，而且这些损害有许多是在行为人没有过错的情况下造成的。在这种情况下，如果固守过错归责原则，就难以有效地保护人的权利。于是，无过错责任应运而生。无过错责任不以行为人的主观过错的存在为追究责任的必要条件，即行为人无过错也要对自己给他人造成的损害承担责任。这种情况在经济法中是一个越来越广泛存在的现象。无过错责任的普遍采用，无疑有助于更充分地保护人的权利。可以预料，随着知识经济时代的到来，信息科学技术，生命科学技术，新能源技术，新材料科学技术等高新技术必将有一个大的发展，并将广泛地运用于生产之中。与此相应，一些未可预见的且行为人无过错的损害也将越来越多地出现，无过错归责原则适用的范围也将越来越广泛。

公平是所有法律的共同的价值取向。一个法律是否实现了公平，最集中的体现就是法律责任的构造是否做到了公平。当然，过错责任或者无过错责任原则所追求的也是一种公平状态，但是，在有的情况下，比如在当事人对造成的损害都没有过错，且依照现行法不能适用无过错原则，但又确有必要追究一方责任时，就产生了一种特殊的责任，即公平责任。所谓公平责任，是指双方当事人对造成的损害都没有过错，根据实际情况，由当事人分担责任的一种责任形态。比如，某一洗涤剂产品对大多数人来说不会引起损害，但对某个特殊体质的人却造成了损害，在这种情况下，双方都没有过错，且依照法律规定，这属于本来可以作为"开发风险"而予以免责的条件，但是法官在自由裁量时，考虑到不给受害人以补偿就不足以体现公平精神，即可以说服有关各方适用公平责任原则，由生产者和销售者对受害者承担一定的补偿责任，以减轻受害人受到的损害。

在经济法中，只有过错责任、无过错责任和公平责任同时存在，才能有效地保护受害人，这种责任的设定从根本上表明了道德，社会责任和法律的有机统一。这是社会法治文明的表现。

3. 职务责任和非职务责任

这是根据承担责任的主体及其在经济法律关系中地位的不同进行的划分。职务责任是指行为人因履行公务而发生的责任。凡是国家机关的工作人员，经济组

织成员在执行公务时，因实施违法行为或其他依法应承担责任的行为而导致的责任，皆属职务责任。职务责任首先由职务行为人的所属组织来承担。由于经济法是国家干预经济之法，而国家对经济的干预又主要是通过国家行政机关行使经济职权来实现的，这就决定了职务责任是经济法责任的一种最常见的责任，如不当批准、不当许可，不当禁止均可构成职务责任。行为人的单位在承担了责任之后，还可以追究直接责任人员的行政和刑事责任。非职务责任是指行为人以自己的身份从事活动而发生的责任。国家机关和经济组织的成员因从事非职务行为而产生的责任，应属于非职务责任。非职务责任由行为人个人承担，组织不予承担。

4. 财产责任和非财产责任

这是根据责任是否具备经济内容来划分的。财产责任是指以财产为责任内容的责任，如赔偿损失，经济补偿、补交税款．罚款．没收财产以及罚金等。财产责任的实质是强制责任人用财产来补偿权利人的损害。由于经济法是调整一定经济关系的法，因而，经济法责任中许多都具有财产性质。非财产责任是指不以财产为责任内容的责任，这种责任往往与人格有直接联系，如吊销营业执照或许可证、判处徒刑等。

（三）经济法中的行政责任、民事责任和刑事责任

1. 经济法中的行政责任

在经济法中，行政责任是指国家机关基于特定的原因，对经济法律关系主体依行政程序或者行政诉讼程序所给予的制裁或加予的其他负担。

依责任的确定者和承担者的不同，经济法中的行政责任首先表现为作为国家机关的行政机关依行政程序确定的经济法律关系主体的责任。此种责任，包括上级行政机关依照职权对下级行政机关确定的责任，以及行政机关依职权对公民，法人（非国家机关法人）或者其他经济组织确定的责任。这是通常意义上的行政责任。其次，经济法中的行政责任还表现为司法机关依行政诉讼程序确定的行政机关的责任。依照我国现行法律法规的规定，由于行政机关在行使经济职权和履行经济职责时所实施的具体行政行为违反法律法规，侵犯了公民，法人和其他经济组织的合法权益，作为受害人的公民、法人和其他经济组织可以依照《行政诉讼法》提起行政诉讼，由司法机关追究行政机关的责任。此种责任，在我国学界通常也被视为行政责任。应予注意的是，按照我国现行立法和学界多数人的看法，司法机关不得依诉讼程序对作为行政相对人的公民，法人或者其他经济组织确定行政责任。

依责任的具体形态的不同，经济法中的行政责任可以区分为行政制裁和其他

负担。行政制裁包括行政处分和行政处罚。行政制裁只能由行政机关依职权、按照行政程序做出。其中，行政处分是行政机关按行政隶属关系依法对违法个人所给予的一种纪律处分，有警告、记过、记大过、降级、降职，撤职，留用察看，开除等。行政处罚是国家行政机关依法对违法单位和个人给予的非纪律性的制裁，其种类有罚款、责令停业，加收滞纳金，没收非法所得，吊销工商营业执照等。作为经济法中的行政责任的其他负担，在我国现实生活中有多种形式，如行政机关对于因其合法行为而受到损害的自然人，法人或其他经济组织提供补偿、返还财物、消除影响、赔偿损失等。此种意义上的行政责任，视具体情况的不同而由行政机关依职权确定，或由司法机关依行政诉讼程序确定。

2. 经济法中的民事责任

在经济法律法规中规定民事责任，这是我国立法体例的一大特色。经济法中的民事责任，系指经济法律关系主体违反经济法律法规，不履行，不适当履行经济义务，或者基于法律上的其他原因而应承担的否定性后果或其他负担。

在经济法中，经济权利，经济义务是经济法律关系的重要内容，然而从根本上讲，经济权利，经济义务分别具有民事权利和民事义务的性质，为确保经济法律关系主体正确行使经济权利，切实履行经济义务，故设责任制度作为保障机制；与经济权利和经济义务的民事性质相适应，此种责任制度亦可谓民事责任。不过，与通常意义上的民事责任相比，经济法中的民事责任也呈现出一些特色。如在我国的经济法律法规中，无过错责任和公平责任得到了远比民法突出的强调；为保护社会弱者，惩罚性赔偿制度在一定情况下得到了运用（如《消费者权益保护法》第 49 条）；通常意义上的民事责任以行为违法或者不履行，不适当履行民事义务为构成要件，经济法中的民事责任则不以此为限，行为不违法甚至合法，如经济法律法规有直接规定，或者虽无法律法规的直接规定，但为了体现公平，也可以对行为人科以具有民事责任性质的负担。

3. 经济法中的刑事责任

刑事责任是指人民法院对于触犯国家刑法的个人和单位给予的刑事制裁。

在我国，经济犯罪及其刑罚规定，过去同时采取了三种做法：①在《刑法》中对经济犯罪及其刑罚做出专门规定；②在经济法律法规中，重申《刑法》的规定，或指出应适用的《刑法》条款，有时《刑法》的有关条款列于该法律法规之后，必要时在《刑法》规定的量刑幅度之内，对各种情况下的量刑做出更为具体的规定；③根据修订前的《刑法》第 89 条"本法总则适用于其他有刑罚规定的法律，法令，但是其他法律有特别规定的除外"的规定，在经济法律中另立《刑法》未规定的罪名，并规定其刑事责任。这种做法的一个显著优点就是它可以作为《刑法》未尽罪名的补充。对在经济生活中出现的需要定罪的情形，在经济法律中及时且明确地加以规定，对于及时打击经济犯罪行为，具有重要意义。

（四）经济法责任的认定和实现

1. 经济法责任的认定及其原则

依我国法律规定，民事法律责任由人民法院或仲裁机构认定，也可由当事人依法协商确定；刑事责任只能由人民法院认定；行政责任由具有相应职权的行政机关认定或者由人民法院认定。经济法责任由于综合包括了某些民事、刑事和行政责任，因此，认定经济法责任就成为人民法院、仲裁机构、行政机关的共同职责，当事人在法律规定的范围内，也有一定的认定权。

认定经济法律责任除了遵循经济法责任的构成要件以外，还必须坚持以下几个原则：一是责任法定原则，即严格根据法律的规定确定经济法责任是否存在以及经济法责任的形态；二是责任与行为违法的程度或者行为应加予的负担相适应的原则，即经济法责任的大小与行为的社会危害程度或者其他后果相适应；三是不重复追究责任的原则，即对业已追究经济法律责任的行为，不得适用同种法律规范再追究其经济法责任；对于可以选择适用经济法律法规追究经济法责任的行为，没有法律的特别规定，不得同时适用两种或两种以上的经济法律规范加重其责任；四是法律面前人人平等的原则，即在追究和承担经济法责任方面，不允许有任何特权存在。

2. 经济法责任的实现

经济法律责任的实现是指经济法责任确定后，当事人承担因此而产生的经济职责、经济义务或其他负担。确保经济法律责任的实现是国家对经济法律关系进行保护的最为有效的手段。经济法律责任的实现，一方面取决于当事人的自觉行动，另一方面，一旦当事人怠于或拒不承担经济法责任时，有权机关尤其是法院可以强制执行。

现实中，经济法责任实现方面的最大障碍可概括为"执行难"。由于执行难有多方面的原因，故解决措施亦应从多方面考虑：

（1）当事人的原因

其主要表现是：对不执行法院的判决和裁定也是一种违法行为这一点缺乏足够的认识，因而对执行抱消极态度；有执行能力却故意拖延或者抗拒执行；确因经济困难无力执行。对于这些表现，我们可考虑采取以下措施：一是以金钱为执行标的的，如果逾期不执行，应严格滞纳金等制裁措施；二是对经济效益差，达到破产条件的企业法人，通过破产程序了结执行难的问题；三是运用《刑法》设置的抗拒执行罪，对故意拖延执行，情节严重，由此给债权人或者其他关系人造成严重损失的自然人、法人及其直接责任人员处以刑罚。

（2）法院自身的原因

其主要表现是：审判与执行相脱离，只顾判案，不考虑执行，具体表现是：没有及时采取诉讼保全措施，致使被执行人得以转移财产，造成执行难；执行力量不足，无足够人员投入执行；执行人员素质差，造成被执行人抵触执行；执行人员缺乏执行意识，往往在"执行有度"、"考虑实际情况"的思想指导下执行手软；审判人员由于受不正之风影响或收受贿赂，故意拖延案件审理，从而给当事人转移财产的机会，甚至判决下达之时，败诉人财产已转移殆尽，结果使判决成为一纸"法律白条"。对于在法院环节上解决执行难问题，除了执行人员树立正确的执法意识，加强执行力量，及时采取保全措施以及文明执行以外，还应采取两个重要措施：一是禁止执行人员与被执行人勾结抗拒执行；二是严格执行审限制度，对因收受贿赂而拖延案件审理，造成败诉方转移财产的审判人员要严肃处理，追究其违法责任，并给予相应制裁。

（3）社会原因

这主要表现为：执行方面的立法不健全，法律法规对执行中的具体做法规定过于原则，甚至有许多疏漏；权力干扰执行，干扰者要么是出于地方保护主义的考虑，要么是出于执行结果可能影响自身的考虑，要么是出于受人之托或受人之贿的动机；全社会的执行意识淡薄，不少单位特别是有些金融机构，总是对法院的协助冻结存款通知，协助划拨存款通知采取不支持，不配合甚至对抗的态度。要营造一个良好的执行环境，关键在于：一是在全社会范围内牢固地树立起保障债权人利益的思想，不能让违法者有利可图；二是坚持制止执行过程中的地方保护主义，与执行有关的单位和个人要以积极态度支持法院的执行。就法院之间的委托执行而言，被委托法院一定要从维护国家法制统一和整个人民法院的形象出发，以积极的态度协助其他法院执行，凡是法院以及直接责任人员拒绝委托执行或者对委托执行采取消极态度的，应当作为一项劣迹列入考核内容。

第二章　经济竞争法律制度

第一节　反不正当竞争法

一、反不正当竞争法概述

所谓反不正当竞争法，就是指调整在维护公平竞争、制止不正当竞争过程中发生的社会关系的法律规范的总称。对不正当竞争进行反不正当竞争法的立法目的就在于保障社会主义市场经济健康发展，鼓励和保护公平竞争，制止不正当竞争行为，保护经营者和消费者的合法权益。

反不正当竞争法是确认和调整不正当竞争行为和由其引起的各种经济关系的法律规范的总称。反不正当竞争法律制度是公平竞争的重要保障，是市场经济的基石。凡是实行市场经济的国家，都把它作为规范市场经济关系的基本法律。我国《反不正当竞争法》及其配套的法规、规章等规范性文件，构成了反不正当竞争的基本的法律制度。

二、不正当竞争行为

我国《反不正当竞争法》的第二章规定了 11 种不正当竞争行为，其中有 4 种是属于垄断行为，分别是行政垄断、公用企业滥用经济优势、搭售和附加不合理的交易、串通招投标。下面 7 种属于不正当竞争行为：

（一）虚假宣传行为

虚假的宣传行为是指经营者利用广告或是其他方法，对商品的质量、性能、制作成分、用途、生产者、有效期、产地等作引人误解的虚假宣传。广告的经营者在明知或应知的情况下，代理、设计、制作、发布虚假广告，也同属此行为。该行为的实施主体包括产品、服务和广告的经营者。虚假宣传包括虚假宣传与引人误解的宣传两种类型。

（二）假冒名牌行为

假冒名牌行为是指经营者使用假冒或是仿冒等虚假的手段，使其商品与他人商品相似并易混淆，从而导致或足以导致购买者误认的行为。

（三）商业贿赂行为

商业贿赂是指经营者在市场交易的过程中，为了争取交易机会，特别是取得相对于竞争对手的优势地位，通过秘密地给付财物或其他手段进行贿赂，从而达到销售或购买商品的行为。经营者在购销商品时，可以采用明示的方式给对方折扣，也可以给中间人佣金。但是必须以明示的方式，并且要如实入账，即给付方和接收方都要如实入账。如若经营者在购销商品时是暗中给对方单位或个人回扣的，则以行贿论处；对方单位和个人在账外收受回扣的，也以受贿论处。

（四）不当有奖销售行为

所谓有奖销售，是指经营者用提供奖品或奖金的手段进行推销的行为，其主要形式包括抽奖式有奖销售和附赠式有奖销售。在我国，反不正当竞争法并不完全禁止有奖销售，只有带有欺骗性的有奖销售才被法律禁止。

（五）不当低价销售行为

不当低价销售行为，就是指经营者为达到排挤竞争对手为目的，以低于成本价销售商品的行为。

（六）诋毁商誉行为

诋毁商誉行为，又被称为商业诽谤行为，就是指经营者故意捏造、散布虚假的事实，损害竞争对手的商业信誉和商品声誉的行为。《反不正当竞争法》第十四条规定："经营者不得捏造、散布虚假的事实损害竞争对手的商业信誉和商品声誉。"

（七）侵犯商业秘密的行为

所谓商业秘密，就是指不为公众所知悉、能给权利人带来经济利益、具有实用性，并且权利人已经采取保密措施的技术信息和经营信息。能够作为商业秘密的技术信息和经营信息必须具备实用性、秘密性和保密性等基本条件。商业秘密主要包括：技术信息，如技术秘诀、设计图纸、工艺流程、化学配方等；经营信息，如管理方法、客户名单、产销策略、货源情报等。

三、法律责任

不正当竞争行为不仅损害了其他经营者的合法权益，而且扰乱了市场经济秩序，对其进行监督检查是确保《反不正当竞争法》的立法目的得以实现、维护社会正常经济秩序的重要手段。对不正当竞争行为的监督检查，不但包括专门机关的监督检查，还包括其他组织和公民个人的社会监督。

（一）监督检查机关及其职权

1. 监督检查的机关

根据《反不正当竞争法》的规定，县级以上的人民政府、工商行政管理部门和法律、法规规定的其他部门是对不正当竞争行为监督检查的机关。大多数情况下，由工商机关负责对不正当竞争行为进行监督检查。

2. 监督检查部门的职权

根据《反不正当竞争法》的规定，监督检查机关在监督检查过程中具有以下职权：

①依照规定询问被检查的经营者、利害关系人、证明人，并要求提供证明材料或与不正当竞争行为有关的其他材料；

②查询、复制与不正当竞争行为有关的文件、协议、账册、单据、记录、业务函电和其他材料；

③检查与假冒行为有关的财务，在必要时有权责令被检查的经营者说明该商品的来源、数量，暂停销售，听候检查处理，不得隐匿、转移甚至销毁该财务。

监督检查部门的工作人员在监督检查不正当竞争行为时，应出示检查证件；被检查的经营者、利害关系人和证明人也应如实提供相关的材料。

（二）社会监督

《反不正当竞争法》规定：国家鼓励、支持和保护一切组织和个人对反不正当竞争活动进行社会监督，国家机关工作人员不得支持、包庇任何不正当竞争行为。

社会公众可以向检查部门反映，检举各种不正当竞争行为；大众传媒应该对各种不正当竞争情况进行客观的报道，来揭露不正当竞争行为。

（三）争议处理

根据我国《反不正当竞争法》规定，如果当事人对监督检查部门的处罚决定不服的，可以在收到处罚决定之日起15日内向上一级主管机关申请复议；对复议决定不服的，可以在收到复议决定之日起15日内向人民法院提起诉讼。当事人也可以直接向人民法院提起诉讼。

四、不正当竞争行为的法律责任

按照《反不正当竞争法》第四章的规定，实施不正当竞争的行为者依法要承担相应的民事责任、行政责任和刑事责任。

（一）民事责任

不正当竞争行为的民事责任一般是一种民事侵权责任，承担责任的方式通常是赔偿损失。其构成要件是：

①经营者实施了不正当竞争行为；

②该不正当竞争行为给被侵害的经营者造成了损害；

③该损害的产生与经营者实施的不正当竞争行为存在着因果关系。

赔偿数额通常以实际损失计算。被侵害的经营者的实际损失难以计算的，赔偿额为侵权人在侵权期间因侵权所获得的利润。需要指出的是，侵权人还应承担被侵权人因为调查该经营者侵害其合法权益的不正当竞争行为所支付的全部合理费用。

（二）行政责任

经营者实施不正当竞争行为要承担的行政责任的形式一般有罚款、没收违法所得、吊销营业执照等。

《反不正当竞争法》规定的与经营者有关的七种不正当竞争行为都可以处以罚款，但数额不同：对虚假宣传，商业贿赂、侵犯商业秘密等行为，依据情节轻重可以处以1万元以上20万元以下的罚款；对于不正当有奖销售，依据情节轻重可以处以1万元以上10万元以下的罚款。

没收是监督检查部门依法对违法所得的没收，并可并处罚款。

吊销营业执照是一种严厉的行政处罚措施，通常情况下不使用。只有在假冒行为中的"经营者擅自使用知名商品特有的名称、包装、装潢，或是使用与知名商品相近似的名称、包装、装潢，造成和他人的知名商品相混淆，使购买者误认为是该知名商品，并且情节严重的"才适用。

（三）刑事责任

我国《反不正当竞争法》规定的刑事责任有如下两类：经营者的刑事责任、监督检查部门人员的刑事责任。

①经营者的刑事责任。经营者销售假冒伪劣商品或进行商业贿赂的不正当竞争行为，情节严重，触犯刑法，构成犯罪的应承担刑事责任。

②监督检查部门人员的刑事责任。监督检查部门的工作人员有玩忽职守、滥用职权的行为，或徇私舞弊，对明知违反《反不正当竞争法》规定构成犯罪的经营者有故意包庇的行为，情节严重、构成犯罪的应承担刑事责任。

第二节 产品质量法律制度

一、产品与产品质量

（一）产品的含义

"产品"一词可以从自然属性和法律属性两个不同的范畴给予定义。从自然属性这个角度上来讲，产品是指通过人类劳动获得的具有一定使用价值的劳动成果。它既可以是商品，也可以是非商品；既可以指直接从自然界获取的各种农产品、矿产品或经过加工的手工业品、加工工业品，甚至是建筑工程等物质性物品，也可以指文学、艺术、哲学、体育和科学技术等精神物品。从法律属性这个角度上来讲，产品是指通过某种程度、方式加工用于消费和使用的物品，是指生产者、销售者能够对其质量加以控制的产品，而内在质量主要取决于自然因素的产品不在其包括的范围内。

从立法技术上讲，我国法律同时使用了概括法和排除法来界定产品。根据我国《产品质量法》的规定，产品应具备两个条件：

1. 经过加工、制作

没有经过加工、制作的天然物品不是本法意义上的产品，如农产品、矿产品。加工，制作包括工业上的和手工业上的。煤气、电力等虽然是无体物，也是工业产品，也应包括在内。

2. 用于销售

只是为了自己使用的加工、制作品不属于产品责任法意义上的产品。有专家认为，使用"销售"不如使用"流通"更为准确，因为有些产品是企业为了营销目的无偿赠送或作为福利分发交付给消费者的。其实，"用于销售"不等于经过销售，只要产品是以销售为目的而进行生产，制作的，不管它是经过销售渠道到达消费者或用户手上，还是通过其他渠道，都属于《产品质量法》所规定的产品，所以，无须用"流通"代替"销售"。赠送的产品，试用的产品也是属于产品责任法意义上的产品。

（二）产品质量

对于产品质量的概念，有人认为产品质量是指产品符合人们需要的内在素质与外观形态的各种特性的综合状态，也有人认为产品质量是指产品所应具有的、符合人们需要的各种特性，如安全性、可靠性、适用性、可维修性等。产品质量的内容随着经济、科技的发展和人们需求的变化，也在不断丰富和发展。

我们认为，产品质量是指产品在既定的条件下，能够满足消费者的愿望和符合规定用途所具备的特征和特性的总和。它不仅包括产品的外观、形状、颜色、气味、包装等外在特征，还包括结构性能、纯度、物理性能和化学成分等内在特性。根据国际标准化组织颁布的 ISO – 86 标准，质量的含义是"产品或服务满足规定或潜在需要的特征的总和"。该定义中所称的"需要"一般会随时间、空间的变化而变化，与科学技术的不断进步有着密切的关系。需要可以转化为具有具体指标的特征和特性。通常，任何产品都具有以下三个必不可少的特征：

1. 适用性

因为产品生产、交换的目的就是为了满足人们的需要,这就要求每一件合格的产品都能够满足人们的这种愿望。因此,产品的适用性是评价产品质量的一项重要指标。

2. 安全性

产品要实现其适用性,必定是通过产品的使用这一途径来实现的。这就要求产品在使用环节上是安全可靠的,不会危及使用者和其他人的人身、财产安全。

3. 经济性

在市场经济条件下,产品的使用价值一般是通过市场交换来实现的。在市场交换的过程中,要求产品价格公道,正确反映供求关系和价值规律,不要造成不应有的资源浪费。

我国《产品质量法》第二十六条对产品质量作了细化,规定产品质量应符合下列要求:①不存在危及人身、财产安全的不合理的危险,有保障人体健康和人身、财产安全的国家标准、行业标准的,应符合该标准;②具备产品应具备的使用性能,但是对产品存在使用性能的瑕疵做出说明的除外;③符合在产品或其包装上注明采用的产品标准;④符合以产品说明、实物样品等方式反映的质量状况。

二、产品质量的监督管理制度

所谓产品质量监督管理制度,是指由产品质量法确认的互相联系、互相依存、自成体系的管理规定,它具有严格的秩序性和规律性。管理产品质量职能是国家组织经济的职能之一,为了实现这一职能,国家必须通过立法的形式来建立和完善有关产品质量法律制度,运用各种不同的法律形式对产品质量形成过程进行监督控制和管理。《产品质量法》总结了我国产品质量管理工作的经验,并借鉴外国立法,参照国际惯例,确立了以下制度:

(一)企业质量体系认证制度

企业质量体系认证制度,是指法定的认证机构对企业的产品质量保证能力和质量管理水平进行综合性检查和评定之后,确认并证明该企业质量管理达到国际通用标准的一种制度。该制度通过对产品质量构成的各种因素,如组织机构和人员素质、产品设计、工艺准备,制造过程,质量检验等质量保证能力进行严格评定,从而使企业形成一种稳定生产符合标准产品的能力。在我国,企业质量体系认证机构是国务院产品监督检验局或由其认可的认证机构。企业质量体系认证对企业内部而言,可加强质量管理,实现质量目标,创优质产品,对外可以提升企业质量信誉，提高顾客对企业的信任，增加订货，减少顾客对企业的检查评定，有利于顾客选择合格的供方。企业通过体系认证获得的体系认证证书不能用在其所生产的产品上，但是可以用于正确的宣传，同时在申请产品质量认证时可免除对企业质量体系认证的检查。它是 ISO 向各国推荐的认证制度的一种。

目前，国际上通用的"质量管理和质量保证"标准是 ISO 9000 系列国际标准。我国对企业实行质量体系认证的依据是 GB/T 19000 – ISO 9000 质量管理和质量保证系列国家标准。企业根据自愿原则，可以向国务院产品质量监督部门认可的或国务院产品质量监督部门授权的部门认可的认证机构申请企业质量体系的认证。经过认证合格的，由认证机构为其颁发企业质量体系认证证书。

（二）产品质量认证制度

产品质量认证是根据产品标准和相应的技术要求，经过认证机构确认并通过颁发认证证书和认证标志来证明某一产品符合相应标准和相应技术要求的活动。《产品质量法》第十四条第二款规定："国家参照国际先进的产品标准和技术要求，推行产品质量认证制度，企业依据自愿原则可向国务院产品质量监督部门认可的或国务院产品质量监督部门授权的部门认可的认证机构申请产品质量认证。经过认证合格的，由认证机构颁发产品质量认证证书，准许企业在产品或其包装上使用产品质量认证标志。"

产品质量认证分为安全认证和合格认证。安全认证是用安全标准为依据进行的认证或是只对产品中关于安全的项目进行认证。合格认证是对产品的全部性能、要求，根据标准或相应技术要求进行的认证。我国的产品质量认证工作由专门的认证委员会承担，每类开展质量认证的产品都有相应的认证委员会。

企业质量体系认证与产品质量认证是两个不同的概念，有着显著的区别：从认证对象上看，前者认证的对象是企业的质量体系，而后者认证对象是企业的产品；从认证标准上看，前者认证的根据是质量管理标准，而后者认证的根据是产品标准；从认证结论上看，前者是要证明企业质量体系是否符合质量管理标准，而后者是要证明产品是否符合产品标准。

在了解质量体系认证与产品质量认证的区别与作用以后，企业决定采用哪种方式进行认证就很容易了。在选择时，一般有如下几个需要考虑的因素：企业的产品是否执行国家规定的强制性标准，产品品种有多少，用户的性质属于哪一类，用户对质量认证形式的具体要求等。所以，对于生产的产品是单一品种，或成批大量生产的产品，或产品的用户较分散，或执行强制性标准的产品，或需方指定要求供方获得产品质量认证证书的企业，都要考虑进行产品质量认证。对于多品种、小批量，或是没有权威性产品标准可作为产品认证的依据，或需方指定要求供方获得质量体系认证证书的企业，应当要考虑进行质量体系认证。

质量体系认证有覆盖面广的优点，但对外的影响不如产品质量认证。产品质量认证可以把标志直接制作在产品的包装上，具有影响面大的优点。但是它的局限性也很大，只能在某一特定的产品上使用。两种方式各有优缺点，企业在选择用哪种方式认证时，要依据自身的情况和客户的要求，谨慎选择，不要认为质量体系认证范围大、水平高、信誉好，而产品质量认证水平低，更不能盲目听信某些违法认证机构的误导。总之，企业要慎重选择。

（三）产品质量检验制度

所谓产品质量检验制度，就是指检验机构依据一定的标准对产品品质进行检测，并判断合格与否的活动，而对这一活动的方法、程序，要求和法律性质用法律加以确定就形成了产品质量检验制度。我国《产品质量法》明文规定：产品质量应检验合格，不得用不合格产品冒充合格产品。

企业产品质量检验是产品质量的自我检验，有合法性和自主性的特点。所谓合法性，是指企业的质量检验必须依法进行，遵照国家的有关规定。产品出厂时，可由企业自行设置的检验机构检验合格，也可经过企业委托有关产品质量检验机构进行。所谓自主性，是指这种检验是企业为保障产品质量合格，适合并满足用户和消费者的要求，依法主动进行的，在不违反法律强制性规定的前提下，企业可选择适合自己的检验标准和检验程序。根据我国法律规定，产品质量检验机构必须具备相应的检验条件和能力，并且必须经过省级以上的人民政府产品质量监督管理部门或其授权的部门考核合格之后，才能承担产品质量检验工作。

（四）产品质量监督检查制度

《产品质量法》规定，国家对产品质量实行以抽查为主要方式的监督检查制度。其目的在于加强对生产，流通领域的产品质量实施监督，以督促企业提高产品质量，从而达到保护国家和广大消费者的利益、维护社会经济秩序的目的。监督检查的重点有如下三类产品：

①可能危及人体健康和人身财产安全的产品，如药物、食品等；

②重要工农业原材料和影响国计民生的重要工业产品，如钢铁、石油制品等；

③消费者、有关组织反映有质量问题的产品。

对依法进行的产品质量监督检查，生产者和销售者都不得拒绝。若抽查的产品质量不合格，由实施监督抽查的产品质量监督部门责令其生产者、销售者限期改正。逾期不改正的，由省级以上人民政府产品质量监督部门进行公告，公告后经过复查仍不合格的，责令停业，限期整顿；整顿期满后经过复查产品质量仍不合格的企业，吊销营业执照。

三、产品责任法律制度

我国《产品质量法》用较多的篇幅规定了生产者.销售者的产品质量责任和义务。所谓的产品质量义务，就是指法律规定的生产者、销售者为保证产品质量必须做出的一定行为或不得做出的一定行为。产品质量义务可分为积极义务与消极义务两种。产品质量义务和产品质量责任不同。当生产者、销售者不履行产品质量义务时，将产生不履行产品质量义务的法律后果，也就是承担产品质量责任。所以说，产品质量义务是产品质量责任的前提。

（一）产品质量责任与产品责任

所谓产品质量责任，就是指产品生产者、销售者以及其他相关的第三人对产品责任所应承担的义务以及违反此种义务时应承担的法律责任。产品质量责任制度不但包括因产品缺陷而给消费者、使用者，继而给其造成人身财产损失时，由生产者和销售者按照法律规定应承担的责任，而且包括违反标准化法、计量法以及规范产品质量的其他法规应承担的责任。

产品责任，又被称为产品侵权民事责任，就是指产品的生产者、销售者因为其产品给消费者、使用者，继而给其造成人身、财产损害而应承担的一种补偿责任。

产品质量责任和产品责任不同。其区别在于：

①责任性质不同。产品责任是一种特殊的民事责任，仅指产品侵权损害赔偿责任，而产品质量责任是一种综合责任，包括民事责任、行政责任和刑事责任。

②判定责任的依据不同。判定产品责任的依据是产品存在缺陷，而判定产品质量责任的依据包括默示担保、明示担保和产品缺陷，比产品责任更为宽泛。

③承担责任的条件不同。承担产品责任的充要条件是产品存在缺陷，且对他人造成了人身伤害、财产损失，两者缺一不可。只有因为产品缺陷发生了损害后果，才可追究缺陷产品的生产者和销售者的民事侵权赔偿责任；而承担产品质量责任的条件是只要产品质量不符合默示担保条件或明示担保条件之一的，不管是否造成损害后果，都应承担相应的责任。

（二）我国产品质量责任制度

我国产品质量责任制度主要是规定生产者和销售者对产品质量所应承担的义务。产品质量义务是国家对生产者和销售者为或不为一定质量行为的要求，属于法定义务当中的一种，在质量义务主体行为的范围限度内，义务人不履行自己的义务将承担相应的法律后果。

1. 生产者的产品质量责任

生产者应该要保证产品质量，对其所生产的产品负责，这是生产者自身的社会地位和性质决定的。产品质量法中有许多条款对生产者的产品质量义务做了明确的规定。

（1）明示担保责任

明示担保指的是产品的生产者对产品的性能和质量所做的一种声明或陈述。《产品质量法》第二十六条第二款第三项规定，生产者生产出来的产品质量应符合在产品或其包装上注明使用的产品标准，要符合以产品说明、实物样品等方式说明的质量状况，若产品质量不符合明示担保，应依法承担责任。

（2）默示担保责任

默示担保主要是适销性默示担保，是指生产者用于销售的产品应符合该产品生产和销售的一般目的。《产品质量法》规定产品质量应符合下列要求：不存在危及人身，财产安全的不合理危险；有保障人体健康和人身、财产安全的国家标准、行业标准的，应符合该标准；具备产品应具备的使用性能，但对产品存在使用性能的瑕疵做出说明的除外。

（3）标识责任

产品标识是表明产品的名称、质量状况、产地等信息的表述和指示，产品标识是生产者提供的，属于明示担保的范围。产品标识一定要真实，有产品质量检验合格证明，有中文标明的产品名称、生产厂厂名和厂址。然后，根据产品的不同特点和使用要求规定，需要标明产品规格、等级、所含主要成分的名称和含量的，用中文相应给予标明；需事先让消费者知晓的，应在外包装上标明，或预先向消费者提供相关资料；限期使用的产品应在显著位置清楚地标明生产日期和安全使用期，或失效日期；因使用不当，容易造成产品本身损坏或是可能危及人身、财产安全的产品，应有警示标志或中文警示说明；但裸装的食品和其他根据产品的特点很难附加标识的裸装产品，可不附加产品标识。

（4）禁止性行为

产品质量法明文规定：生产者不得生产国家明令淘汰的产品；不得伪造产地；不得伪造或冒用认证标志等质量标志；不得伪造或冒用他人的厂名、厂址；产品不得掺杂、掺假；不得以假充真、以次充好；不得用不合格产品冒充合格产品。不合格产品主要包括处理品与劣质品。处理品是指产品使用性能有瑕疵，或未达到明示采用的产品标准、产品说明，实物样品等方式表明的质量状况，但不存在危及人体健康和人身、财产安全的危险，仍然具有使用价值的产品。劣质品是指产品质量不符合法律、法规的要求，且存在危及人体健康和人身、财产安全的危险，或失去原有使用性能的产品。生产者违反这些禁止性的规定后，将被追究民事、行政责任，乃至刑事责任。

2. 销售者的产品质量责任

法律规定销售者承担一定的产品质量义务，其目的是促使销售者增强对产品质量的责任感，加强企业内部的质量管理，增加对保证产品质量的技术投入，加速产品流通，保证消费者购买产品的质量，从而最终保护用户、消费者的合法权益。保持销售产品的质量是销售者履行义务的核心。

《产品质量法》规定销售者负有以下三种义务：

（1）进货检查验收义务

销售者的进货检查验收应包括产品标识检查、产品观感检查和必要的产品内在质量的检验。销售者应该要建立并执行进货检查验收制度，验明产品的出厂检验合格证明，中文标明的产品名称、厂名、厂址和其他标识，从而防止假冒伪劣产品进入市场。严格执行进货检查验收义务，不仅是销售者依法履行法律规定的产品质量义务，也是其依法行使保护自身合法权益的权利。

（2）销售产品质量保持义务

销售者应采取有效的措施，保持销售产品的质量。销售者应按照产品的不同特点，采取必要的防晒、防雨、防霉、分类、隔离等措施，加强对某些特殊产品的保管，还要采取控制湿度、温度等措施，保持进货时的产品质量状况。除此以外，还要建立一整套完备的产品保管、维修等管理制度，配置必要的产品保护设备，培训保管人员等。

销售者应对产品的标识负责。其销售产品的标识应符合产品质量法关于产品标识的规定要求。

（3）销售者的七个"不得"

①不得销售国家明令淘汰并停止销售的产品和变质、失效的产品；②不得伪造或冒用他人的厂名、厂址；③不得伪造产地；④不得伪造或冒用认证标志等质量标志；⑤不得掺杂、掺假；⑥不得以假充真、以次充好；⑦不得以不合格产品冒充合格产品。

销售者如有违反这些禁止性规定的，将被追究民事、行政责任，乃至刑事责任。

四、产品质量责任的类型

产品质量责任分为民事责任.行政责任和刑事责任三种。民事责任的目的主要在于对受害人的补偿，而行政责任和刑事责任的目的主要在于对侵害人的惩戒。在产品质量事故中，受害人最关心的就是获得补偿，挽回经济损失，因此，民事责任是产品质量责任的主要责任形式。

（一）产品质量的民事责任

1. 产品责任的归责原则

所谓归责原则，就是指确定行为人承担法律责任的根据和理由。

（1）销售者的过错责任

因为销售者的过错而使产品存在缺陷，并造成人身、他人财产损害的，销售者应承担赔偿责任。其构成要件包括下面几个要件：

①产品制造者在主观上存在过错；

②产品有缺陷；

③有损害结果发生；

④产品缺陷与损害结果有因果关系。

（2）生产者的严格责任

由于产品存在缺陷而造成人身、他人财产损害的，生产者应承担赔偿责任。

严格责任是英美法律的概念，主要适用于产品责任领域，现在已经变成一个通用的法律术语。严格责任在英美法中是一种与过失责任（或称为过错责任）相对应的责任标准，由于在责任认定时不是以行为人的故意或过失为要件而显得极为严厉，因此称为严格责任。严格责任除了在适用于产品责任领域之外，还在刑事责任等领域适用。

产品责任中的严格责任的基本含义是：只要产品因为缺陷而造成了他人人身或是造成了缺陷产品以外的其他任何财产的损害，产品制造者就必须承担损害赔偿责任。其构成要件是：

①产品存在缺陷；

②产品造成了人身伤害或造成了缺陷产品以外的任何财产损害；③缺陷与损害之间存在因果关系。

严格责任的核心内容是把产品制造者的主观过错从责任要件中排除出去，对因为产品缺陷而造成的损害，除了法定的免责情形之外，产品制造者必须担负赔偿责任。

2. 产品质量的民事责任

（1）产品侵权损害赔偿责任

其内容主要包括产品生产者的赔偿责任、产品生产者的免责事由、产品销售者的赔偿责任、损害赔偿主体的确定、损害赔偿范围。

①产品生产者的赔偿责任。《产品质量法》第四十一条规定："因产品存在缺陷而造成人身、缺陷产品以外的其他财产（以下简称为他人财产）损害的，生产者应承担赔偿责任。"从这一规定中不难发现，生产者对因为产品缺陷而造

成的损害所承担的责任是一种无过错责任或称为严格责任。有关生产者的范围，我国《产品质量法》并没有做出明确的规定。但是，根据国外的产品责任法的理论和实践，生产者通常包括原材料的生产者、零部件的制造者、产品的制造者、装配者或加工者、产品的进口商等。

②产品生产者的免责事由。根据《产品质量法》第四十一条的规定，生产者能够证明有下列情形之一的，可免除赔偿责任：未将产品投入流通的；产品在投入流通时，引起损害的缺陷尚不存在的；将产品投入流通时的科学技术水平尚不能发现缺陷的存在的。

除此以外，《产品质量法》第四十五条规定："因产品存在缺陷而造成损害要求赔偿的诉讼时效期间为 2 年，自当事人知道或应知道其权益受到损害时起计算。因产品存在缺陷而造成损害要求赔偿的请求权，在造成损害的缺陷产品交付最初消费者满 10 年后丧失；但是，尚未超过明示的安全使用期的除外。"依据上述规定，在特定时效届满后，产品生产者也可以免除责任。

③产品销售者的赔偿责任。《产品质量法》第四十二条规定："由于销售者的过错使产品存在缺陷，造成人身、他人财产损害的，销售者应承担赔偿责任。销售者不能指明缺陷产品的生产者也不能指明缺陷产品的供货者的，销售者应承担赔偿责任。"这一规定说明，销售者所承担的产品侵权损害赔偿责任是一种过错责任。销售者主观上存在过错是销售者承担侵权损害赔偿责任的主观要件。若销售者能够证明其对于产品的缺陷以及造成的损害在主观上没有过错，则可以免除赔偿责任。

④损害赔偿主体的确定。《产品质量法》第四十三条规定："因产品存在缺陷而造成人身、他人财产损害的，受害人可以向产品的生产者要求赔偿，也可以向产品的销售者要求赔偿。属于产品的生产者的责任，产品的销售者赔偿的，产品的销售者有权向产品的生产者追偿。属于产品的销售者的责任，产品的生产者赔偿的，产品的生产者有权向产品的销售者追偿。"

⑤损害赔偿范围。因为产品缺陷而造成的损害包括人身伤害和财产损失两个方面，《产品质量法》第四十四条对人身损害赔偿和财产损失赔偿的范围分别做出了规定："因为产品存在缺陷而造成受害人人身伤害的，侵害人应赔偿医疗费、治疗期间的护理费、因为误工减少的收入等费用；造成残疾的，还应支付残疾者生活自助具费、生活补助费、残疾赔偿金和由其扶养的人所必需的生活费等费用；造成受害人死亡的，还应支付丧葬费、死亡赔偿金和由死者生前扶养的人所必需的生活费等费用。"

《产品质量法》除了规定对因为人身伤害引起的物质损失如医疗费、护理费，因为误工减少的收入等给予赔偿外，还规定了对因为缺陷产品造成受害人残疾甚至死亡时对受害人进行精神抚慰性质的赔偿。根据最高人民法院2001年3月发布的《关于确定民事侵权精神损害赔偿责任若干问题的解释》（法释〔2001〕7号）第九条的规定，精神损害抚慰金包括以下形式：致人残疾的，为残疾赔偿金；致人死亡的，为死亡赔偿金；其他损害情形的精神抚慰金。

因为产品存在缺陷而造成受害人财产损失的，侵害人应恢复原状或折价赔偿。如果受害人因此遭受其他重大损失的，侵害人应赔偿损失。

（2）产品合同责任

在销售者和用户，消费者之间存在直接合同关系的情况下，若产品质量存在瑕疵，不符合法律规定或合同约定，则销售者一定要根据合同承担相应的民事责任，这就是品质瑕疵担保责任。根据《产品质量法》第四十条第一款的规定："售出的产品有下列情形之一的，销售者应负责修理、更换、退货；给购买产品的消费者造成损失的，销售者应赔偿损失：

①不符合在产品或其包装上注明采用的产品标准的；

②不具备产品应具备的使用性能而事先未作说明的；

③不符合以产品说明、实物样品等方式表明的质量状况的。

销售者按照前款规定负责修理、更换、退货，赔偿损失后，如果是属于生产者的责任或属于向销售者提供产品的其他销售者（以下简称供货者）的责任的，销售者有权向生产者、供货者追偿。销售者没有按照第②款规定进行修理、更换、退货或赔偿损失的，由产品质量监督部门或工商行政管理部门责令改正。生产者之间、销售者之间、生产者与销售者之间订立的买卖合同、承揽合同有不同约定的，合同当事人按照合同约定执行。

（3）产品侵权责任与产品合同责任的竞合

根据《产品质量法》第四十二条的规定："由于销售者的过错使产品存在缺陷，造成人身、他人财产损害的，销售者应承担赔偿责任。销售者不能指明缺陷产品的生产者也不能指明缺陷产品的供货者的，销售者应承担赔偿责任。"对于购买产品并与销售者存在直接合同关系的消费者、用户来说，销售者同时违反了《产品质量法》第四十条有关销售者品质瑕疵担保义务的规定，应承担产品合同责任。这样，销售者的产品侵权责任和产品合同责任就发生了竞合。在发生责任竞合时，受害人有权选择侵权之诉或违约之诉要求赔偿。从赔偿的范围来看，产品侵权损害赔偿除了物质损失赔偿外，在特定情形下（如造成受害人残疾、死亡）还包括精神损害赔偿，而产品合同责任则不包括对受害人进行精神损害赔偿的内容的。

（4）产品质量民事纠纷的解决

《产品质量法》规定了因为产品质量发生民事纠纷时的解决途径，包括协商、和解、仲裁和诉讼四种途径。根据《产品质量法》第四十七条的规定："因产品质量发生民事纠纷时，当事人可以通过协商或调解解决。当事人不愿通过协商、调解解决或协商、调解不成的，可以根据当事人各方的协议向仲裁机构申请仲裁；当事人各方没有达成仲裁协议或仲裁协议无效的，可直接向人民法院起诉。"

除此以外，根据《产品质量法》第四十八条的规定："仲裁机构或人民法院可以委托《产品质量法》规定的相关产品质量检验机构，对相关产品质量进行检验。"

（二）产品质量的行政责任

所谓产品质量行政责任，就是指生产者或销售者有一般违法行为所应承担的行政责任，主要是行政处罚。我国《产品质量法》中规定："对生产．销售不符合保障人体健康和人身、财产安全的国家标准、行业标准的产品的；在产品中掺杂、掺假，以假充真，以次充好，或以不合格产品冒充合格产品的；生产或销售国家明令淘汰的产品的；销售失效、变质产品的，行政处罚方式有责令停止生产、销售，没收违法所得并罚款。对伪造产品产地，伪造或冒用他人厂名、厂址的，伪造或冒用认证标志、产品标识不符合规定等行为，还要加以责令公开改正等措施。"此外，对严重违反产品质量法的生产者和销售者，还可采用吊销营业执照的处罚，这是较为严厉的处罚方式。要注意的是，新修改的《产品质量法》对处罚的标准作了较大的改进，将"处以违法所得"的若干倍数的罚款改为"并处以违法生产、销售产品（包括已售出和未售出的产品）货值金额等值"的若干倍数的罚款，这样一来，既加重了对违法行为的查处，也有利于行政机构执法的明确性。

（三）产品质量的刑事责任

生产者、销售者实施下列违法行为，构成犯罪的，应依法追究刑事责任：

①生产、销售不符合保障人体健康和人身、财产安全的国家标准、行业标准的产品的；

②在产品中掺杂、掺假，以假充真，以次充好，或以不合格产品冒充合格产品的；

③销售失效、变质的产品的。

《产品质量法》第五章"罚则"还对产品质量认证机构，检验机构，国家机关工作人员可能承担刑事责任的几种情况作了原则规定。

第三节　消费者权益保护法律制度

一、消费者权益保护法概述

（一）消费者和消费者权益

1. 消费者

消费者就是指为生活消费需要而购买、使用商品或接受服务的个人。

消费的性质是生活消费，是为了个人或家庭的生活需要，而不是生产经营需要。消费的客体是商品和服务。消费的方式是购买商品、使用商品或接受服务，包括自己购买、自己使用，也包括他人购买、自己使用；包括自己付款、自己接受服务，也包括别人付款、自己接受服务。消费者主体主要是个人，也可以是单位，但必须是产品或服务的最终使用者。

2. 消费者权益

消费者权益就是指消费者依法享有的各种权利，当各种权利受到侵害时获取法律保护带来的各种利益等。消费者权益的核心是消费者的权利。

（二）消费者权益保护法

1. 消费者权益保护法的概念

关于消费者权益保护法的概念，法学界有不同的认识，但归纳起来主要有以下四种观点：

①消费者权益保护法是调整国家机关，经营者，消费者相互之间因为保护消费者利益而产生的社会关系的法律规范的总称；

②消费者权益保护法是国家为保护消费者的合法权益而制定的调整人们在消费过程中所发生的社会关系的法律规范的总称；

③消费者权益保护法是调整在保护消费者权益的过程中发生的经济关系的法律规范的总称；

④消费者权益保护法是国家基于消费者的弱势地位而制定、颁布的对消费者进行特别保护的各种法律规范的总称。

2. 消费者权益保护法的特征

（1）消费者权益保护法是以消费者权益为保护对象的法律规范

《消费者权益保护法》的立法宗旨非常明确，正如其第一条规定的："该法的立法宗旨是保护消费者的合法权益，维护社会经济秩序，以促进社会主义市场经济的健康发展。"这一立法宗旨主要是从保护消费者合法权益出发的，维护消费者利益、保护消费者的合法权益是该法的精神主旨。

（2）消费者权益保护法带有很强的群益性，反映了法律的"秩序"价值

秩序是法的基本价值之一。社会就是由消费者组成的，消费者权益保护法的有效实施，就会对整个社会产生很大的影响。通过对消费者权益的保护，可在相当大的程度上影响整个社会秩序，不然，社会将出现严重的"无序"状态。所以，消费者权益保护法具有很强的群益性，它在构建现代市场经济秩序和社会秩序的事业中扮演着重要角色。

（3）消费者权益保护法多为强制性、禁止性的规范

消费者权益保护法的原则反映了国家对市场经济进行规制的特点，这种规制最突出的特点就是对"契约自由"进行了限制，所以多为强制性，禁止性规范。

（三）消费者权益保护法的立法

1. 消费者权益保护法的产生

保护法消费者权益的立法首先是在商品经济发达的西方国家出现的。在西方资本主义国家的商品经济发展进程中，一方面是经济日渐发达，商品日益丰富；另一方面，因为假冒伪劣商品的出现，使消费者的合法权益不断受到侵犯，从而引起社会的重视，于是人们从理论上提出保护消费者的权益。在19世纪末20世纪初，资本主义进入垄断时期，竞争更加激烈，生产者，经营者侵犯消费者权益的现象也越来越突出。在此环境下，保护消费者权益的呼声也日益高涨，随后爆发了保护消费者权益的运动。为了适应社会发展的需要，西方国家最终从法律上确认并保护消费者权益，各国加快了保护消费者权益方面的立法，并且不断完善，形成了比较健全的保护消费者权益的法律体系。

2. 我国保护消费者权益的立法

在我国，消费者权益受到全社会的重视是改革开放之后才开始的。改革开放，特别是社会主义市场经济体制的确立，使我国的商品经济得到了快速发展。在这个过程中，一些商品生产经营者为了个人利益，生产经营假冒伪劣商品，提供劣质服务，不但损害了消费者的经济利益，而且威胁消费者的身体健康和人身安全；不但侵犯了消费者的权益，而且扰乱了市场秩序。为了维护社会主义市场经济正常有序的发展，保护消费者的权益，国家颁布了一系列法律、法规，比如《商标法》《标准化法》《计量法》《药品管理法》《食品卫生法》《工业产品质量责任条例》《物价管理条例》《产品质量认证管理条例》等。

（四）《消费者权益保护法》的基本原则

①消费者的权益受法律保护的原则：消费者为生活消费需要购买、使用商品

或接受服务，其权益受《消费者权益保护法》保护；《消费者权益保护法》没有作规定的，受其他有关法律、法规保护。

②经营者依法为消费者提供商品或服务的原则：经营者为消费者提供其生产．销售的商品或提供服务，应遵守《消费者权益保护法》；《消费者权益保护法》没有作规定的，应遵守其他有关法律、法规。

③自愿、平等、公平、诚实信用的原则：经营者与消费者进行交易，应该要遵循自愿、平等、公平，诚实信用的原则。

④国家保护消费者权益的原则：国家保护消费者的合法权益不受侵害。国家除了用法律手段之外，还要采取措施，保障消费者依法行使权利，维护消费者的合法权益。

⑤加强社会监督的原则：保护消费者的合法权益是全社会的共同责任。国家鼓励、支持任何组织和个人对损害消费者合法权益的行为进行社会监督。大众传媒应做好维护消费者合法权益的宣传，对损害消费者合法权益的行为要及时进行舆论监督。

二、消费者的权利与经营者的义务

（一）消费者的权利

所谓消费者的权利，就是指国家法律规定或认可的公民为生活消费而购买、使用商品或接受服务时享有的不可剥夺的权利。《消费者权益保护法》的核心内容就是保护消费者的权利，消费者的权利是宪法规定的公民的财产权和生存权的具体体现。《消费者权益保护法》规定了消费者的九项权利：自由选择权、知悉真情权、保障安全权、公平交易权、依法求偿权，依法结社权，求教获知权，受到尊重权、监督批评权。

1. 自由选择权

自由选择权就是指消费者享有自主选择商品或服务的权利。消费者的自由选择权具体包括以下四个方面：

①自主选择提供商品或服务的经营者的权利；

②自主选择商品品种或服务方式的权利；

③自主决定购买或不购买任何一种商品，接受或不接受任何一项服务的权利；

④自主选择商品或服务时，对商品或服务进行比较、鉴别和挑选的权利。

自由选择权是公平交易权的前提，消费者没有自由选择权，交易就很难保证公平。自由选择权实现了消费者在消费过程中意思自治，体现了市场经济平等自愿的准则。维护消费者的自由选择权，有利于遏制市场交易中的强买强卖现象，有利于维护市场经济秩序。

2. 保障安全权

所谓保障安全权，就是指消费者在购买，使用商品或是接受服务时享有人身、财产安全不受损害的权利。安全权包括人身安全和财产安全两个方面，这是消费者权利的最基本的权利或说是首要的权利。若消费者的人身和财产安全得不到保障，那么其他权利也就无从谈起。《消费者权益保护法》规定：消费者有权要求经营者提供的商品和服务，符合保障人身、财产安全的要求。

3. 公平交易权

公平交易权是指消费者在购买商品或接受服务时，享有获得质量保障，价格合理，计量正确等公平交易条件的权利和拒绝经营者的强制交易行为的权利。公平交易权包括两个方面：

①消费者在购买商品或接受服务时，有权获得质量保障、价格合理、计量正确等公平交易条件。商品的质量关系到消费者的身体健康、人身及财产安全，保证产品质量是消费者进行消费时的最基本要求。经营者首先应保障产品质量，否则就有悖于诚实信用的原则。价格合理、计量正确是等价交换和诚实信用原则的体现。价格不实、计量不准侵犯了消费者的经济利益。经营者在提供商品或服务时，必须保障质量，价格合理、计量正确。

②消费者有权拒绝经营者的强制性交易行为。经营者在利益的驱动下，往往违背消费者的意愿，强制交易。强制交易既侵犯了消费者的自由选择权，也违背了公平和诚实信用的市场准则。法律赋予消费者拒绝强制交易的权利，这样不仅维护了消费者的公平交易权，也维护了市场经济秩序。

4. 知悉真情权

所谓知悉真情权，是指消费者享有知悉其购买、使用的商品或接受的服务的真实情况的权利。知悉真情权是消费者自由选择权.保障安全权、公平交易权的条件，是消费者参与消费活动的前提。消费者只有在对其购买、使用的商品或接受的服务不仅知情，而且知真情的情况下，才能做出买与不买或是接受与不接受的决定，才能在使用，消费的过程中按正确的方法使用消费，以保证财产和人身安全。消费者只有在知悉真情的情况下与经营者交易，才能保证交易的公平性。知悉真情权的内容包括：消费者有权按照商品或服务的不同情况，要求经营者提供商品的价格、产地、生产者、用途、性能、规格、等级、主要成分、生产日期、有效期限、检验合格证明、使用方法说明书、售后服务，或服务的内容、规格、费用等有关情况。经营者对与交易有关的情况不得隐瞒，不得作虚假表示，否则就是侵犯消费者的知悉真情权。

5. 依法求偿权

依法求偿权是指消费者因购买、使用商品或接受服务而受到人身、财产损害的，享有依法获得赔偿的权利。依法求偿权是保障安全权的扩张。有了依法求偿权，消费者的人身、财产受到侵害后，可以向相关当事人要求赔偿。没有依法求偿权，消费者的人身、财产安全的保障性就会降低或失去保障性。依法求偿权对经营者来说，可以起到制约作用，可以用来制约经营者在提供产品或服务的时候，确保质量，避免给消费者带来人身、财产上的损害。如果发生损害，不仅会侵害消费者的利益，而且自己也要付出代价，承担法律责任。

6. 依法结社权

所谓依法结社权，就是指消费者享有依法成立维护自身合法权益的社会团体的权利。消费者依法成立维护自身合法权益的组织，如果消费者的合法权益受到侵害时，就可以依靠消费者组织与经营者抗衡。《消费者权益保护法》赋予了消费者组织强大的职能，并且通过消费者组织履行职能，使消费者的合法权益得到更大程度的保护。

7. 求教获知权

所谓求教获知权，就是指消费者享有获得有关消费和消费者权益保护方面的知识的权利。求教获知权包括两个方面：一是指消费者享有获得有关消费知识的权利。消费者应掌握所需商品或服务的知识和使用技能，正确地使用商品。消费者可以自己主动学习有关消费知识，树立正确的消费理念。经营者应该向消费者解释清楚自己提供的商品或服务的性能、使用方法等，来帮助消费者安全、正确地使用商品或接受服务。获得有关消费知识的权利的实现有利于保障安全权的实现。二是指消费者享有获得有关消费者权益保护方面的知识的权利。消费者获得消费者权益保护方面的知识，可以提高自我保护意识，在消费过程中使用法律武器，来维护自身的权益，从而改善交易过程中消费者与经营者之间的不平等性，增强与经营者抗衡的能力，制约经营者的侵权行为。

8. 受到尊重权

所谓受到尊重权，就是指消费者在购买、使用商品和接受服务的时候，享有其人格尊严、民族风俗习惯得到尊重的权利。它包括两个方面的内容：一是人格尊严受尊重权，包括姓名权、名誉权、肖像权、荣誉权等。二是民族风俗习惯受到尊重的权利。我国是一个多民族的国家，各民族服饰、饮食、居住、娱乐、礼节、节庆、婚丧、禁忌等风俗习惯各有千秋，都应该受到尊重，特别是保护少数民族消费者的合法权益，是关系到民族平等团结、社会稳定的大事。

在市场交易中，处于弱势的消费者经常会遭到经营者的侮辱、搜身、殴打等，消费者的人格尊严受到了侵犯。《消费者权益保护法》赋予消费者受到尊重权，约束了经营者的违法行为。在现实中，越来越多的消费者运用法律的武器维护自己的利益。

9. 监督批评权

所谓监督批评权，就是指消费者享有对商品和服务以及保护消费者权益工作进行监督的权利。监督批评权包括两方面的内容：一是对商品和服务进行监督的权利，二是对保护消费者权益工作进行监督的权利。消费者是经营者侵权行为的直接受害者，法律赋予消费者对商品和服务进行监督的权利，不但对维护消费者的上述八项权利有利，而且对规范经营者的经营活动有利，也有利于提高商品和服务的质量。消费者的监督批评权是社会监督的重要组成部分，在现实生活中，执法机关打击假冒伪劣活动，主要是依靠消费者提供线索。监督批评权包括消费者有权检举、控告侵害消费者权益的行为和国家机关及其工作人员在保护消费者权益工作中的违法失职行为，有权对保护消费者权益工作提出批评、建议。

（二）经营者的义务

1. 听取意见和接受监督的义务

经营者应听取消费者对其提供的商品或服务的意见，并主动接受消费者的监督。

2. 保障人身和财产安全的义务

为了有效实现消费者的保障安全权，经营者应保证其所提供的商品或服务符合保障人身、财产安全的要求；对于存在危及人身、财产安全的商品或服务，应向消费者做出真实的说明和明确的警示，并说明和表明正确使用商品或服务的方法和防止危害发生的方法。经营者如果发现其提供的商品或服务存在严重缺陷，即便正确使用商品或接受服务仍有可能对人身、财产安全造成危害的，应该立即向有关部门报告，同时告知消费者，并要采取防止危害发生的措施。

3. 标明真实名称和标记的义务

经营者应标明其真实名称和标记，如租赁他人柜台或场地的经营者，应标明其真实名称和标记。这不但有利于消费者了解、辨别商品或服务从而做出正确选择，还有利于消费者行使监督权、索赔权等权利，从而维护其合法权益。

4. 不得做虚假宣传的义务

经营者应该向消费者提供有关商品或服务的真实信息，不得做易使人误解的虚假宣传。经营者对消费者就其提供的商品或服务的质量和使用方法等问题提出询问时，应做出真实、明确的答复。商店提供商品应明码标价。

5. 出具相应的凭证和单据的义务

经营者向消费者提供商品或服务，应依照国家有关规定或商业惯例向消费者出具购货凭证或服务单据。消费者索要购买凭证或服务单据时，经营者一定要出具。由于购货凭证或服务单据具有重要的证据价值，对于界定消费者和经营者的权利义务也具有重大的意义，所以，明确经营者出具相应的购货凭证和单据的义务，有利于保护消费者权益。

6. 商品、服务品质的保证义务

经营者应保证在正常使用商品或接受服务的情况下，提供的商品或服务具有应具有的质量、性能、用途和有效期限，但消费者在购买该商品或接受该服务前就已经知道其存在瑕疵的除外。经营者以广告、产品说明、实物样品或其他方式表明商品或服务的质量状况的，应保证其提供的商品或服务的实际质量与表明的质量状况相符。

7. 售后服务义务

经营者提供商品或服务，依照国家规定或与消费者的约定，承担包修、包换、包退或其他责任的，应依照国家规定或约定履行，不得故意拖延或无理拒绝，所以，经营者的售后服务义务包括法定义务和约定义务两大类。经营者售后服务的法定义务主要体现为经营者承担的部分商品的包修、包换，包退，即"三包"义务。

"三包"的基本内容是：在商品售出的一定期限内（如移动电话机等商品为7天），出现有关规定所列举的质量问题的，消费者可以选择退货，换货或修理；在一定期限内（如移动电话机等商品为第8天到第15天），出现有关规定所列举的质量问题的，消费者可以选择换货或修理；在"三包"有效期内（如移动电话机等商品的"三包"有效期为1年），商品出现有关规定所列举的质量问题，经营者要负责免费修理，经两次维修后仍不能正常使用的，消费者可以选择换货或退货。上述商品的"三包"义务是经营者承担的法定义务，经营者不能够通过约定减轻或免除，不能够无理拒绝或故意拖延。消费者与经营者还可通过合同约定经营者应承担的售后服务义务。

8. 不得从事不公平、不合理的交易的义务

为了保证消费者的公平交易权，经营者不得以通知、声明、店堂告示，格式合同等方式对消费者做出不公平，不合理的规定，或减轻、免除其损害消费者合法权益应承担的民事责任。经营者在通知、声明、店堂告示，格式合同等含有对消费者做出不公平、不合理的规定或减轻、免除经营者损害赔偿责任等内容的，其内容无效。

9. 不得侵犯消费者人格尊严、人身自由的义务

经营者不能对消费者进行诽谤、侮辱，不能搜查消费者的身体及其携带的物品，不能侵犯消费者的人身自由。

三、消费者合法权益的保护

保护消费者的权益，不但要赋予消费者权利，规定经营者的义务，而且还要有相应的措施来做保证。《消费者权益保护法》规定了国家和社会对消费者合法权益保护的相应措施。

（一）国家对消费者合法权益的保护

国家对消费者合法权益的保护通常是从立法、行政、司法上保护消费者的合法权益。

1. 在立法方面

国家在制定相关消费者权益的法律、法规和政策时，应该要听取消费者的意见和要求。消费者的意见和要求往往是最直接的，因为消费者在交易中受到哪些不公平的对待，对哪些侵权现象反映强烈，在哪些方面应加强立法和采取保护措施等最具有发言权。因此，听取消费者的意见和要求，将会使立法和政策的制定更加具有客观性和权威性。

2. 在行政方面

（1）各级人民政府要保护消费者的合法权益

各级人民政府要加强领导，组织、协调和督促相关行政部门做好保护消费者合法权益的工作。各级人民政府应该要加强监督，预防危害消费者人身和财产安全行为的发生，及时制止危害消费者人身和财产安全的行为。

（2）行政执法机关和行业主管部门承担保护消费者权益的职责

各级人民政府工商行政管理部门和其他相关行政部门应该要按照法律、法规的规定，在各自的职责范围内，采取措施，来保护消费者的合法权益。比如，质量技术监督部门是统一管理标准化、计量和质量的执法部门，其业务工作直接关系到消费者的人身和财产安全，保护消费者合法权益是该部门的重要职责。作为国家综合性的经济监督管理部门和行政执法机关的工商行政管理部门，主要负责企业登记注册、经济合同、市场监督、广告、商标、个体私营经济和其他经济监督，在保护消费者权益方面要按照《消费者权益保护法》，制止和查处侵犯消费者合法权益的行为，切实维护消费者利益。卫生监督部门应在其管理的医疗、保健、饮食卫生等方面坚守职责，切实做好保护消费者利益的本职工作。出入境检验、检疫部门应该要依法对进出口商品实施检验，保证进出口商品的质量，保护

消费者利益。

行业主管部门保护消费者的职责，主要是指其负有对所属行业经营者的监督管理职责，预防损害消费者利益行为的发生。有关行政部门应该要听取消费者及其社会团体对经营者交易行为，商品和服务质量问题的意见，及时进行调查处理。要强化行业主管部门有关消费者权益的服务职能。

3. 在司法方面

有关国家司法机关应该要依照法律、法规的规定，惩处经营者在提供商品和服务中侵害消费者合法权益的违法犯罪行为。人民法院应采取措施，方便消费者提起诉讼。对符合《中华人民共和国民事诉讼法》起诉条件的消费者权益争议，必须及时受理、及时审理。

（二）社会对消费者合法权益的保护

1. 保护消费者的合法权益是全社会的共同职责

国家鼓励、支持任何组织和个人对损害消费者合法权益的行为进行社会监督。大众传媒应该要做好维护消费者合法权益的宣传，对损害消费者合法权益的行为进行舆论监督。

2. 消费者组织对消费者合法权益的保护

消费者协会和其他消费者组织是依法成立的、对商品和服务进行社会监督的、保护消费者合法权益的社会团体。消费者协会要履行下列职能：

① 参与有关行政部门对商品和服务的监督、检查；

② 就有关消费者合法权益的问题，向有关行政部门反映，查询，提出建议；

③ 向消费者提供消费信息和咨询服务；

④ 受理消费者的投诉，并对投诉事项进行调查、调解；

⑤ 投诉事项涉及商品和服务质量问题的，可以提请鉴定部门鉴定，鉴定部门应告知鉴定结论；

⑥ 就损害消费者合法权益的行为，支持受损害的消费者提起诉讼；

⑦ 对损害消费者合法权益的行为，通过大众传媒予以揭露、批评。

各级人民政府对消费者协会履行职能应给予支持。为了保证消费者组织在维护消费者权益过程中的公正性，消费者组织不得以牟利为目的向社会推荐商品和服务，不得从事商品经营和营利性服务。

四、消费争议的解决和法律责任的确定

（一）争议解决的途径

消费者和经营者发生消费者权益争议时，可通过下述途径给予解决：

①与经营者协商和解；

②请求消费者协会调解；

③向有关行政部门申诉；

④提请仲裁；

⑤向人民法院提起诉讼。

（二）损害赔偿责任主体的确定

1. 一般规定

（1）销售者先行赔偿制度

消费者在购买、使用商品的时候，其合法权益受到损害的，可向销售者要求赔偿。销售者赔偿以后，属于生产者的责任或属于向销售者提供商品的其他销售者的责任的，销售者有权向生产者或其他销售者进行追偿。

（2）销售者与生产者之间的连带赔偿制度

消费者或其他受害人因商品缺陷而造成人身、财产损害的，可向销售者要求赔偿，也可向生产者要求赔偿。属于生产者责任的，销售者赔偿后，有权向生产者进行追偿。属于销售者责任的，生产者赔偿后，有权向销售者进行追偿。

2. 特殊规定

①变更后的企业仍应承担赔偿责任。消费者在购买，使用商品或是接受服务时，其合法权益受到损害的，因原企业分立或合并的，可以向变更后承受其权利义务的企业要求赔偿。

②营业执照持有人与租借人的赔偿责任。使用他人营业执照的违法经营者提供商品或服务，损害消费者合法权益的，消费者可向其要求赔偿，也可向营业执照的持有人要求赔偿。

③展销会举办者、柜台出租者的特殊责任。消费者在展销会，租赁柜台购买商品或接受服务，其合法权益受到损害的，可要求销售者或服务者进行赔偿。展销会结束或柜台租赁期满后，也可以向展销会的举办者、柜台的出租者要求赔偿。展销会的举办者、柜台的出租者赔偿后，有权向销售者或服务者追偿。

④虚假广告的广告主与广告经营者的责任。当消费者因为虚假广告而购买、使用商品或接受服务时，如果合法权益受到损害，可向利用虚假广告提供商品或服务的经营者要求赔偿。广告的经营者发布虚假广告的，消费者可以请求行政主管部门给予惩处。广告的经营者不能提供经营者的真实名称、地址的，应承担赔偿责任。

（三）损害消费者合法权益的法律责任

损害消费者合法权益必须承担法律责任，这是实现消费者权益的基本保障。

《消费者权益保护法》依据对消费者合法权益损害情况的不同，规定了三种法律责任：民事责任．行政责任和刑事责任。

1. 民事责任

依照《中华人民共和国产品质量法》和其他相关法律，法规的规定，经营者提供商品或服务时有下列情形之一的，应承担民事责任：商品存在缺陷的；不具备商品应具备的使用性能而在出售时没有进行说明的；不符合在商品或其包装上注明采用的商品标准的；不符合商品说明、实物样品等方式表明的质量状况的；生产国家明令淘汰的商品或销售失效、变质的商品的；销售的商品数量不足的；服务的内容和费用违反约定的；对消费者提出的修理，重作、更换，退货、补足商品数量，退还货款和服务费用或赔偿损失的要求，故意拖延或无理拒绝的；法律、法规规定的其他损害消费者权益的情形。

（1）侵犯人身权利的民事责任。

①经营者提供商品或服务，造成消费者或其他受害人的人身伤害的，应支付医疗费、治疗期间的护理费，因误工减少的收入等费用。造成残疾的，还应支付残疾者生活自助具费、生活补助费、残疾赔偿金以及由其扶养的人所必需的生活费等费用。

②经营者提供商品或服务，造成消费者或其他受害人死亡的，应支付丧葬费、死亡赔偿金以及由死者生前扶养的人所必需的生活费等费用。

③经营者对消费者进行诽谤、侮辱或搜查消费者的身体及其携带的物品，侵害消费者的人格尊严或侵犯消费者人身自由的，应停止侵害、恢复名誉、消除影响，赔礼道歉，且要赔偿损失。

（2）侵犯财产权的民事责任。

①经营者提供商品或服务，造成消费者财产损害的，应根据消费者的要求，以修理、重作、更换、退货．补足商品数量、退还货款和服务费用或赔偿损失等形式承担民事责任。消费者与经营者另有约定的，按照约定履行。

②对国家规定或经营者与消费者约定包修、包换、包退的商品，经营者应负责修理、更换或退货。在保修期内两次修理后仍然不能正常使用的，经营者应负责更换或退货。

对包修、包换．包退的大件商品，消费者要求经营者修理、更换、退货的，经营者应承担运输等合理费用。

③经营者以邮购方式提供商品的，应依照约定提供。没有依照约定提供的，应根据消费者的要求履行约定或退回货款，并应承担消费者必须支付的合理费用。

④经营者以预收款的方式提供商品或服务的，应依照约定提供。没有依照约

定提供的，应按照消费者的要求履行约定或退回预付款，并且要承担预付款的利息、消费者必须支付的合理费用。

⑤依法经过有关行政部门认定为不合格的商品，消费者要求退货的，经营者应负责退货。

⑥经营者提供商品或服务有欺诈行为的，应依照消费者的要求增加赔偿其受到的损失，增加赔偿的金额为消费者购买商品的价款或接受服务的费用的一倍。

2. 行政责任

经营者有下述情形之一，《产品质量法》和其他有关法律、法规对处罚机关和处罚方式有规定的，依照法律、法规的规定执行。法律、法规没有作规定的，由工商行政管理部门责令改正，可以根据情节单处或并处警告，没收违法所得、处以违法所得一倍以上五倍以下的罚款。没有违法所得的，处以一万元以下的罚款；情节严重的，责令停业整顿、吊销营业执照：

①生产、销售的商品不符合保障人身、财产安全要求的；

②在商品中掺杂、掺假，以假充真，以次充好，或以不合格商品冒充合格商品的；

③生产国家明令淘汰的商品或销售失效、变质的商品的；

④伪造商品的产地，伪造或冒用他人的厂名、厂址，伪造或冒用认证标志、名优标志等质量标志的；

⑤销售的商品应检验、检疫而未检验、检疫或伪造检验，检疫结果的；

⑥对商品或服务作引人误解的虚假宣传的；

⑦对消费者提出的修理、重作、更换、退货、补足商品数量，退还货款和服务费用或赔偿损失的要求，故意拖延或无理拒绝的；

⑧侵害消费者人格尊严或侵犯消费者人身自由的；

⑨法律、法规规定的对损害消费者权益应予以处罚的其他情形。

经营者对行政处罚决定不服的，可以在收到处罚决定之日起 15 日内向上一级机关申请复议，对复议决定不服的，可以在收到复议决定书之日起 15 日内向人民法院提起诉讼，也可以直接向人民法院提起诉讼。

国家机关工作人员玩忽职守或包庇经营者侵害消费者合法权益的行为的，由其所在单位或上级机关对其给予行政处分。

3. 刑事责任

经营者提供的商品或服务，造成消费者或其他受害人人身伤害，构成犯罪的，依法要追究刑事责任。

以暴力、威胁等方法阻碍有关行政部门工作人员依法执行职务的，依法追究刑事责任。拒绝、阻碍有关行政部门工作人员依法执行职务，但是没有使用暴力、威胁方法的，由公安机关依照《中华人民共和国治安管理处罚条例》的规定处罚。

国家机关工作人员因玩忽职守或包庇经营者侵害消费者合法权益的行为的，情节严重，构成犯罪的，依法追究刑事责任。

第四节　反垄断法

一、垄断的概念

（一）垄断的概念

垄断是一个与竞争相对立的概念，垄断的原意就是独占，即一个市场上只有一个经营者。

经济学家把市场结构划分为完全竞争、垄断、垄断竞争、寡头垄断等四种类型。除了完全竞争这种在现实经济生活中基本上不存在的市场结构类型之外，垄断、垄断竞争、寡头垄断等三种市场结构中都多少存在着一些垄断的因素。

完全垄断是一种极端的情况，在完全垄断的市场中，提供产品的只有一个厂商，而且其产品没有接近的替代品，所以，厂商就具有了控制整个市场的能力，相关市场中不存在任何竞争。

（二）垄断的基本特征

作为反垄断法规制的垄断有以下几个基本特征：

①垄断的目的是为了操纵和控制相关市场，获取高额垄断利润或其他不当利益；

②垄断的主体一般是经营者，但在特殊的情况下也可以是行政机关；

③垄断的表现形式具有多样性，经营者实施垄断既可以单独进行，也可以与其他经营者联合进行；

④垄断限制，阻碍乃至消除了竞争，因此具有社会危害性。

（三）垄断的分类

垄断可以按照不同的标准进行分类，一般的分类方法有以下两种：

（1）合法垄断与非法垄断

合法垄断是法律做出正面评价予以认可的垄断，如专利。从各国反垄断立法的实际情况看，反垄断法并不一概反对所有垄断。非法垄断是法律做出否定性评价予以反对的垄断。

（2）经济性垄断与行政性垄断

经济性垄断的主体只能是作为市场主体的经营者，经营者依靠自身或与其他经营者进行联合、结合而具有的市场力量实施垄断。行政性垄断主要存在于具有行政干预，组织经济传统浓厚的原计划经济体制国家。

二、反垄断法概述

所谓反垄断法，就是指为了维护自由、公平的竞争秩序而对各种垄断进行规范、约束的法律规范的总称。

（一）反垄断法的特征

①反垄断法是诸多法律规范的综合体，而不是仅仅指一部反垄断法典；

②反垄断法是实体法规范与程序法规范的结合；

③反垄断法以强行性法律规范为主。

（二）反垄断法的作用

①创设、维护自由、公平的竞争秩序，促进社会资源的优化配置；

②保护消费者的合法权益；

③保障经营者的经营自由和竞争权利。

第三章 公司法

第一节 公司法概述

一、公司的概念和特征

公司是指依法设立的，以营利为目的，由股东投资形成的企业法人。公司具有四个特征：

1. 依法设立

设立公司应当依照我国《中华人民共和国公司法》（以下简称《公司法》）所规定的条件和程序向公司登记机关申请设立登记，领取营业执照；法律、行政法规规定设立公司须经批准的，应当在登记前依法办理批准手续。

2. 以营利为目的

股东出资组建公司的目的在于通过公司的经营活动获取利润。营利性是企业组织的普遍特征，并以此区别于国家机关和公益性的事业单位、社会团体等社会组织。

3. 以股权为基础

公司由股东投资形成股权。公司的重大决策、管理者选择和收益分配等都以股东的股权为依据。

4. 具有法人资格

公司有独立的财产，有自己的名称和住所，具有法定的民事权利能力和民事行为能力。公司以其全部财产为限独立承担民事责任。

二、公司的分类

1. 以公司资本结构和股东对公司债务承担责任的方式为标准

（1）有限责任公司

又称有限公司，是股东以其认缴的出资额为限对公司承担责任，公司以其全部财产对公司的债务承担责任的公司。

（2）股份有限公司

又称股份公司，是将其全部资本分为等额股份，股东以其认购的股份为限对公司承担责任，公司以其全部财产对公司的债务承担责任的公司。

我国《公司法》规定："公司是指依照本法在中国境内设立的有限责任公司和股份有限公司。"而在国外有些国家还存在"无限责任公司""两合公司""股份两合公司"等形式。

2. 以公司的信用基础为标准

（1）资合公司

它是指以资本的结合作为信用基础的公司。股东个人是否有财产、能力或信誉与公司无关。因此，资合公司须有健全的制度与法人治理机制。资合公司以股份有限公司为典型。

（2）人合公司

它是指以股东个人的财力、能力和信誉作为信用基础的公司。公司财产及责任与股东的财产及责任没有完全分离，股东可以用劳务、信用和其他权利出资，企业的所有权和经营权一般也不分离，股东对公司债务承担无限连带责任。国外的无限责任公司就是典型的人合公司。

（3）资合兼人合公司

它是指同时以公司资本和股东个人信用作为公司信用基础的公司。其典型形式为国外的两合公司。在我国，有限责任公司也具有资合兼人合的性质。

3. 以公司组织关系为标准

（1）母公司和子公司

这是按公司外部组织关系所作的分类。在公司之间存在控股关系时，处于控股地位的是母公司，被控股的则是子公司。母公司和子公司都具有法人资格，在法律上是彼此独立的企业。

（2）总公司和分公司

这是按公司内部组织关系所作的分类。总公司称为本公司，是由股东投资单独设立，具有法人资格的公司。分公司是指由总公司申请设立、不具有法人资格、其法律后果由总公司承担的企业分支机构，并非真正意义上的公司。

4. 以公司国籍为标准

按公司国籍，可以将公司分为本国公司和外国公司。各国确定公司国籍的标准不尽相同。中国采用以公司注册登记地和设立依据法律地为结合的标准确定公司的国籍。

5. 以公司的组织机构和经营活动的国际地域范围为标准

按公司的组织机构和经营活动是否局限于一国，可以将公司分为国内公司和跨国公司。组织机构和经营活动局限于一国的为国内公司，组织机构和经营活动分布于多国的为跨国公司。跨国公司往往并不是一个单独的公司，而是一个由控制公司与设在其他各国的所属公司形成的国际公司集团。

在我国，由于现行的企业立法原因，除依《公司法》设立的公司以外，还存在依外商投资企业法设立的公司和依原国有企业法、集体企业法等法律、法规设立的名称中含有"公司"字样的企业，在学习和实践中应加以区别。

三、公司法立法概况

广义的公司法是指规定公司法律地位，调整公司组织关系，规范公司在设立、变更与终止过程中的组织行为的法律规范的总称。狭义的公司法仅指《公司法》。

《公司法》由第八届全国人民代表大会常务委员会第五次会议于 1993 年 12 月 29 日通过，自 1994 年 7 月 1 日起施行。此后，《公司法》于 1999 年、2004 年、2006 年进行了三次修订。最新《公司法》于 2013 年 12 月 28 日第十二届全国人民代表大会常务委员会第六次会议通过修订，并于 2014 年 3 月 1 日起施行。

四、公司法人财产权、股东权

1. 公司法人财产权

公司法人财产权是指公司拥有由股东投资形成的法人财产，并依法对财产行使占有、使用、收益、处分的权利。公司的财产虽然源于股东投资，但股东一旦将财产投入公司，便丧失对该财产的直接支配权利，只享有股权。因此，股东投资于公司的财产需要通过对资本的注册与股东的其他财产明确分立，不允许股东在公司成立后抽逃投资。

2. 股东权

公司股东将财产投入公司后，依法享有资产受益、参与重大决策和选择管理者等权利。具体包括：

2 发给股票或其他股权证明请求权。

②股份转让权。

③股息红利分配请求权。

④股东会临时召集请求权或自行召集权。

⑤出席股东会并行使表决权。

⑥对公司财务的监督检查权。

⑦公司章程和股东大会记录的查阅权。

⑧优先认购新股权。

⑨公司剩余财产分配权。

⑩权利损害救济权。

⑪公司重整申请权。

⑫对公司经营的建议与质询权。

3. 股东义务

公司股东应当履行《公司法》和公司章程规定的下列义务：

①遵守公司章程。

②按期缴纳所认缴的出资。

③出资填补义务。

④不干涉公司正常经营的义务。

⑤在公司核准登记后，不得擅自抽回出资。

⑥参加股东会议的义务。

⑦特定情形下的表决权禁行义务等。

五、公司法人人格否认制度

公司的独立法律人格和公司股东的有限责任，是公司制度最基本的特征。但公司发展的历史表明，股东有限责任的绝对化，会导致股东滥用权利，采用转移公司财产、将公司财产与股东本人或其关联方的财产混同等手段，造成公司可用于履行债务的财产大量减少，严重损害公司债权人利益。为防止股东的滥用权利，《公司法》规定："公司股东滥用公司法人独立地位和股东有限责任，逃避债务，严重损害公司债权人利益的，应当对公司债务承担连带责任"。这一制度修正和补充了公司的有限责任原则。

第二节　有限责任公司和股份有限公司

一、有限责任公司的概念与特征

有限责任公司，又称有限公司，是指由股东出资依法设立，股东以其出资额为限对公司承担责任，公司以其全部资产为限对公司的债务承担责任的企业法人。

有限责任公司具有以下特征：

①责任有限。公司的股东以其出资额对公司承担有限责任，公司以其全部资产对公司的债务承担有限责任。

②信用基础的资合兼人合性。在每个股东都必须实际出资的同时，股东之间的相互信任和良好关系也是有限责任公司成立的重要前提。

③股东人数有限。我国《公司法》规定股东人数为 50 人以下。

④股份转让受限。其股东向股东以外的人转让股份须得到其他股东的同意。

⑤经营状况有限公开。其设立程序和经营状况不必对全社会公开。

⑥设立条件、程序及公司机构设置简单、灵活。

二、有限责任公司的设立

（一）有限责任公司设立条件

1. 股东符合法定人数

有限责任公司由 50 个以下股东出资设立，允许设立一人公司。除国有独资公司外，公司股东可以是自然人，也可以是法人和其他组织。

2. 有符合公司章程规定的全体股东认缴的出资额

有限责任公司的注册资本为在公司登记机关登记的全体股东认缴的出资额。

法律、行政法规以及国务院决定对有限责任公司注册资本实缴、注册资本最低限额另有规定的，从其规定。

股东可以用货币出资，也可以用实物、知识产权、土地使用权等可以用货币估价并可以依法转让的非货币财产作价出资；但是，法律、行政法规规定不得作为出资的财产除外。

对作为出资的非货币财产应当评估作价，核实财产，不得高估或者低估作价。法律、行政法规对评估作价有规定的，从其规定。

股东应当按期足额缴纳公司章程中规定的各自所认缴的出资额。股东以货币出资的，应当将货币出资足额存入有限责任公司在银行开设的账户；以非货币财产出资的，应当依法办理其财产权的转移手续。股东不按规定缴纳出资的，除应当向公司足额缴纳外，还应当向其他股东承担违约责任。

股东认足公司章程规定的出资后，由全体股东指定的代表或者共同委托的代理人向公司登记机关报送公司登记申请书、公司章程等文件，申请设立登记。

有限责任公司成立后，发现作为设立公司出资的非货币财产的实际价额显著低于公司章程所定价额的，应当由交付该出资的股东补足其差额；公司设立时的其他股东承担连带责任。

3. 有股东共同制定的公司章程

公司章程是调整公司内部组织和行为的具有契约性的自治规则。设立有限责任公司必须由股东共同依法制定公司章程。股东应当在公司章程上签名、盖章。公司章程对公司、股东、董事、监事、高级管理人员具有约束力。

4. 有合法的公司名称和组织机构

公司名称应由公司类别、公司注册地域、所属行业或经营特点、商号四部分组成。有限责任公司的组织机构通常包括股东会、董事会和监事会。

5. 有固定的公司住所和必要的生产经营条件

公司住所是指公司主要办事机构所在地。公司的生产经营场所和其他生产经营条件应当与其经营范围相适应。

（二）有限责任公司设立程序

①股东共同制定公司章程。

②申请公司名称预先核准。

③股东缴纳出资并验资。

④向登记机关提出设立申请。

⑤办理登记手续并领取营业执照。

⑥公告公司成立。

⑦向股东签发出资证明书。

三、有限责任公司组织机构

公司组织机构，是代表公司活动、行使法定职权的自然人或自然人组成的机关。有限责任公司的组织机构包括股东会、董事会、监事会及高级管理人员。

（一）股东会

1. 股东会的性质与组成

有限责任公司股东会是公司的权力机关，由全体股东组成。股东会不是公司的常设机构，仅以会议形式存在。

2. 股东会的职权

有限责任公司股东会行使下列职权：

①决定公司的经营方针和投资计划。

②选举和更换非由职工代表担任的董事、监事，决定有关董事、监事的报酬事项。

③审议批准董事会或执行董事的报告。

④审议批准监事会或监事的报告。

⑤审议批准公司的年度财务预算、决算方案。

⑥审议批准公司的利润分配和亏损弥补方案。

⑦对公司增加或减少注册资本做出决议。

⑧对发行公司债券做出决议。

⑨对公司合并、分立、变更公司形式、解散和清算等事项做出决议。

⑩修改公司章程。

3. 股东会会议的召开

股东会会议分为定期会议和临时会议。股东会定期会议应当按照公司章程的规定按时召开。代表 1/10 以上表决权的股东，1/3 以上的董事，监事会或不设监事会的公司的监事可以提议召开临时股东会会议。

首次股东会会议由出资最多的股东召集和主持。以后的股东会会议，公司设立董事会的，由董事会召集，董事长主持；董事长不能或不履行职务的，由副董事长主持；副董事长不能或不履行职务的，由半数以上董事共同推举一名董事主持。公司不设董事会的，股东会会议由执行董事召集和主持。董事会或执行董事不能或不履行召集股东会会议职责的，由监事会或不设监事会的公司的监事召集和主持；监事会或监事不召集和主持的，代表 1/10 以上表决权的股东可以自行召集和主持。

召开股东会会议，应当于会议召开 15 日以前通知全体股东，但公司章程另有规定或全体股东另有约定的除外。股东会应当将所议事项的决定做成会议记录，出席会议的股东应当在会议记录上签名。

4. 股东会决议

股东会会议作出决议时，由股东按照出资比例行使表决权，但公司章程另有规定的除外。股东会的议事方式和表决程序，除《公司法》有规定的外，由公司章程规定。股东会会议对一般事项做出决议，须经代表过半数表决权的股东通过。股东会会议做出修改公司章程，增加或减少注册资本的决议，以及公司合并、分立、解散或变更公司形式的决议，必须经代表 2/3 以上表决权的股东通过方可执行。

全体股东对职权内事项以书面形式一致表示同意的，可以不召开股东会会议，直接做出决定，并由全体股东在决定文件上签名、盖章。

（二）董事会

1. 董事会的性质与组成

董事会是有限责任公司的执行机关，享有业务执行权和日常经营的决策权。

它是一般有限责任公司的必设机关和常设机关。股东人数较少或规模较小的有限责任公司可以设一名执行董事，不设董事会。

董事会由 3~13 名董事组成。两个以上的国有企业或其他国有投资主体投资设立的有限责任公司，其董事会成员中应当有公司职工代表；其他有限责任公司董事会成员中可以有公司职工代表。董事会中的职工代表由公司职工通过职工代表大会、职工大会或其他形式民主选举产生。董事会设董事长 1 人，可以设副董事长。董事长、副董事长的产生办法由公司章程规定。

董事任期由公司章程规定，但每届任期不得超过 3 年。董事任期届满，可以连选连任。董事任期届满未及时改选，或董事在任期内辞职导致董事会成员低于法定人数的，在改选出的董事就任前，原董事仍应当依照法律、行政法规和公司章程的规定，履行董事职务。

2. 董事会的职权

董事会对股东会负责，行使下列职权：

①召集股东会会议，并向股东会报告工作。

②执行股东会的决议。

③决定公司的经营计划和投资方案。

④制定公司的年度财务预算方案、决算方案。

⑤制定公司的利润分配方案和弥补亏损方案。

⑥制定公司增加或减少注册资本以及发行公司债券的方案。

⑦制定公司合并、分立、变更公司形式、解散的方案。

⑧决定公司内部管理机构的设置。

⑨决定聘任或解聘公司经理及其报酬事项，并根据经理的提名决定聘任或解聘公司副经理、财务负责人及其报酬事项。

⑩制定公司的基本管理制度。

3. 董事会会议的召开与表决

董事会会议由董事长召集和主持；董事长不能履行职务或不履行职务的，由副董事长召集和主持；副董事长不能履行职务或不履行职务的，由半数以上董事共同推举 1 名董事召集和主持。

董事会的议事方式和表决程序，除《公司法》有规定的外，由公司章程规定。董事会决议的表决，实行一人一票。董事会应当将所议事项的决定做成会议记录，出席会议的董事应当在会议记录上签名。

4. 经理

有限责任公司可以设经理，由董事会决定聘任或解聘。经理对董事会负责，行使下列职权：

①主持公司的生产经营管理工作，组织实施董事会决议。

②组织实施公司年度经营计划和投资方案。

③拟订公司内部管理机构设置方案。

④拟订公司的基本管理制度。

⑤制定公司的具体规章。

⑥提请聘任或解聘公司副经理、财务负责人。

⑦决定聘任或解聘除应由董事会决定聘任或解聘以外的负责管理人员。

⑧董事会授予的其他职权。

经理列席董事会会议。公司章程对经理职权另有规定的，从其规定。

(三) 监事会

1. 监事会的性质与组成

监事会为规模较大的有限责任公司的常设监督机关，对股东会负责。

设立监事会，其成员不得少于 3 人。股东人数较少或规模较小的有限责任公司，可以设 1 至 2 名监事，不设立监事会。监事会应当包括股东代表和适当比例的公司职工代表，其中职工代表的比例不得低于 1/3，具体比例由公司章程规定。监事会中的职工代表由公司职工通过职工代表大会、职工大会或者其他形式民主选举产生。监事会设主席 1 人，由全体监事过半数选举产生。监事会主席召集和主持监事会会议；监事会主席不能履行职务或不履行职务的，由半数以上监事共同推举一名监事召集和主持监事会会议。董事、高级管理人员不得兼任监事。

监事的任期每届为 3 年。监事任期届满，可以连选、连任。监事任期届满未及时改选，或监事在任期内辞职导致监事会成员低于法定人数的，在改选出的监事就任前，原监事仍应当依照法律、行政法规和公司章程的规定，履行监事职务。

2. 监事会的职权

监事会、不设监事会的公司的监事行使下列职权：

①检查公司财务。

②对董事、高级管理人员执行公司职务的行为进行监督，对违反法律、行政法规、公司章程或股东会决议的董事、高级管理人员提出罢免的建议。

③当董事、高级管理人员的行为损害公司的利益时，要求他们予以纠正。

④提议召开临时股东会会议，在董事会不履行《公司法》规定的召集和主持股东会会议职责时召集和主持股东会会议。

⑤向股东会会议提出提案。

⑥依照《公司法》第一百五十二条的规定，对董事、高级管理人员提起诉讼。

⑦公司章程规定的其他职权。

监事可以列席董事会会议，并对董事会决议事项提出质询或建议。监事会、不设监事会的公司的监事行使职权所必需的费用，由公司承担。

3. 监事会会议的召开

监事会每年度至少召开一次会议，监事可以提议召开临时监事会会议。监事会的议事方式和表决程序，除《公司法》有规定的外，由公司章程规定。监事会决议应当经半数以上监事通过。监事会应当将所议事项的决定做成会议记录，出席会议的监事应当在会议记录上签名。

四、一人有限责任公司的特别规定

一人有限责任公司，是指只有一个自然人股东或一个法人股东的有限责任公司。《公司法》对一人有限责任公司的设立和组织机构作了特殊规定，无特殊规定的，则适用对有限责任公司的一般规定。

①一个自然人只能投资设立一个一人有限责任公司，该一人有限责任公司不能投资设立新的一人有限责任公司。

②一人有限责任公司应当在每一会计年度终了时编制财务会计报告，并经会计师事务所审计。

③一人有限责任公司的股东不能证明公司财产独立于股东自己财产的，应当对公司债务承担连带责任。

④一人有限责任公司应当在公司登记中注明自然人独资或者法人独资，并在公司营业执照中载明。

⑤一人有限责任公司不设股东会。法律规定的股东会职权由股东行使，当股东行使相应职权做出决定时，应当采用书面形式，并由股东签字后置备于公司。

五、国有独资公司的特别规定

国有独资公司，是指国家单独出资，由国务院或地方人民政府委托本级人民政府国有资产监督管理机构履行出资人职责的有限责任公司。《公司法》对国有独资公司作了特殊规定，无特殊规定的，则适用对有限责任公司的一般规定。

1. 国有独资公司的权力机关

国有独资公司不设股东会，由国有资产监督管理机构行使股东会职权。国有资产监督管理机构可以授权公司董事会行使股东会的部分职权，决定公司的重大事项，但公司的合并、分立、解散、增减注册资本和发行公司债券，必须由国有资产监督管理机构决定；其中，重要国有独资公司的合并、分立、解散、申请破产，应当由国有资产监督管理机构审核后，报本级人民政府批准。

2. 国有独资公司董事会

国有独资公司设立董事会，依照法律规定的有限责任公司董事会的职权和国有资产监督管理机构的授权行使职权。董事会成员中应当有公司职工代表。董事会成员由国有资产监督管理机构委派；但是，董事会成员中的职工代表由公司职工代表大会选举产生。董事会设董事长1人，可以设副董事长。董事长、副董事长由国有资产监督管理机构从董事会成员中指定。

国有独资公司设经理，由董事会聘任或解聘。经国有资产监督管理机构同意，董事会成员可以兼任经理。

国有独资公司的董事长、副董事长、董事、高级管理人员，未经国有资产监督管理机构同意，不得在其他有限责任公司、股份有限公司或其他经济组织兼职。

3. 国有独资公司监事会

国有独资公司监事会成员不得少于5人，其中职工代表的比例不得低于1/3，具体比例由公司章程规定。监事会成员由国有资产监督管理机构委派；但是，监事会中的职工代表由公司职工代表大会选举产生。

六、有限责任公司的股权转让

1. 对内转让规则

有限责任公司的股东之间可以相互转让其全部或部分股权。在转让部分股权的情况下，转让方仍保留股东身份。在转让全部股权的情况下，转让方丧失股东身份。因股东之间转让股权而导致公司只剩下一个股东时，公司仍可以继续存在，形式为一人有限公司。此时公司需符合《公司法》关于一人有限责任公司的有关规定。

2. 对外转让的规则

股东向股东以外的人转让股权，应当经其他股东过半数同意。股东应就其股权转让事项书面通知其他股东征求同意，其他股东自接到书面通知之日起满30日未答复的，视为同意转让。其他股东半数以上不同意转让的，不同意的股东应当购买该转让的股权；不购买的，视为同意转让。经股东同意转让的股权，在同等条件下，其他股东有优先购买权。公司章程对股权转让另有规定的，从其规定。

3. 强制执行程序中的股权转让

在因股权质押、担保等情形而导致人民法院依法采取强制执行措施而转让股东的股权时，人民法院应当通知公司和全体股东，其他股东在同等条件下享有优先购买权。其他股东自人民法院通知之日起满 20 日不行使优先购买权的，视为放弃优先购买权。

4. 异议股东的股权收购请求权

有下列情形之一的，对股东会决议事项投反对票的股东可以请求公司按照合理的价格收购其股权：

①公司连续 5 年不向股东分配利润，而公司该 5 年连续盈利，并且符合公司法规定的分配利润条件的。

②公司合并、分立、转让主要财产的。

③公司章程规定的营业期限届满或公司章程规定的其他解散事由出现，股东会会议通过决议修改公司章程使公司存续的。

自股东会会议决议通过之日起 60 日内，股东与公司不能就股权收购事宜达成一致的，则股东可以自股东会会议决议做出之日起 90 日内向人民法院提起诉讼。

七、股份有限公司的概念与特征

股份有限公司，简称股份公司，是指公司全部资本划分为等额股份，股东以其所持股份为限对公司承担责任，公司以其全部资产对公司的债务承担责任的企业法人。

股份有限公司具有以下特征：

①股东人数的广泛性。公司法对股东人数没有规定上限。

②资本的股份性。公司全部资本划分为等额股份。

③责任的有限性。股东对公司、公司对公司的债务都只承担有限责任。

④信用基础的资合性。以资本的结合作为公司的信用基础。

⑤股份转让的自由性。股权的对内转让和对外转让皆不受限制。

⑥公司经营状况的公开性。股份有限公司的经营状况、财务状况应当向社会公开。

八、股份有限公司的设立

（一）股份有限公司设立条件

①发起人符合法定人数。设立股份有限公司，应当有 2 人以上 200 人以下的

发起人，其中须有半数以上的发起人在中国境内有住所。发起人既可以是自然人也可以是法人或其他经济组织。股份有限公司发起人承担公司筹办事务。发起人应当签订发起人协议，明确各自在公司设立过程中的权利和义务。

②有符合公司章程规定的全体发起人认购的股本总额或者募集的实收股本总额。股份有限公司采取发起设立方式设立的，注册资本为在公司登记机关登记的全体发起人认购的股本总额。在发起人认购的股份缴足前，不得向他人募集股份。股份有限公司采取募集方式设立的，注册资本为在公司登记机关登记的实收股本总额。法律、行政法规以及国务院决定对股份有限公司注册资本实缴、注册资本最低限额另有规定的，从其规定。股份有限公司发起人的出资方式与有限责任公司股东相同。

③股份发行、筹办事项符合法律规定。

④发起人制定公司章程，采用募集方式设立的须经创立大会通过。

⑤有公司名称，建立符合股份有限公司要求的组织机构。

⑥有公司住所。

（二）股份有限公司设立程序

股份有限公司的设立，可以采取发起设立方式或募集设立方式。

1. 发起设立方式的设立程序

发起设立，是指由发起人认购公司应发行的全部股份而设立公司。发起设立股份有限公司的程序如下：

①签订发起人协议，制定公司章程，申请公司名称预先核准。

②发起人认购公司全部股份。发起人应当书面认足公司章程规定其认购的股份，并按照公司章程规定缴纳出资。以非货币财产出资的，应当依法办理其财产权的转移手续。

③选举董事会和监事会。发起人认足公司章程规定的出资后，应当选举董事会和监事会。

④申请设立登记。由董事会向公司登记机关报送公司章程以及法律、行政法规规定的其他文件，申请设立登记，领取营业执照，宣告公司成立。

2. 募集设立方式的设立程序

募集设立，是指由发起人认购公司应发行股份的一部分，其余股份向社会公开募集或向特定对象募集而设立公司。募集设立股份有限公司的程序如下：

①签订发起人协议，制定公司章程，申请公司名称预先核准。

②发起人认购股份。发起人认购的股份不得少于公司股份总数的35%；法律、行政法规对此另有规定的，从其规定。认购股份的股款缴足后，必须经依法

设立的验资机构验资并出具证明。

③公告招股说明书与制作认股书。招股说明书应当载明下列事项：发起人认购的股份数；每股的票面金额和发行价格；无记名股票的发行总数；募集资金的用途；认股人的权利、义务；本次募股的起止期限及逾期未募足时认股人可以撤回所认股份的说明。

④签订承销协议和代收股款协议。发起人向社会公开募集股份，应当由依法设立的证券公司承销，签订承销协议，并应当同银行签订代收股款协议。

⑤验资并召开创立大会。发行股份的股款缴足后，必须经依法设立的验资机构验资并出具证明。发起人应当自股款缴足之日起30日内主持召开公司创立大会。创立大会由代表股份总数过半数的发起人、认股人出席方可举行。创立大会的职权包括：审议发起人关于公司筹办情况的报告；通过公司章程；选举董事会成员；选举监事会成员；对公司的设立费用进行审核；对发起人用于抵作股款的财产的作价进行审核等。

⑥设立登记。董事会应于创立大会结束后30日内，依法向公司登记机关申请设立登记，领取营业执照，公告公司成立。

3. 股份有限公司发起人的责任

①股本抽回的限制。发起人、认股人出资后，除未按期募足股份、发起人未按期召开创立大会或创立大会决议不设立公司的情形外，不得抽回其股本。

②出资不实的责任。公司成立后，发起人未按照公司章程的规定缴足出资的或非货币财产出资的实际价额显著低于公司章程所定价额的，应当补缴，其他发起人承担连带责任。

③公司不能成立时，对设立行为所产生的债务和费用负连带责任；对认股人已缴纳的股款，负返还股款并加算银行同期存款利息的连带责任。在公司设立过程中，由于发起人的过失致使公司利益受到损害的，应当对公司承担赔偿责任。

九、股份有限公司的组织机构

（一）股东大会

1. 股东大会的性质与组成

股东大会是股份有限公司的权力机构，由全体股东组成。股东大会不是公司的常设机构，仅以会议形式存在。

2. 股东大会的职权

股份有限公司股东大会的职权与有限责任公司股东会的职权相同。3. 股东大会的召开股东大会分为年会与临时大会两种。股东大会年会应当每年召开一次。有下列情形之一的，应当在两个月内召开临时股东大会：

①董事人数不足《公司法》规定人数或公司章程所定人数的 2/3 时。

②公司未弥补的亏损达实收股本总额的 1/3 时。

③单独或合计持有公司 10% 以上股份的股东请求时。

④董事会认为必要时。

⑤监事会提议召开时。

⑥公司章程规定的其他情形。

股东大会会议由董事会召集，董事长主持；董事长不能履行职务或不履行职务的，由副董事长主持；副董事长不能履行职务或不履行职务的，由半数以上董事共同推举一名董事主持。董事会不能履行或不履行召集股东大会会议职责的，监事会应当及时召集和主持；监事会不召集和主持的，连续 90 日以上单独或合计持有公司 10% 以上股份的股东可以自行召集和主持。

召开股份有限公司的股东大会会议，应当将会议召开的时间、地点和审议的事项于会议召开 20 日前通知各股东；临时股东大会应当于会议召开 15 日前通知各股东；发行无记名股票的，应当于会议召开 30 日前公告会议召开的时间、地点和审议事项。

单独或合计持有公司 3% 以上股份的股东，可以在股东大会召开 10 日前提出临时提案并书面提交董事会；董事会应当在收到提案后 2 日内通知其他股东，并将该临时提案提交股东大会审议。临时提案的内容应当属于股东大会职权范围，并有明确议题和具体决议事项。股东大会不得对会议通知中未列明的事项做出决议。无记名股票持有人出席股东大会会议的，应当于会议召开 5 日前至股东大会闭会时将股票交存于公司。

4. 股东大会决议

股东出席股东大会会议，所持每一股份有一表决权。股东可以委托代理人出席股东大会会议并在股东授权范围内行使表决权。但是，公司持有的本公司股份没有表决权。

股东大会决议的事项分为普通事项与特别事项两类。股东大会对普通事项做出决议，必须经出席会议的股东所持表决权的过半数通过。股东大会对修改公司章程，增加或减少注册资本，以及公司合并、分立、解散或变更公司形式的特别事项做出决议，必须经出席会议的股东所持表决权的 2/3 以上通过。

股东大会应当将所议事项的决定做成会议记录，主持人、出席会议的董事应当在会议记录上签名。会议记录应当与出席股东的签名册及代理出席的委托书一并保存。

5. 股东大会选举董事、监事的累积投票制

股东大会选举董事、监事，可以根据公司章程的规定或股东大会的决议，实行累积投票制。累积投票制，是指股东大会选举董事或监事时，每一股份拥有与应选董事或监事人数相同的表决权，股东拥有的表决权可以集中使用。累积投票制的实施有利于中小股东的代表进入公司管理层，以保护中小股东的利益。

（二）董事会

1. 董事会的性质与组成

股份有限公司董事会，是股份有限公司必设的执行机关。董事会由 5 至 19 名董事组成。董事会成员中可以有公司职工代表。其职工代表由公司职工通过职工代表大会、职工大会或其他形式民主选举产生。

董事会设董事长一人，可以设副董事长。董事长和副董事长由董事会以全体董事的过半数选举产生。董事长召集和主持董事会会议，检查董事会决议的实施情况。副董事长协助董事长工作。董事长不能履行职务或不履行职务的，由副董事长履行职务；副董事长不能履行职务或不履行职务的，由半数以上董事共同推举一名董事履行职务。

2. 董事会的职权

股份有限公司董事会的职权及董事的任期与有限责任公司相同。

3. 董事会会议召开

股份公司董事会会议分为定期会议和临时会议两种。董事会的定期会议每年度至少召开两次，每次会议应当于会议召开 10 日前通知全体董事和监事。代表 1/10 以上表决权的股东、1/3 以上董事或监事会，可以提议召开董事会临时会议。董事长应当自接到提议后 10 日内，召集和主持董事会会议。董事会召开临时会议，可以另定召集董事会的通知方式和通知时限。

董事会会议应有过半数的董事出席方可举行。董事会做出决议必须经全体董事的过半数通过。董事会决议的表决实行一人一票制。董事会会议应由董事本人出席，董事因故不能出席，可以书面委托其他董事代为出席，委托书中应载明授权范围。

董事会应当将会议所议事项的决定作成会议记录，出席会议的董事应当在会议记录上签名。董事应当对董事会的决议承担责任。董事会的决议违反法律、行政法规或公司章程、股东大会决议，致使公司遭受严重损失的，参与决议的董事对公司负赔偿责任。但经证明在表决时曾表明异议并记载于会议记录的，该董事可以免除责任。

4. 经理

股份有限公司设经理，由董事会决定聘任或解聘，股份有限公司经理的职权与有限责任公司经理相同。公司董事会可以决定由董事会成员兼任经理。

（三）监事会

1. 监事会的性质与组成

股份有限公司监事会，是股份有限公司必设的监督机关。其成员不得少于3人。监事会应当包括股东代表和公司职工代表，其中职工代表的比例不得低于1/3，具体比例由公司章程规定。监事会中的职工代表由公司职工通过职工代表大会、职工大会或其他形式民主选举产生。董事、高级管理人员不得兼任监事。

监事会设主席一人，可以设副主席。监事会主席和副主席由全体监事过半数选举产生。监事会主席召集和主持监事会会议；监事会主席不能履行职务或不履行职务的，由监事会副主席召集和主持监事会会议；监事会副主席不能履行职务或不履行职务的，由半数以上监事．共同推举一名监事召集和主持监事会会议。

2. 监事会的职权

股份有限公司监事会的职权以及监事的任期与有限责任公司相同。监事会行使职权所必需的费用，由公司承担。

3. 监事会会议的召开

监事会每六个月至少召开一次会议。监事可以提议召开临时监事会会议。监事会的议事方式和表决程序，除法律有规定的外，由公司章程规定。监事会决议应当经半数以上监事通过。监事会应当将所议事项的决定做成会议记录，出席会议的监事应当在会议记录上签名。

股份有限公司应当定期向股东披露董事、监事、高级管理人员从公司获得报酬的情况。公司不得直接或通过子公司向董事、监事、高级管理人员提供借款。

（四）上市公司组织机构的特别规定

上市公司，是指所发行的股票经国务院证券监督管理部门批准在证券交易所上市交易的股份有限公司。《公司法》对上市公司组织机构与活动特别规定如下：

①增加股东大会特别决议事项。上市公司在一年内购买、出售重大资产或担保金额超过公司资产总额30%的，应当由股东大会做出决议，并经出席会议的股东所持表决权的2/3以上通过。

②上市公司设立独立董事，具体办法由国务院规定。所谓独立董事，是指独立于公司股东且不在公司担任除独立董事以外的其他职务，并与该公司、公司主要股东以及公司经营管理者没有重要的业务联系或专业联系，能够对公司事务做

出独立判断的董事。上市公司设立独立董事，目的在于防止由于大股东及公司管理层的内部控制而损害公司的整体利益。

③上市公司设立董事会秘书，负责公司股东大会和董事会会议的筹备、文件保管以及公司股权管理，办理信息披露事务等事宜。

④增设关联关系董事的表决回避制度。上市公司董事与董事会会议决议事项所涉及的企业有关联关系的，不得对该项决议行使表决权，也不得代理其他董事行使表决权。该董事会会议由过半数的无关联关系董事出席即可举行，董事会会议所作决议须经无关联关系董事过半数通过。出席董事会的无关联关系董事人数不足 3 人的，应将该事项提交上市公司股东大会审议。

十、股份发行和转让

股份是指将股份有限公司的注册资本按同一标准划分为金额相等的资本份额单位。股份有限公司签发的证明股东所持股份的法定凭证为股票。

（一）股份发行

1. 股份发行的原则

股份的发行，实行公平、公正的原则，相同种类的每一股份具有同等权利。同次发行的同种类股票，每股的发行条件和价格应当相同。任何单位或个人所认购的股份，每股应当支付相同价额。股票发行价格可以按票面金额，也可以超过票面金额，但不得低于票面金额。

2. 股份发行的基本要求

股份采取股票的表现形式。股票采用纸面形式或国务院证券监督管理机构规定的其他形式。目前我国上市公司股票的发行、交易均已通过计算机采用存储信息等无纸化方式进行。股票应当载明下列主要事项：

①公司名称。

②公司成立日期。

③股票种类、票面金额及代表的股份数。

④股票的编号。

股票由法定代表人签名，公司盖章。股份有限公司成立后，即向股东正式交付股票。公司成立前不得向股东交付股票。

公司向发起人、法人发行的股票应当为记名股票。对社会公众发行的股票，可以为记名股票，也可以为不记名股票。公司发行记名股票的，应当置备股东名册，记载下列事项：

①股东的姓名、名称及住所。

②各股东所持股份数。

③各股东所持股票的编号。

④各股东取得股份的日期。

发行无记名股票的，公司应当记载其股票数量、编号及发行日期。

公司发行新股，应依照公司章程的规定由股东大会或董事会对发行事项做出决议。经核准公开发行新股时，必须公告新股招股说明书和财务会计报告，并制作认股书。新股销售应当按募集发行方式进行。募足股款后，必须向公司登记机关办理变更登记，并公告。

《中华人民共和国证券法》（以下简称《证券法》）对股票发行的条件和程序另有具体规定。

（二）股份转让

股东持有的股份可以依法转让。股份转让以自由转让为基本原则，同时还规定了如下法律限制：

1. 转让场所

股东转让其股份，应当在依法设立的证券交易场所进行或按照国务院规定的其他方式进行。上市公司的股票，依照有关法律、行政法规及证券交易所交易规则上市交易。

2. 记名股票无记名股票的转让

记名股票，由股东以背书方式或法律、行政法规规定的其他方式转让；转让后由公司将受让人的姓名或名称及住所记载于股东名册。记名股票被盗、遗失或灭失，股东可以在请求人民法院宣告该股票失效后，向公司申请补发股票。

无记名股票的转让，由股东将该股票交付给受让人后即发生转让的效力。

3. 特定持有人的股份转让

《公司法》规定，发起人持有的本公司股份，自公司成立之日起1年内不得转让。公司公开发行股份前已发行的股份，自公司股票在证券交易所上市交易之日起1年内不得转让。公司董事、监事、高级管理人员应当向公司申报所持有的本公司的股份及其变动情况，在任职期间每年转让的股份不得超过其所持有本公司股份总数的25%；所持本公司股份自公司股票上市交易之日起1年内不得转让。上述人员离职后半年内，不得转让其所持有的本公司股份。

4. 本公司股份收购与质押

公司不得收购本公司股份，但有下列情形之一的除外：

①减少公司注册资本。

②与持有本公司股份的其他公司合并。

③将股份奖励给本公司职工。

④股东因对股东大会做出的公司合并、分立决议持异议，要求公司收购其股份的。公司收购本公司股份奖励给本公司职工的，不得超过本公司已发行股份总额的 5%，所收购的股份应当在 1 年内转让给职工。为防止变相违规收购本公司股份，公司不得接受本公司的股票作为质押权的标的。

我国《证券法》对股票的交易另有具体规定。

第三节　公司董事、监事、高级管理人员的资格和义务

一、公司董事、监事、高级管理人员的资格

公司董事、监事、高级管理人员是公司的实际经营管理者，在公司中具有法定的职权，对公司的绩效和发展有着重要的影响。为保证其具有正确履行职责的能力与条件，《公司法》对其任职资格作必要的限制性规定。高级管理人员，是指公司的经理、副经理、财务负责人，上市公司董事会秘书和公司章程规定的其他人员。

有下列情形之一的，不得担任公司的董事、监事、高级管理人员：

①无民事行为能力或限制民事行为能力。

②因贪污、贿赂、侵占财产、挪用财产或破坏社会主义市场经济秩序，被判处刑罚，执行期满未逾 5 年，或因犯罪被剥夺政治权利，执行期满未逾 5 年。

③担任破产清算的公司、企业的董事或厂长、经理，对该公司、企业的破产负有个人责任的，自该公司、企业破产清算完结之日起未逾 3 年。

④担任因违法被吊销营业执照、责令关闭的公司、企业的法定代表人，并负有个人责任的，自该公司、企业被吊销营业执照之日起未逾 3 年。

⑤个人所负数额较大的债务到期未清偿。

公司违反上述规定选举、委派董事、监事或聘任高级管理人员的，该选举、委派或聘任无效。公司董事、监事、高级管理人员在任职期间出现上述情形的，公司应当解除其职务。

二、公司董事、监事、高级管理人员的义务与责任

公司董事、监事、高级管理人员应当遵守法律、行政法规和公司章程，对公司负有忠实义务和勤勉义务。公司董事、监事、高级管理人员不得利用职权收受贿赂或其他非法收入，不得侵占公司的财产。

《公司法》规定，公司董事、高级管理人员不得有下列行为：

①挪用公司资金。

②将公司资金以其个人名义或以其他个人名义开立账户存储。

③违反公司章程的规定，未经股东会、股东大会或董事会同意，将公司资金借贷给他人或者以公司财产为他人提供担保。

④违反公司章程的规定或未经股东会、股东大会同意，与本公司订立合同或进行交易。

⑤未经股东会或者股东大会同意，利用职务便利为自己或他人谋取属于公司的商业机会，自营或为他人经营与所任职公司同类的业务。

⑥接受他人与公司交易的佣金归为己有。

⑦擅自披露公司秘密。

⑧违反对公司忠实义务的其他行为。公司董事、高级管理人员违反上述规定所得的收入应当归公司所有。

公司董事、监事、高级管理人员执行公司职务时违反法律、行政法规或公司章程的规定，给公司造成损失的，应当承担赔偿责任。

公司股东会或股东大会要求董事、监事、高级管理人员列席会议的，董事、监事、高级管理人员应当列席并接受股东的质询。董事、高级管理人员应当如实向公司监事会或不设监事会的有限责任公司的监事提供有关情况和资料，不得妨碍监事会或监事行使职权。

三、股东诉讼制度

（一）股东代表诉讼

股东代表诉讼又称股东间接诉讼、股东代位诉讼，是指当发生公司董事、监事、高级管理人员或他人违反法律、行政法规或公司章程的行为给公司造成损失的情形，而公司却怠于通过起诉向该违法行为人请求损害赔偿时，公司的股东即以自己的名义代替公司提起诉讼，而所获赔偿归于公司的一种诉讼形式。股东代表诉讼的目的是保护公司利益和股东的共同利益，而非个别股东的利益。

提起股东代表诉讼必须符合下列条件：

①股东代表必须在侵权行为发生时和进行诉讼时具备并一直保有有限责任公司的股东身份，或股份有限公司连续180日以上单独或合计持有公司1%以上股份的股东身份。

②股东代表在提起诉讼前应先向公司监事会或董事会提出由公司提起诉讼的申请，在申请被拒绝或自收到请求之日起30日内未提起诉讼以及情况紧急、不立即提起诉讼将会使公司利益受到更大损害的情况下，才可以自己提起诉讼。

（二）股东直接诉讼

股东直接诉讼，是指股东为自己的利益，以自己的名义对公司或其他侵害人提起的诉讼。当董事、高级管理人员违反法律、行政法规或公司章程的规定，损害股东利益时，股东可以自己的名义直接向人民法院提起诉讼。

第四节　公司债券和公司财务会计

一、公司债券

1. 公司债券的概念

公司债券是指公司依照法定程序发行，约定在一定期限还本付息的有价证券。根据《公司法》的规定，公司债券的发行主体为股份有限公司、国有独资公司和两个以上的国有投资主体投资设立的有限责任公司。其他企业、有限责任公司均不得发行公司债券。

2. 公司债券的特征

发行公司债券与股份有限公司发行股票都是公司筹集生产经营资金的手段，但二者有着不同的法律特征：

①公司的发行目的不同。发行债券是公司为满足中、短期资金需要而形成的公司负债，需要在一定期限内偿还本息。发行股票则是股份公司为满足长期资金需要而形成或增加了的公司资本金，且无须偿还。

②投资者的权利不同。公司债券的持有人是公司的债权人，无权参与公司的经营决策。而股票的持有人则是公司的股东，享有公司重大决策参与权等股东权利。

③投资者的收益不同。债券有规定的利率，可获得固定的利息。而股票的股利分配不固定，一般视公司的经营情况而定。

④两者的风险不同。从投资者的角度来看，持有公司债券可预期收回固定的本息，风险较小。而持有公司股票，不但股利分配不固定，其本金市值的升降也会受证券市场不确定因素的影响而有着不可控性，风险较大。

3. 可转换公司债券

为了让投资者在公司债券投资和股票投资之间增加可选择性，《公司法》规定上市公司可以发行可转换公司债券。可转换公司债券是指在一定条件下可以转换成股票的公司债券。可转换公司债券一经转换成股票，持有者的债权人资格即丧失，而取得公司股东资格。同时，上市公司相应的负债也就转换为公司股本。发行可转换公司债券，应经上市公司股东大会决议通过，并在公司债券募集办法中规定具体的转换办法。同时应当报国务院证券监督管理机构核准。凡在发行债券时未做出转换约定的，均为不可转换公司债券。

4. 记名公司债券和无记名公司债券

公司债券又分为记名公司债券和无记名公司债券。记名公司债券是指在公司债券上记载债权人姓名或名称的债券；无记名公司债券是指在公司债券上不记载债权人姓名或名称的债券。记名公司债券，由债券持有人以背书方式或法律、行政法规规定的其他方式转让；无记名公司债券的转让，由债券持有人将该债券交付给受让人后即发生转让的效力。记名公司债券遗失或灭失，股东可以在请求人民法院宣告该公司债券失效后，向公司申请补发公司债券。

我国《证券法》对公司债券的发行条件、发行程序以及交易规则另有具体规定。

二、公司财务会计

（一）公司财务会计报告及其他会计资料

1. 公司应当依法编制财务会计报告

公司应当在每一会计年度终了时编制财务会计报告，公司财务会计报告应当依照《会计法》《企业财务会计报告条例》等法律、行政法规和国务院财政部门的规定制作，并依法经会计师事务所审计。公司财务会计报告主要包括会计报表、会计报表附注、财务情况说明书。其中，会计报表主要包括：
①资产负债表。
②损益表。
③财务状况变动表。
④财务情况说明书。
⑤利润分配表。

2. 公司应当依法披露有关财务、会计资料

有限责任公司应当按照公司章程规定的期限将财务会计报告送交各股东。股份有限公司的财务会计报告应当在召开股东大会年会的20日前置备于本公司，供股东查阅；公开发行股票的股份有限公司必须公告其财务会计报告。

3. 公司应当依法聘用会计师事务所对财务会计报告审查验证

公司聘用、解聘承办公司审计业务的会计师事务所，依照公司章程的规定，由股东会、股东大会或董事会决定。公司股东会、股东大会或董事会就解聘会计

师事务所进行表决时，应当允许会计师事务所陈述意见。公司应当向聘用的会计师事务所提供真实、完整的会计凭证、会计账簿、财务会计报告及其他会计资料，不得拒绝、隐匿、谎报。

4. 公司除法定的会计账簿外，不得另立会计账簿

对公司资产，不得以任何个人名义开立账户存储。

(二) 公司利润分配

公司利润是指公司在一定时期（一个会计年度）内从事生产经营活动的财务成果，包括营业利润、投资净收益以及营业外收支净额。

公司应当按照如下顺序进行利润分配：

①弥补以前年度的亏损，但不得超过税法规定的弥补期限。

②缴纳所得税。

③弥补在税前利润弥补亏损之后仍存在的亏损。

④提取法定公积金。

⑤提取任意公积金。

⑥向股东分配利润。

公司弥补亏损和提取公积金后所余税后利润，有限责任公司按照股东实缴的出资比例分配，但全体股东约定不按照出资比例分配的除外；股份有限公司按照股东持有的股份比例分配，但股份有限公司章程规定不按持股比例分配的除外。

公司股东会、股东大会或董事会违反规定，在公司弥补亏损和提取法定公积金之前向股东分配利润的，股东必须将违反规定分配的利润退还公司。公司持有的本公司股份不得分配利润。

(三) 公积金

公积金是公司在资本之外所保留的资金金额，又称为附加资本或准备金。公积金分为盈余公积金和资本公积金两类。

盈余公积金是从公司税后利润中提取的公积金，分为法定公积金和任意公积金两种。法定公积金按照公司税后利润的 10% 提取，当公司法定公积金累计额为公司注册资本的 50% 以上时可以不再提取。公司的法定公积金不足以弥补以前年度亏损的，在依照规定提取法定公积金之前，应当先用当年利润弥补亏损。任意公积金按照公司股东会或股东大会决议，从公司税后利润中提取。

资本公积金是直接由资本原因形成的公积金，股份有限公司以超过股票票面金额的发行价格发行股份所得的溢价款以及国务院财政部门规定列入资本公积金的其他收入（如法定财产重估增值、接受捐赠的资产价值等），应当列为公司资本公积金。

公积金应当按照规定的用途使用，其用途主要如下：

1. 弥补公司亏损

公司的亏损按照国家税法规定可以用缴纳所得税前的利润弥补，超过用所得税前利润弥补期限仍未补足的亏损，可以用公司税后利润弥补；发生特大亏损，税后利润仍不足弥补的，可以用公司的公积金弥补。但是，资本公积金不得用于弥补公司的亏损。

2. 扩大公司生产经营

公司可以根据生产经营的需要，用公积金来扩大生产经营规模。

3. 转增公司资本

公司为了实现增加资本，可以将公积金的一部分转为资本。用法定盈余公积金转增注册资本时，转增后所留存的该项公积金不得少于转增前公司注册资本的25%。

第五节 公司变更、解散、清算

一、公司合并

（一）公司合并的形式

公司合并是指两个或两个以上的公司依照法定程序不经清算程序合为一个公司的法律行为。其形式有两种：

①吸收合并。它是指一个公司吸收其他公司加入本公司，被吸收的公司解散。

②新设合并。它是指两个以上公司合并设立一个新的公司，合并各方解散。

（二）公司合并的程序

①合并各方分别做出合并决议。有限责任公司由股东会就公司合并做出决议，并经代表2/3以上表决权的股东通过；股份有限公司由股东大会就公司合并做出合并决议，并经出席会议的股东所持表决权的2/3以上通过。

②签订合并协议。公司合并，应当由合并各方签订合并协议。合并协议应当包括以下主要内容：合并各方的名称、住所；合并后存续公司或新设公司的名称、住所；合并各方的债权债务处理办法；合并各方的资产状况及其处理办法；存续公司或新设公司因合并而增资所发行的股份总额、种类和数量；合并各方认为需要载明的其他事项。

③编制资产负债表及财产清单。

④通知债权人并公告。公司应当自做出合并决议之日起 10 日内通知债权人，并于 30 日内在报纸上公告。债权人自接到通知书之日起 30 日内，未接到通知书的自公告之日起 45 日内，可以要求公司清偿债务或提供相应的担保。

⑤依法进行登记。公司合并，应当自公告之日起 45 日后依法向公司登记机关办理变更登记或设立登记。

（三）公司合并各方的债权、债务

公司合并时，合并各方的债权、债务，应当由合并后存续的公司或新设的公司继承。

二、公司分立

（一）公司分立的形式

公司分立是指一个公司依法分为两个以上的公司的法律行为。公司分立的形式有两种：①派生分立。它是指公司以其部分财产另设一个或数个新的公司，原公司存续。②新设分立。它是指公司以其全部财产分别设立两个以上的新公司，原公司解散。

（二）公司分立的程序

公司分立的程序与公司合并的程序基本一样，要由分立各方分别做出分立决议，签订分立协议，编制资产负债表及财产清单，通知债权人并公告，按债权人要求清偿债务或提供担保，办理工商变更登记或设立登记等。

（三）公司分立前的债务

公司分立前的债务由分立后的公司承担连带责任。但是，公司在分立前与债权人就债务清偿达成书面协议另有约定的除外。

三、公司注册资本的变更

（一）公司注册资本的减少

公司需要减少注册资本时，首先应由股东会或股东大会做出减少注册资本的决议，编制资产负债表及财产清单，然后自做出决议之日起 10 日内通知债权人，并于 30 日内在报纸上公告。债权人自接到通知书之日起 30 日内，未接到通知书的自公告之日起 45 日内，有权要求公司清偿债务或者提供相应的担保。最后应当依法向公司登记机关办理变更登记。

（二）公司注册资本的增加

公司需要增加注册资本时，首先应由股东会或股东大会做出决议，有限责任公司增加注册资本时，股东认缴新增资本的出资，依照设立有限责任公司缴纳出资的有关规定执行。股份有限公司为增加注册资本发行新股时，股东认购新股，依照设立股份有限公司缴纳股款的有关规定执行。公司增加注册资本，应当依法向公司登记机关办理变更登记。

四、公司解散的原因

公司的解散是指公司因一定的法律事实而使公司法律主体资格消灭的法律行为。公司主要因下列情形解散：

①公司章程规定的营业期限届满或公司章程规定的其他解散事由出现。

②股东会或股东大会决议解散。

③因公司合并或分立需要解散。

④依法被吊销营业执照、责令关闭或被撤销。

⑤人民法院依法予以解散的情形。

所谓人民法院依法予以解散的情形，主要是指公司经营管理发生严重困难，继续存续会使股东利益受到重大损失，通过其他途径不能解决的，持有公司全部股东表决权 10% 以上的股东，可以请求人民法院解散公司。

在公司章程规定的营业期限届满或其他解散事由出现时，可以通过股东会或股东大会做出特别决议修改公司章程而使公司存续。

二、公司解散时的清算

公司清算是指在公司解散过程中，清理公司全部财产，偿还公司全部债务的法律行为。公司解散时，除因公司合并、分立不需要清算以及公司被依法宣告破产应依照企业破产法进行破产清算外，其余解散情形都应当依法进行清算。清算程序如下：

1. 成立清算组

公司应当在解散事由出现之日起 15 日内成立清算组，开始清算。有限责任公司的清算组由股东组成，股份有限公司的清算组由董事或股东大会确定的人员组成。逾期不成立清算组进行清算的，债权人可以申请人民法院指定有关人员组成清算组进行清算。清算组在清算期间代表公司进行一系列民事活动，全权处理公司未了结的业务和民事诉讼事务。

2. 通知、公告债权人，并登记债权

清算组应当自成立之日起 10 日内通知债权人，并于 60 日内在报纸上公告。债权人应当自接到通知书之日起 30 日内，未接到通知书的自公告之日起 45 日内，向清算组申报其债权，清算组应当对债权进行登记。

3. 清理公司财产，制订清算方案

在编制资产负债表和财产清单的基础上，制定清算方案，并报股东会、股东大会或人民法院确认。如果发现公司财产不足清偿债务的，应当立即停止清算，依法向人民法院申请宣告破产。

4. 清偿公司债务

公司财产在支付清算费用后，应按下列顺序清偿公司债务：

①公司职工的工资、社会保险费用和法定补偿金。

②缴纳所欠税款。

③企业普通债务。

公司财产在未按上述规定清偿前，不得分配给股东。

5. 分配剩余财产

清偿公司债务后的剩余财产，有限责任公司按照股东的出资比例分配，股份有限公司按照股东持有的股份比例分配。

6. 公告公司终止

公司清算结束后，清算组应当制作清算报告，报股东会、股东大会或人民法院确认，并报送公司登记机关，申请注销公司登记，公告公司终止。

第四章 劳动法

第一节 劳动法概述

一、劳动法的历史

从国际视野来看劳动法的历史，大体上可以将其分为三个阶段：①资本主义初期；②资本主义自由竞争时期；③近现代社会。这里并未将原始社会，奴隶社会和封建社会纳入其中，是因为原始社会中每个人都是为自己劳动的，即每个人既是劳动力所有者又是生产资料所有者，根据劳动关系的重要特征——两权分离来说，此时并不存在劳动关系，自然而然也没有劳动法生存的土壤。而奴隶社会与封建社会中，主要的劳动形式是奴隶或农民从事农业生产，此时的奴隶或农民实为奴隶主、地主的工具而非有血有肉的劳动者，所以也并不符合现代劳动法理论中的劳动者身份。所以，劳动法的历史从资本主义时期开始。

二、劳动法的相关概念

以下分别对劳动，劳动法，劳动关系这三个劳动法的相关概念加以阐述。

（一）劳动

劳动在《现代汉语词典》（第7版）中的含义是人类创造物质精神财富的活动；专指体力劳动；进行体力劳动。但是在劳动法中，劳动的含义更为狭隘，其指劳动者基于法定或约定的义务所从事的一种职业性的有偿劳动。下文所说的所有劳动皆系后者，即法律中的劳动。

（二）劳动法

劳动法是调整劳动法律关系（简称劳动关系）以及与劳动关系密切联系的其他社会关系（简称劳动附随关系）的法律规范的总称。

劳动法调整的对象包括劳动关系以及劳动附随关系，其中以劳动关系为主。其他社会关系包括因管理社会劳动力，执行社会保险制度、组织工会和职工参与民主管理、监督劳动法规的执行，处理劳动争议等发生的社会关系。这些关系虽然本身不是劳动关系，但与劳动关系有密切联系，因此也是劳动法调整的对象。

（三）劳动关系

劳动关系是指用人单位招用劳动者为其成员，劳动者在用人单位的管理下提供有报酬的劳动而产生的权利义务关系。劳动关系的一般特征是：

1. 主体特定

当事人一方固定为劳动力所有者和支出者，即劳动者；另一方固定为生产资料占有者和劳动力使用者，即用人单位。

2. 两权分离

劳动力所有权以依法能够自由支配劳动力并能够获得劳动力再生产保障为标志，而使用权则只限于将劳动力与生产资料相结合。

3. 平等性、从属性兼容

在劳动合同订立过程中，劳动者与用人单位都是本着诚实信用等原则自愿来磋商、订立，延续、变更，解除劳动合同的，这体现了劳动关系的平等性质。但劳动关系一经建立，劳动者就必须接受用人单位的管理，用人单位与劳动者之间存在着指挥、命令与服从的关系。从属性是劳动关系中最本质的特征，是与其他社会关系相区别的重要性质。

而现实中，劳动关系和劳务关系特别相似，但从法律上来说两者具有截然不同的性质，因此需要注意区分。劳务关系是指两个或两个以上的平等主体之间就劳务事项订立合同，约定由劳动者向用工者提供一次性的或者是特定的劳动服务，用工者依约向劳动者支付劳务报酬的一种有偿服务的法律关系。两者的具体区别如下：

①适用法律不同。劳动关系受《中华人民共和国劳动法》（以下简称《劳动法》）和《中华人民共和国劳动合同法》（以下简称《劳动合同法》）调整，而劳务关系则主要适用《合同法》。

②主体不同。劳动关系的主体必须一方为用人单位，另一方为劳动者个人；劳务关系的双方当事人可以都是法人、组织、公民。

③客体不同。劳动关系的客体是劳动者提供的作为生产要素的劳动力；劳务关系的客体是作为产品的劳务，即运用劳动力等生产要素所生产的产品。

④有无从属关系方面不同。在劳动关系中，劳动者作为劳动组织成员而与用人单位有组织上的从属关系；而劳务关系的双方是平等的主体，并没有从属关系。

此外，两者的风险承担主体与报酬的确定规则也存在不同。

第二节　劳动法主体

一、劳动者的概念

劳动者是依据劳动法律和劳动合同规定，在用人单位从事体力或脑力劳动并获取劳动报酬的自然人。

自然人要成为劳动者，必须同时具有劳动权利能力和劳动行为能力。我国《劳动法》规定，凡年满十六周岁、有劳动能力的公民是具有劳动权利能力和劳动行为能力的人。对有可能危害未成年人健康、安全或道德的职业或工作，最低就业年龄不应低于十八周岁，用人单位不得招用已满十六周岁未满十八周岁的公民从事这类职业或工作。换言之，企业不得招聘未满十六周岁的公民，可以招聘十六至十八周岁的公民从事非过重、有毒，有害的劳动或者危险作业。

劳动者进行着各种各样的劳动，但并非所有干活的都是劳动法意义上的劳动者，如现役军人、保姆、公务员等。

二、劳动者的权利与义务

根据《劳动法》的规定，劳动者的权利主要有：①平等就业和选择职业的权利；②取得劳动报酬的权利；③休息休假的权利；④获得劳动安全卫生保护的权利；⑤接受职业培训的权利；⑥享受社会保险和福利的权利；⑦依法参加工会和职工民主管理的权利；⑧提请劳动争议处理的权利；⑨法律规定的其他劳动权利。

劳动者的义务主要有：劳动者应按时完成劳动者任务，提高职业技能，执行劳动安全卫生规程，遵守劳动纪律和职业道德，爱护和保卫公共财产，保守国家秘密和用人单位商业秘密等。

三、用人单位的概念

用人单位，在很多国家被称为雇主或雇用人，我国考虑到"雇"这个词当时存在的阶级色彩，便使用"用人单位"这个词。所谓用人单位，是指具有用人权利能力和用人行为能力，使用一名以上职工并且向职工支付工资的单位。

根据《劳动合同法》第二条的规定，中华人民共和国境内的企业、个体经济组织.民办非企业单位等组织与劳动者建立劳动关系，订立、履行.变更、解除或者终止劳动合同，适用本法。

国家机关，事业组织、社会团体和与其建立劳动关系的劳动者，订立，履行、变更，解除或者终止劳动合同，依照本法执行。

①中华人民共和国境内的企业、个体经济组织．民办非企业单位等组织与劳动者建立劳动关系。这里的"企业"为我国境内的所有企业，包括国有企业，集体所有制企业，中外合资企业、中外合作企业、外商独资企业、股份制企业、混合型企业、港澳台企业，私营企业、联营企业、乡镇企业等。个体经济组织是指雇工在七人以下的个体工商户。民办非企业单位是指企业事业单位，社会团体和其他社会力量以及公民个人利用非国有资产举办的从事非营利性社会服务活动的社会组织，如民办学校，民办医院、民办图书馆、民办敬老院等。

②国家机关、事业组织，社会团体实行劳动合同制度的以及按规定实行劳动合同制度的工勤人员，其他通过劳动合同与国家机关．事业组织、社会团体建立劳动关系的劳动者，适用《劳动法》。

未建立劳动合同关系的非工勤人员与国家机关，事业组织、社会团体之间的关系，不适用《劳动法》。实行公务员制度的国家机关以及比照实行公务员制度的事业组织和社会团体与其工作人员，不适用《劳动法》而应适用《公务员法》。

③实行企业化管理的事业组织的人员，适用《劳动法》。实行企业化管理的事业组织是指国家不再核拨经费，实行独立核算、自负盈亏的事业组织。

国家机关，事业组织，社会团体在劳动关系中应被视为用人单位。劳动者在试用期内、退休后都受我国《劳动法》的调整。但是农村劳动者（乡镇企业职工和进城务工、经商的农民除外），现役军人和家庭保姆、在中华人民共和国境内享有外交特权和豁免权的外国人等不适用我国《劳动法》。

四、用人单位的权利与义务

用人单位一般拥有五种权利：①录用职工方面的权利；②劳动组织方面的权利；③劳动报酬方面的权利，主要指用人单位有权确定员工的工资级别，并制定员工晋级增薪、降级减薪的方法；④劳动纪律方面的权利；⑤决定劳动关系存续方面的权利。

用人单位同时负有六种义务：①付酬义务；②安全卫生义务；3帮助义务，主要是指通过保险、福利等方式为职工及其亲属提供物质帮助；④使用义务；⑤培训义务；⑥制度保证义务。

第三节 劳动合同

一、劳动合同的概念与特点

劳动合同是劳动者与用人单位确立劳动关系、明确双方权利和义务的书面协议。劳动合同有以下几个特征。

①劳动合同主体具有特定性。即劳动合同的主体一方是劳动者，另一方是用人单位。

②劳动合同是劳动者与用人单位确立劳动关系的法律形式，其内容是明确劳动权利和劳动义务。

③劳动合同具有较强的法定性。即劳动合同内容等主要以劳动法律、法规为依据，且均有强制性规定，法律虽允许双方当事人协商签订劳动合同，但协商的内容不得违反或排斥强制性规范，否则无效。

④劳动合同的客体具有单一性。劳动合同的客体是劳动行为，双方当事人权利义务的指向对象是劳动行为。

二、劳动合同的种类

根据不同的分类标准，可对劳动合同作不同的分类。

①按劳动者人数的不同，劳动合同可分为个人劳动合同和集体劳动合同。

②按用人方式不同，劳动合同可分为录用合同，聘用合同和借调合同。

③按合同期限不同，劳动合同可分为有固定期限合同，无固定期限合同和以完成一定的工作为期限的劳动合同。这种分类也是《劳动合同法》采用的分类方式。

固定期限劳动合同又称定期劳动合同，是指用人单位与劳动者约定合同终止时间的劳动合同。劳动合同期满，劳动关系即告终止。

无固定期限劳动合同是指用人单位与劳动者约定无确定终止时间的劳动合同。

《劳动合同法》第十四条规定，用人单位与劳动者协商一致，可以订立无固定期限劳动合同。有以下情形之一，劳动者提出或者同意续订、订立劳动合同的，除劳动者提出订立固定期限劳动合同外，应当订立无固定期限劳动合同：①劳动者在该用人单位连续工作满十年的；②用人单位初次实行劳动合同制度或者国有企业改制重新订立劳动合同时，劳动者在该用人单位连续工作满十年且距法定退休年龄不足十年的；③连续订立两次固定期限劳动合同，且劳动者没有《劳动合同法》规定的用人单位可以解除合同的法定情形，续订劳动合同的。

用人单位自用工之日起满一年不与劳动者订立书面劳动合同的，视为用人单位与劳动者已订立无固定期限劳动合同。

此外，根据《劳动合同法》第八十二条的规定，用人单位自用工之日起超过一个月不满一年未与劳动者订立书面劳动合同的，应当向劳动者每月支付两倍的工资。

用人单位违反本法规定不与劳动者订立无固定期限劳动合同的，自应当订立无固定期限劳动合同之日起向劳动者每月支付两倍的工资。

以完成一定的工作为期限的劳动合同是指用人单位与劳动者约定以某项工作的完成为合同期限的劳动合同。以下是订立此类合同的情况：①以完成单项工作任务为期限的劳动合同；②以项目承包方式完成承包任务的劳动合同；③因季节原因用工的劳动合同；④其他双方约定的以完成一定工作任务为期限的劳动合同。

三、劳动合同的订立

劳动合同的订立是劳动者与用人单位之间确立劳动关系、明确双方权利义务的法律行为。《劳动合同法》第十条规定，建立劳动关系，应当订立书面劳动合同。已建立劳动关系，未同时订立书面劳动合同的，应当自用工之日起一个月内订立书面劳动合同。用人单位与劳动者在用工前订立劳动合同的，劳动关系自用工之日起建立。

（一）订立劳动合同的原则

订立劳动合同应遵循合法、平等、自愿、协商一致原则。

1. 合法原则

合法原则是指劳动合同必须依法订立，不得违反法律、行政法规的规定。合法原则的具体要求如下。

（1）劳动合同的主体合法

劳动合同的主体合法是指劳动合同的当事人必须具备合法资格，劳动者应是年满十六周岁、身体健康、具有劳动权利能力和劳动行为能力的公民，可以是中国人，外国人（包括无国籍人）。用人单位应是依法成立或核准登记的企业、个体经济组织、民办非企业单位，国家机关．事业组织、社会团体等组织，具有用人的权利能力和行为能力。

（2）劳动合同的内容合法

劳动合同的内容是对劳动合同双方当事人劳动权利义务的具体规定，包括法定必备条款和约定必备条款。《劳动合同法》第十七条规定，劳动合同应当具备以下条款：用人单位的名称、住所和法定代表人或者主要负责人；劳动者的姓名、住址和居民身份证或者其他有效身份证件号码；劳动合同期限；工作内容和工作地点；工作时间和休息休假；劳动报酬；社会保险；劳动保护，劳动条件和职业危害防护；法律，法规规定应当纳入劳动合同的其他事项。

以上九项是法定必备条款，即每一个劳动合同都必须包含上述条款，但是除此以外，用人单位与劳动者还可以约定试用期、培训，保守秘密、补充保险和福利待遇等其他事项。对这些条款，我国有一些特殊规定。

①试用期条款

试用期是指用人单位对新招收的员工的思想品德、身体状况、实际劳动能力等情况进行考察的期限。试用期的订立有以下四个要点需注意。

第一，以完成一定工作任务为期限或者劳动合同期限不满三个月的劳动合同，不得约定试用期。劳动合同期限三个月以上不满一年的，试用期不得超过一个月；劳动合同期限一年以上不满三年的，试用期不得超过两个月；三年以上固定期限和无固定期限的劳动合同，试用期不得超过六个月。

第二，试用期包含在劳动合同期限内。劳动合同仅约定试用期的，试用期不成立，该期限为劳动合同期限。即若劳动合同规定的劳动合同期限为六个月，试用期为一个月，则劳动者实际应提供劳动的时间就是六个月。

第三，劳动者在试用期的工资不得低于本单位相同岗位最低档工资或者劳动合同约定工资的百分之八十，并不得低于用人单位所在地的最低工资标准。

第四，同一个用人单位和同一劳动者只能约定一次试用期。此处须注意，用人单位变更名称，法定代表人，主要负责人或者投资人等事项，不影响劳动合同的履行，即仍然视其为同一用人单位。

②服务期条款

服务期是指当事人双方约定的，对劳动者有特殊约束力的，劳动者因获得特殊的劳动条件而应当与用人单位持续劳动关系的期限。《劳动合同法》第二十二条就约定出资培训服务期的前提条件、工资待遇和违约金等问题做出了规定。根据该条规定，用人单位为劳动者提供专项培训费用，对其进行专业技术培训的，可以与该劳动者订立协议，约定服务期。

劳动者违反服务期约定的，应当按照约定向用人单位支付违约金，违约金的数额不得超过用人单位提供的培训费用。用人单位要求劳动者支付的违约金不得超过服务期尚未履行部分所应分摊的培训费用。

用人单位与劳动者约定服务期的，不影响按照正常的工资调整机制提高劳动者在服务期期间的劳动报酬。

③竞业限制和保密条款

《劳动合同法》第二十三条规定，用人单位可以与劳动者在劳动合同中约定保守用人单位的商业秘密和与知识产权相关的保密事项。对负有保密义务的劳动者，用人单位可以在劳动合同或者保密协议中与劳动者约定竞业限制条款，并约定在解除或者终止劳动合同后，在竞业限制期限内按月给予劳动者经济补偿。劳动者违反竞业限制约定的，应当按照约定向用人单位支付违约金。除该规定的情形外，用人单位不得与劳动者约定由劳动者承担违约金。

《劳动合同法》第二十四条规定，竞业限制的人员限于用人单位的高级管理人员．高级技术人员和其他负有保密义务的人员。竞业限制的范围、地域，期限由用人单位与劳动者约定，竞业限制的约定不得违反法律、法规的规定。

在解除或者终止劳动合同后，上述规定的人员到与本单位生产或者经营同类产品、从事同类业务的有竞争关系的其他用人单位，或者自己开业生产或者经营同类产品、从事同类业务的竞业限制期限，不得超过两年。

④生死条款

生死条款就是用人单位对劳动者在劳动过程中发生的伤亡事故减轻甚至免于承担责任的条款。这样的条款很明显违反了用人单位保护劳动者安全，健康的法定义务。因此《中华人民共和国安全生产法》第四十四条规定，生产经营单位不得以任何形式与从业人员订立免除或者减轻其对从业人员因生产安全事故伤亡应承担的责任的协议。

（3）劳动合同订立的程序和方式合法

劳动合同订立的程序必须符合法律规定，未经双方协商一致、强迫订立的劳动合同无效。《劳动法》第十九条规定，劳动合同应当以书面形式订立。

2．平等、自愿、协商一致原则

平等是指在订立劳动合同的过程中，双方当事人的法律地位平等，不存在管理与服从的关系；自愿是指劳动合同的订立及合同内容的达成完全出于当事人自己的意志，是其真实意思的表示，任何一方不得将自己的意志强加于对方，也不允许第三者非法干预；协商一致是指双方当事人经过充分协商，达成一致意见，签订劳动合同。

（二）劳动合同的效力

1．劳动合同的订立

《劳动法》第十六条规定，劳动合同是劳动者与用人单位确立劳动关系、明确双方权利和义务的协议。建立劳动关系应当订立劳动合同。在应然情况下，劳动合同的订立之日不应该迟于劳动者实际提供劳动之日。

同时，《劳动合同法》第八十二条规定，用人单位自用工之日起超过一个月不满一年未与劳动者订立书面劳动合同的，应当向劳动者每月支付两倍的工资。可是现实中很多用人单位会选择不与劳动者签订书面的劳动合同，以此来否认自己和劳动者之间存在劳动关系。

2. 劳动合同约定劳动标准不明的处理

虽然法律对劳动标准规定得很清楚，而且各行业都有劳动合同范本，可是因为用人单位偶尔操作不规范，劳动合同约定的劳动标准可能会不明确，此时应根据《劳动合同法》第十八条操作。该条规定，劳动合同对报酬和劳动条件等标准约定不明确，引发争议的，用人单位与劳动者可以重新协商；协商不成的，使用集体合同规定；没有集体合同或者集体合同未规定劳动报酬的，实行同工同酬；没有集体合同或者集体合同未规定劳动条件等标准的，使用国家有关规定。

3. 劳动合同的无效

劳动合同的无效是指当事人违反法律、行政法规致使签订的劳动合同不具备法律效力。以下情况属于劳动合同无效：①主体不合法；②订立劳动合同的程序或形式不合法；③违反法律、行政法规的劳动合同；④采取欺诈、威胁等手段订立的劳动合同。

无效的劳动合同，从订立的时候起，就没有法律约束力。确认劳动合同部分无效的，如果不影响其余部分的效力，其余部分仍然有效。劳动合同的无效，由劳动争议仲裁委员会或者人民法院确认。

四、劳动合同的履行与变更

劳动合同的履行是指劳动合同双方当事人履行劳动合同所规定的义务，实现劳动过程和各自的合法权益的行为。履行时应当符合全面履行以及适当履行原则。

但在劳动合同订立之后，如果订立合同时所依据的情况发生了重大变化，致使原劳动合同无法履行，双方当事人可在遵循平等、自愿、协商一致的原则且不违反法律，法规的前提下变更劳动合同。根据我国劳动法规的规定，允许变更劳动合同的情形如下：

①当事人经协商达成变更的协议；

②订立劳动合同时所依据的法律、行政法规和规章已经修改或废止；

③劳动合同条款与集体合同规定不同；

④企业经上级主管部门批准或根据市场变化决定转产或调整生产任务；

⑤劳动合同订立时所依据的客观情况发生重大变化，致使劳动合同无法履行；

⑥企业严重亏损或因发生自然灾害，确实无法按照原约定的条件履行劳动合同；

⑦劳动者因健康状况而不能从事原工作；

⑧法律、法规允许的其他情况。

在劳动合同没有变更的情况下，用人单位不得安排职工从事合同规定以外的工作，但以下情况除外：①发生事故或遭遇灾害，需要及时抢修或救灾；②因工作需要而临时调动工作；③发生短期停工；④法律允许的其他情况。

五、劳动合同的解除

只要符合法定的条件和程序，劳动者、用人单位也可在劳动合同期满前终止劳动合同，即解除劳动合同。总的来说，劳动合同的解除可以分为协议解除与单方解除。

（一）协议解除

《劳动法》第二十四条规定，经劳动合同当事人协商一致，劳动合同可以解除。而且《劳动合同法》也规定，用人单位首先提出协议解除劳动合同的，须支付经济补偿金①；而劳动者首先提出协议解除的，用人单位可以不支付经济补偿金。

（二）单方解除

单方解除又可以分为劳动者单方解除和用人单位单方解除。

1. 劳动者单方解除

（1）预告辞职

预告辞职是指劳动者提前三十日书面通知用人单位方可解除劳动合同。劳动者无须说明任何法定事由，只需提前预告用人单位即可解除劳动合同，超过三十日，劳动者可以向用人单位提出办理解除劳动合同的手续，用人单位应予办理。此时用人单位可以不支付经济赔偿金。

试用期内，劳动者预告辞职的预告期为三日，并且可以口头通知。

（2）即时辞职

即时辞职是指劳动者不需提前通知用人单位，只要具备法律规定的正当理由，劳动者可随时通知用人单位解除劳动合同，还应对用人单位的违约行为和侵权行为所造成的损失要求用人单位予以赔偿，并有权提请有关机关追究用人单位的行政责任，刑事责任。

---

① 此处所说的经济补偿金数额由《劳动合同法》第四十七条规定。

根据《劳动合同法》第三十八条，用人单位有以下六种情形之一的，劳动者可以解除合同：①未按照劳动合同约定提供劳动保护或者劳动条件的；②未及时足额支付劳动报酬的；③未依法为劳动者缴纳社会保险费的；④规章制度违反法律，法规的规定，损害劳动者权益的；⑤以欺诈，胁迫的手段或乘人之危，使劳动者在违背真实意思的情况下订立或者变更劳动合同的；⑥法律法规规定的其他情形。

用人单位以暴力、威胁或者非法限制人身自由的手段强迫劳动者劳动的，或者用人单位违章指挥、强令冒险作业危及劳动者人身安全的，劳动者可以立即解除劳动合同，不需事先告知用人单位。

2. 用人单位单方解除

（1）即时解除

即时解除是指用人单位无须以任何形式提前告知劳动者，可随时通知劳动者解除合同。根据《劳动合同法》第三十九条的规定，劳动者有以下情形之一的，用人单位可以解除劳动合同：①在试用期间被证明不符合录用条件的；②严重违反劳动纪律或者用人单位规章制度的；③严重失职，营私舞弊，对用人单位利益造成重大损害的；④被依法追究刑事责任的；⑤劳动者同时与其他用人单位建立劳动关系，对完成工作任务造成严重影响，或者经由用人单位提出，拒不改正的。这些情况下解除劳动合同用人单位可不支付经济补偿金。

（2）需预告的解除

需预告的解除是指用人单位应当提前三十日以书面形式通知劳动者本人方可解除合同。根据《劳动法》第二十六条的规定，有以下情形之一的，用人单位可以预告解除劳动合同：①劳动者患病或者非因工负伤，医疗期满后，不能从事原工作也不能从事由用人单位另行安排的工作的；②劳动者不能胜任工作，经过培训或者调整工作岗位，仍不能胜任工作的；③劳动合同订立时所依据的客观情况发生重大变化，致使原劳动合同无法履行，经当事人协商不能就变更劳动合同达成协议的。

（3）裁员

《劳动法》第二十七条规定，用人单位濒临破产进行法定整顿期间或者生产经营状况发生严重困难，确需裁减人员的，应当提前三十日向工会或者全体职工说明情况，听取工会或者职工的意见，经向劳动行政部门报告后，可以裁减人员。用人单位依据本条规定裁减人员，在六个月内重新招用人员的，应当通知被裁减的人员，并在同等条件下优先招用被裁减的人员。

根据《劳动合同法》第四十一条的规定，有下列情形之一，需要裁减人员二十人以上或者裁减不足二十人但占企业职工总数百分之十以上的，用人单位应提前三十日向工会或者全体职工说明情况，听取工会或者职工的意见后，裁减人员方案经向劳动行政部门报告，可以裁减人员：

①依照《企业破产法》规定进行重整的；

②生产经营发生严重困难的；

③企业转产，重大技术革新或者经营方式调整，经变更劳动合同后，仍需裁减人员的；

④其他因劳动合同订立时所依据的客观经济情况发生重大变化，致使劳动合同无法履行的。

裁减人员时，应当优先留用下列人员：

①与本单位订立较长期限的固定期限劳动合同的；

②与本单位订立无固定期限劳动合同的；

③家庭无其他就业人员，有需要扶养的老人或者未成年人的。

根据《劳动合同法》第四十二条的规定，当劳动者处于下列特定情形时，用人单位不得以上述理由为依据，解除劳动合同。这些情形是：

①从事接触职业病危害作业的劳动者未进行离岗前职业健康检查，或者疑似职业病病人在诊断或者医学观察期间的；

②在本单位患职业病或者因工负伤并被确认丧失或者部分丧失劳动能力的；

③患病或者非因工负伤，在规定的医疗期内的；

④女职工在孕期、产期、哺乳期的；

⑤在本单位连续工作满十五年，且距法定退休年龄不足五年的；

⑥法律、行政法规规定的其他情形。

六、劳动合同的终止

根据《劳动合同法》第四十四条的规定，有下列情形之一的，劳动合同终止：

①劳动合同期满的；

②劳动者开始依法享受基本养老保险待遇的；

③劳动者死亡，或者被人民法院宣告死亡或者宣告失踪的；

④用人单位被依法宣告破产的；

⑤用人单位被吊销营业执照、责令关闭、撤销或者用人单位决定提前解散的；

⑥法律，行政法规规定的其他情形。

劳动合同期满，有《劳动合同法》第四十二条规定的用人单位不得解除劳动合同的情形之一的，劳动合同应当续延至相应的情形消失时终止。但是，在本单位患职业病或因工负伤并被确认丧失或者部分丧失劳动能力劳动者的劳动合同的终止，按照国家有关工伤保险的规定执行。

关于经济补偿的问题，根据《劳动合同法》第四十六条的规定，有下列情形之一的，用人单位应当向劳动者支付经济补偿：

①劳动者依照《劳动合同法》第三十八条规定解除劳动合同的；

②用人单位依照《劳动合同法》第三十六条规定向劳动者提出解除劳动合同并与劳动者协商一致解除劳动合同的；

③用人单位依照《劳动合同法》第四十条规定解除劳动合同的；

④用人单位依《企业破产法》规定进行重整解除劳动合同的；

⑤除用人单位维持或者提高劳动合同约定条件续订劳动合同，劳动者不同意续订的情形外，劳动合同期满，终止固定期限劳动合同的；

⑥用人单位被依法宣告破产，被吊销营业执照、责令关闭、撤销或者用人单位决定提前解散而终止劳动合同的；

⑦法律、行政法规规定的其他情形。

关于经济补偿的标准，根据《劳动合同法》第四十七条的规定，经济补偿按劳动者在本单位工作的年限，每满一年支付一个月工资的标准向劳动者支付。六个月以上不满一年的，按一年计算；不满六个月的，向劳动者支付半个月工资的经济补偿。

劳动者月工资高于用人单位所在直辖市、设区的市级人民政府公布的本地区上年度职工月平均工资三倍的，按职工月平均工资三倍的数额向其支付经济补偿，向其支付经济补偿的年限最高不超过十二年。

上文所称月工资是指劳动者在劳动合同解除或者终止前十二个月的平均工资。

用人单位违反《劳动合同法》规定解除或者终止劳动合同，劳动者要求继续履行劳动合同的，用人单位应当继续履行；劳动者不要求继续履行劳动合同或者劳动合同已经不能继续履行的，用人单位应当依照《劳动合同法》第八十七条的规定，按照规定的经济补偿标准的两倍向劳动者支付赔偿金。

用人单位应当在解除或者终止劳动合同时出具解除或者终止劳动合同的证明，并在十五日内为劳动者办理档案和社会保险关系转移手续。

劳动者应当按照双方约定，办理工作交接。用人单位依照《劳动合同法》有关规定应当向劳动者支付经济补偿的，在办结工作交接时支付。

用人单位对已经解除或者终止的劳动合同的文本，至少保存两年备查。

七、违反劳动合同的责任

劳动合同一经依法订立，双方当事人负有全面履行的义务。对不履行或者不适当履行合同义务的当事人应追究违约责任。

根据有关劳动法规的规定，用人单位违反规定或劳动合同的约定解除劳动合同，对劳动者造成损害的，应赔偿劳动者损失，即除补足或支付劳动者应得的待遇外，还应加付一定比例的赔偿费用。劳动者违反规定或劳动合同的约定解除劳动合同，对用人单位造成损失的，劳动者应赔偿用人单位以下损失：①用人单位招收录用其所支付的费用；②用人单位为其支付的培训费用，双方另有约定的按约定办理；③对生产，经营和工作造成的直接经济损失；④劳动合同约定的其他赔偿费用。劳动者违反劳动合同中约定的保密事项，对用人单位造成经济损失的，按《反不正当竞争法》的规定支付用人单位赔偿费用。

此外，《劳动法》第九十九条规定，用人单位招用尚未解除劳动合同的劳动者，对原用人单位造成经济损失的，该用人单位应当依法承担连带赔偿责任。赔偿损失的范围包括：①对原用人单位生产，经营和工作造成的直接经济损失；②因获取商业秘密给原用人单位造成的经济损失。

《劳动合同法》第二十二条规定，用人单位为劳动者提供专项培训费用，对其进行专业技术培训的，可以与该劳动者订立协议，约定服务期。劳动者违反服务期约定的，应当按照约定向用人单位支付违约金。违约金的数额不得超过用人单位提供的培训费用。用人单位要求劳动者支付的违约金不得超过服务期尚未履行部分所应分摊的培训费用。第二十三条规定，用人单位与劳动者可以在劳动合同中约定保守用人单位的商业秘密和与知识产权相关的保密事项。对负有保密义务的劳动者，用人单位可以在劳动合同或者保密协议中与劳动者约定竞业限制条款，并约定在解除或者终止劳动合同后，在竞业限制期限内按月给予劳动者经济补偿。劳动者违反竞业限制约定的，应当按照约定向用人单位支付违约金。

除上述规定的情形外，用人单位不得与劳动者约定由劳动者承担违约金。

八、集体合同

（一）集体合同概述

集体合同是集体协商双方代表根据法律，法规的规定就劳动报酬、工作时间、休息休假、劳动安全卫生，保险福利等事项在平等协商一致基础上签订的书面协议。集体合同和劳动合同有以下区别。

①当事人不同。劳动合同当事人为单个劳动者和用人单位；集体合同的主体一方是劳动者的团体组织，另一方是用人单位。

②目的不同。劳动合同是为了建立劳动关系；集体合同以集体劳动关系中全体劳动者最低劳动条件、劳动标准和全体职工的义务为主要内容，是为了协调用人单位内部劳动关系。

③形式不一。劳动合同在有些国家为要式合同，在有些国家可以是要式合同，也可以是非要式合同；集体合同是要式合同，报送劳动行政部门登记、审查、备案，方能发生法律效力。

④效力不同。集体合同的效力高于劳动合同的效力，其效力及于企业或事业组织及其工会和全体职工。

（二）集体合同的内容

《集体合同规定》列举了十五项集体合同可具备的条款，包括劳动报酬，工作时间，休息休假，劳动安全与卫生，补充保险和福利，女职工和未成年工特殊保护，职业技能培训，劳动合同管理，奖惩，裁员，集体合同期限，变更，解除集体合同的程序，履行集体合同时发生争议的协商处理办法，违反集体合同的责任，以及双方认为应当协商的其他内容。

（三）集体合同的协商机制

集体合同由企业工会或职工代表与相应的企业代表进行集体协商。集体协商代表每方为三至十人，双方人数对等，并各确定一名首席代表。工会一方首席代表不是工会主席的，应由工会主席书面委托。双方应另行指定一名记录员。

（四）集体合同的变更与解除

在集体合同期限内，由于签订集体合同的环境和条件发生变化，致使集体合同难以履行时，集体合同任何一方均可提出变更或解除集体合同的要求。签订集体合同的一方就集体合同的执行情况和变更提出商谈时，另一方应给予答复，并在七日内双方进行协商。集体合同双方协商一致，对原集体合同进行变更或修订后，应在七日内报送劳动行政部门审查。经集体合同双方协商一致，可以解除集体合同，但应在七日内向审查该集体合同的劳动行政部门提交书面说明。

（五）集体合同争议处理

1. 因签订集体合同发生争议的处理

因签订集体合同发生争议，双方应谋求协商解决，协商解决不成可由劳动行政部门协调处理。当事人一方或双方可向劳动行政部门的劳动争议协调处理机构提出协调处理的书面申请；未提出申请的，劳动行政部门认为必要时可视情况协调处理。

劳动行政部门处理因签订集体合同发生的争议，应自决定受理之日起三十日内结束。争议复杂或遇到影响处理的其他客观原因需要延期时，延期最长不得超过十五日。

2. 因履行集体合同发生争议的处理

因履行集体合同发生争议，可以通过协商、仲裁和诉讼解决。《劳动法》第八十四条第二款规定，因履行集体合同发生争议，当事人协商解决不成的，可以向劳动争议仲裁委员会申请仲裁；对仲裁裁决不服的，可以自收到仲裁裁决书之日起十五日内向人民法院提起诉讼。

九、劳务派遣

（一）劳务派遣的概念

劳务派遣又称人才派遣、人才租赁，劳动派遣，劳动力租赁，雇员租赁，是指由劳务派遣机构与派遣劳工订立劳动合同并支付报酬，把劳动者派向其他用工单位，再由其用工单位向派遣机构支付一笔服务费用的一种用工形式。

劳务派遣和一般劳动关系的区别在于招收和使用劳动者的单位是否同一，劳务派遣中用工单位是通过派遣单位招收劳动者的，这也使得劳动者的招收和使用发生了分离。

在这样一种劳动关系中，存在着三个主体：劳动者、用工单位、劳务派遣单位。其中用工单位是实际使用劳动者的单位，劳务派遣单位则是按照用工单位或者劳动力市场需要招收劳动者并与之订立劳动合同的组织。

（二）劳务派遣的岗位限制

《劳动合同法》第六十六条规定，劳务派遣一般是在临时性、辅助性或者替代性的工作岗位上实施。这一规定的出台背景是当时劳务派遣相当泛滥，劳务派遣单位与实际用工单位互相推诿、对被派遣劳动者合法权益造成侵害等负面问题屡见不鲜。劳务派遣用工形式的三原则：临时性、辅助性和替代性。所谓辅助性，即可使用劳务派遣工的岗位须为企业非主营业务岗位；替代性，指正式员工临时离开无法工作时，才可由劳务派遣公司派遣一人临时替代；临时性，即劳务派遣期不得超过六个月，凡企业用工超过六个月的岗位须用本企业正式员工。[①]

（三）劳务派遣关系的内容

劳务派遣关系中的劳动者的义务与前文介绍的劳动者的义务类似，因此这里仅介绍劳务派遣关系中的劳动者的权利。劳务派遣关系中劳动者的权利包括：①平等待遇权，一指待遇适用用工单位所在地劳动标准，二指同工同酬；②团结权，这是指被派遣劳动者仍然可以在劳务派遣单位或者用工单位依法参加或者组

---

① 人大法工委规范劳务派遣用工形式——派遣期禁超半年［N］. 京华时报，2007. 12. 26（003）.

织工会。

而对劳动者最重要的工资，应该由与劳动者签订劳动合同的劳务派遣单位支付（此处所说的工资并不包括应该由用工单位直接支付的加班费、绩效奖金等）。同时，用工单位也应该对在岗被派遣劳动者进行必要的培训。

（四） 劳动派遣合同的解除

劳务派遣合同的解除具有特殊性。就劳动者单方面辞职而言，根据《劳动合同法》第六十五条的规定，被派遣劳动者可以协议解除和即时辞职。这并不意味着被派遣劳动者不可以预告辞职，只不过被派遣劳动者因为与派遣单位存在着劳动关系，因此被派遣劳动者预告辞职的对象应该是派遣单位。派遣单位在收到被派遣劳动者的预告辞职通知时，应将该辞职预告及时转告用工单位。

对被派遣劳动者进行辞退需要走辞退程序，当被派遣劳动者存在法定可辞退情形时，用工单位只能将劳动者退回派遣单位，并不能自行辞退劳动者。其原因在于，劳动关系的双方是派遣单位和被派遣劳动者。用工单位只是购买劳务服务的单位，并非用人单位，自然也就没有权利终止劳动关系。

第四节　工作时间与工资

一、工作时间

（一） 工作时间的概念与最高工时标准

工作时间，又称法定工作时间，是指劳动者为履行劳动义务，在法定期限内应当劳动或工作的时间。但在实际生活中，很多用人单位都会要求劳动者加班，最高工时标准的出台就是为了防止用人单位对劳动者的无限制剥削。

最高工时标准是指法律规定的在一定自然时间内工作时间的最长限度。根据我国现行立法的规定，日最长工时为八小时，周最长工时为四十小时。

（二） 休假的概念与种类

休假是指劳动者可以免于上班劳动并且有工资保障的休息时间，其主要包括法定节假日、探亲假、年休假和其他假期。

①法定节假日。我国劳动法规定的法定节假日有新年，春节、清明节，劳动节、端午节、中秋节，国庆节以及法律、法规规定的其他休假节日。上述法定节假日中，凡属假日，如适逢星期六、星期日，应当在工作时间补假。

②探亲假。劳动者享有保留工资、工作岗位而同分居两地的父母或配偶团聚

的假期。

③年休假。《劳动法》第四十五条规定，国家实行带薪年休假制度。劳动者连续工作一年以上的，享受带薪年休假。具体办法由国务院规定。

（三）加班加点的主要法律规定

加班是劳动者在法定节日或公休假日从事生产或工作。加点是劳动者在正常工作日以外继续从事生产或工作。加班加点又被统称为延长工作时间。但是加班也并非毫无限制，我国法律、法规为了保护劳动者，对加班加点有着相关限制。

1. 人员范围限制

我国法律，法规规定，禁止安排未成年工、怀孕七个月以上的女工和哺乳未满周岁婴儿的女工加班。

2. 程序要求

用人单位由于生产经营需要而安排延长工作时间的，应当事先与工会和劳动者协商。

3. 时间限制

（1）一般情况下加班加点的规定。

《劳动法》第四十一条规定，用人单位由于生产经营需要，经与工会和劳动者协商后可以延长工作时间，一般每日不得超过一小时；因特殊原因需要延长工作时间的，在保障劳动者身体健康的条件下延长工作时间每日不得超过三小时，但是每月不得超过三十六小时。

（2）在以下特殊情况下，延长工作时间不受《劳动法》第四十一条的限制。

①发生自然灾害，事故或者因其他原因，威胁劳动者生命健康和财产安全，需要紧急处理的；

②生产设备、交通运输线路、公共设施发生故障，影响生产和公众利益，必须及时抢修的；

③在法定节日和公休假日内工作不能间断，必须连续生产、运输或营业的；

④必须利用法定节日或公休假日的停产期间进行设备检修、保养的；

⑤为了完成国防紧急生产任务，或者完成上级在国家计划外安排的其他紧急生产任务，以及商业、供销企业在旺季完成收购、运输，加工农副产品紧急任务的；

⑥法律，行政法规规定的其他情形。

（四）加班加点的工资标准

《劳动法》对加班加点的工资标准规定如下：

①安排劳动者延长工作时间的，支付不低于工资的百分之一百五十的工资

报酬；

②休息日安排劳动者工作又不能安排补休的，支付不低于工资的百分之二百的工资报酬；

③法定休假日安排劳动者工作的，支付不低于工资的百分之三百的工资报酬。

二、工资

（一）工资的概念与特征

工资是指用人单位依据国家有关规定和集体合同，劳动合同约定的标准，根据劳动者提供劳动的数量和质量，以法定方式支付给劳动者的劳动报酬。

工资有以下几个特征：①工资是基于劳动关系支付给劳动者的劳动报酬；②工资是对付出的劳动所给予的物质补偿；③工资依据工资法规、工资政策、集体合同、劳动合同的规定确定；④工资以法定方式支付。

（二）工资的构成与形式

工资主要由基本工资和辅助工资构成。基本工资是指劳动者在法定工作时间内提供正常劳动所得到的报酬，它是劳动者工资的基本组成部分。辅助工资则主要包括奖金、津贴、加班加点工资等。

工资形式是指计量劳动和支付劳动报酬的方式。企业根据本单位的生产经营特点和经济效益，依法自主确定本单位的工资分配形式。工资形式主要有计时工资、计件工资、定额工资、浮动工资、奖金、津贴、特殊情况下的工资等。

（三）工资支付保障

工资支付保障是指为保障劳动者劳动报酬权的实现，防止用人单位滥用工资分配权而制定的有关工资支付的一系列规则。用人单位应严格执行工资支付办法，以货币形式按月向劳动者本人支付工资，严禁用人单位非法扣除工资。为保证用人单位足额支付劳动者工资，劳动法规作了如下限制性规定。

1. 对代扣工资的限制

用人单位不得非法克扣劳动者工资，有以下情况之一的，用人单位可以代扣劳动者工资：①用人单位代扣代缴的个人所得税；②用人单位代扣代缴的应由劳动者个人负担的社会保险费用；③用人单位依审判机关判决、裁定扣除劳动者工资；④法律，法规规定可以从劳动者工资中扣除的其他费用。

2. 对扣除工资金额的限制

①因劳动者本人原因给用人单位造成经济损失的，用人单位可以按照劳动合同的约定要求劳动者赔偿其经济损失。经济损失的赔偿，可从劳动者本人的工资

中扣除。但每月扣除金额不得超过劳动者月工资的百分之二十，若扣除后的余额低于当地月最低工资标准的，则应按最低工资标准支付。

②用人单位对劳动者违纪罚款，一般不得超过本人月工资标准的百分之二十。

（四）最低工资

1. 最低工资的概念

所谓最低工资，是指劳动者在法定工作时间内提供了正常劳动的前提下，其所在用人单位应支付的最低劳动报酬。最低工资不包括以下各项：①加班加点工资；②中班、夜班、高温、低温、井下、有毒有害等特殊工作环境、条件下的津贴；③国家法律、法规和政策规定的劳动者保险、福利待遇；④用人单位通过补贴伙食．住房等支付给劳动者的非货币性收入。

2. 最低工资标准的确定与调整

《劳动法》第四十八条第一款规定，最低工资的具体标准由省、自治区、直辖市人民政府规定，报国务院备案。

最低工资标准应当高于当地的社会救济金和失业保险金标准，低于平均工资。最低工资标准发布实施后，如确定最低工资标准参考的因素发生变化或本地区职工生活费用价格指数累计变化较大，应当适当调整，但每年最多调整一次。

3. 最低工资的支付

《劳动法》明确规定，用人单位支付给劳动者的工资不得低于当地最低工资标准。最低工资应以法定货币支付。用人单位支付给劳动者的工资低于最低工资标准的，由当地人民政府劳动行政部门责令其限期改正，逾期未改的，由劳动行政部门对用人单位和责任者给予经济处罚，并视其欠付工资时间的长短向劳动者支付赔偿金。

第五节 劳动保障、争议处理

一，社会保险的概念与特征

社会保险是指具有一定劳动关系的劳动者在暂时或永久性丧失劳动能力及失业时，获得国家，社会经济补偿和物质帮助的一种社会保障制度。《劳动法》规定，国家发展社会保险事业，建立社会保险制度，设立社会保险基金，使劳动者在年老、患病、工伤、失业、生育等情况下获得帮助和补偿。目前，我国社会保险仅限于职工社会保险，即劳动保险，尚未包括农民社会保险和其他劳动者保险。我国的社会保险项目有养老保险，失业保险、工伤保险、医疗保险和生育保险。

二、我国社会保险的结构

我国目前的社会保险由基本社会保险、用人单位补充保险、个人储蓄保险三个层次组成。

（一）基本社会保险

基本社会保险是由国家统一建立并强制实行的为劳动者平等地提供基本生活保障的社会保险。它是法定的强制保险，覆盖面广，在社会保险中，其属于基本组成部分，是第一层次的社会保险。基本社会保险基金一般由国家，用人单位，劳动者三方合理负担。

（二）用人单位补充保险

用人单位补充保险是指除了基本社会保险以外，用人单位根据自己的经济条件为劳动者投保的高于基本社会保险标准的补充保险。补充保险是第二层次的社会保险，以用人单位具有经济实力，能承受为前提。其由用人单位自愿投保，保险基金由用人单位负担。国家鼓励用人单位根据本单位实际情况为劳动者建立补充保险。

（三）个人储蓄保险

个人储蓄保险是指劳动者个人以储蓄形式参加的社会保险。它是第三层次的社会保险。劳动者根据自己的经济能力和意愿决定是否负担该保险。国家提倡劳动者个人进行储蓄性保险。

三．各项社会保险制度

（一）养老保险

养老保险，又称年金保险，是指劳动者在因年老或病残而丧失劳动能力的情况下，退出劳动领域，定期领取生活费用的一种社会保险制度。我国的养老保险实行国家、企业和个人三方共同负担，职工个人也缴纳一定费用的保险制度。其中，基本养老保险费用由企业和个人共同负担。它为实现劳动者老有所养提供物质保障。我国职工养老保险有三种形式。

①退休，即职工因年老或病残而完全丧失劳动能力，退出生产或工作岗位养老休息时获得一定物质帮助的制度。

②离休，即中华人民共和国成立前参加革命工作的老干部到达一定年龄后离职休养的制度。

③退职，即职工不符合退休条件但因完全丧失劳动能力而退出职务或工作岗

位进行休养的制度。

现行的养老保险待遇的基本内容主要包括基本养老金（含离休金，退休金和退职生活费），医疗待遇（含离休干部的公费医疗和保健医疗），死亡待遇，异地安置费和其他待遇等。

（二）失业保险

失业保险，我国又称待业保险，是指劳动者在失业期间，由国家和社会给予一定物质帮助，以保障其基本生活并促进其再就业的一种社会保险制度。

1. 失业保险待遇的范围

在我国现行法规中，失业保险待遇主要包括：

①失业救济金，即失业者在规定的失业期间领取的生活费；

②失业者在领取失业救济金期间的医疗费、丧葬补助费及其所供养亲属的抚恤金、救济费；

③参加由失业保险经办机构组织或扶持的转业训练和生产自救的费用。2.享受失业保险待遇的条件

国家对享受失业保险待遇（尤其是领取失业救济金）所应具备的条件，作了严格规定。具备下列条件的失业人员，可以领取失业保险金：

①按照规定参加失业保险，所在单位和本人已按照规定履行缴费义务满一年的；

②失业者是非自愿失业的；

③已办理失业登记并有求职要求的。

3. 失业保险待遇的停止

凡发生以下情形之一的，停止发放失业保险金，其他失业保险待遇同时停止：①重新就业的；②应征服兵役的；③移居境外的；④享受基本养老保险待遇的；⑤被判刑收监执行或者劳动教养的；⑥无正当理由，拒不接受当地人民政府指定的部门或者机构介绍的工作的；⑦有法律、行政法规规定的其他情形的。

（三）工伤保险

工伤保险，又称职业伤害赔偿保险，是指职工因工致伤、病、残、死亡，依法获得经济赔偿和物质帮助的一种社会保险制度。工伤保险费用由用人单位承担，劳动者不须缴纳任何费用。

1. 工伤保险的特征

工伤保险具有以下特征：①它是基于对工伤职工的赔偿责任而设立的；②它是由用人单位承担全部责任的；③其赔偿责任实行无过错责任原则；④其被保险人范围包括全体职工；⑤其目的不仅在于对受害者事后救济，而且还注重对职业

伤害的预防。

2. 工伤的概念与范围

工伤，即因工负伤，是指职工在劳动过程中因执行职务（业务）而受到的急性伤害，包括工业事故造成的伤害和职业病造成的伤害。

3. 工伤保险待遇的范围

我国现行立法规定的工伤保险待遇主要包括：

（1）工伤医疗期待遇

工伤医疗期即职工因工负伤或患职业病而停工治疗并领取工伤津贴的期限。按照轻伤和重伤的不同情况工伤医疗期确定为一至二十四个月，严重工伤或职业病需要延长的，最长不超过三十六个月。

（2）工伤致残待遇

职工因工致残被鉴定为一至四级（即全残的），应当退出生产、工作岗位的，终止劳动关系，取得工伤致残抚恤证件。职工因工致残被鉴定为五至十级的，原则上由用人单位安排适当工作。

（3）因工死亡待遇

职工因工死亡，其遗属享受丧葬补助金、供养亲属抚恤金等工伤保险待遇。

（四）疾病、生育、死亡保险

（1）疾病保险

疾病保险又称病伤保险、健康保险，广义上其包括生育保险、死亡保险，狭义上其仅指保障劳动者及其亲属非因工病伤后在医疗和生活上获得物质帮助的一种社会保险制度。我国职工疾病保险待遇主要包括医疗待遇以及疾病、负伤、残废期间的生活待遇。

（2）生育保险

生育保险是指女职工因怀孕、分娩导致不能工作，收入暂时中断，国家和社会给予必要物质帮助的社会保险制度。根据《劳动法》《女职工劳动保护规定》和《企业女职工生育保险试行办法》的规定，女职工生育保险包括产假、医疗服务和产假期生育津贴三部分内容。

（3）死亡保险

死亡保险是指在劳动者死亡后，为解决其善后事宜及保障其生前所供养直系亲属的基本生活，按照法律规定给予物质帮助的社会保险制度。

四、女职工特殊劳动保护

女职工特殊劳动保护是指根据女职工生理特点和抚育子女的需要，对其在劳动过程中的安全健康所采取的有别于男子的特殊保护，主要包括禁止或限制女职工从事某些作业的规定、女职工"四期"保护等。

（一）女职工禁忌劳动范围

禁忌女职工从事以下繁重体力劳动的作业：①矿山井下作业；②森林业伐木及流放作业；③《体力劳动强度分级》标准中第四级体力劳动强度的作业；④建筑业脚手架的组装和拆除作业，以及电力，电信行业的高处架线作业；⑤连续负重（指每小时负重次数在六次以上）每次负重超过二十千克，间断负重每次超过二十五千克的作业；⑥已婚待孕女职工禁忌从事铅、汞、苯、镉等作业场所属于《有毒作业分级》标准中第三、四级的作业。

（二）女职工"四期"保护

①月经期保护。不得安排女职工在经期从事高处、高温、低温、冷水作业和国家规定的第三级体力劳动强度的劳动。

②怀孕期保护。不得安排怀孕期女职工延长工作时间和夜班劳动。

③生育期保护。女职工生育享受不少于九十天的产假。

④哺乳期保护。不得安排女职工在哺乳未满一周岁的婴儿期间从事国家规定的第三级体力劳动强度的劳动和哺乳期禁忌从事的其他劳动，不得安排其延长工作时间和夜班劳动。

五、未成年工特殊劳动保护

未成年工是指年满十六周岁未满十八周岁的劳动者。对未成年工进行特殊劳动保护的措施主要有以下几个。

①上岗前培训。未成年工上岗，用人单位应对其进行有关职业安全卫生的教育，培训。

②禁止安排未成年工从事有害健康的工作。用人单位不得安排未成年工从事矿山井下，有毒有害，国家规定的第四级体力劳动强度的劳动和其他禁忌从事的劳动。

③对未成年工定期进行健康检查。用人单位应按规定在以下时间对未成年工定期进行健康检查：①安排工作岗位之前；②工作满一年；③年满十八周岁，距前一次体检的时间已超过半年。

六、劳动争议的概念与种类

劳动争议又称劳动纠纷，是指劳动关系双方当事人因执行劳动法律，法规或履行劳动合同、集体劳动合同发生的争执。

根据劳动人数的不同，劳动争议可以分为个人争议、集体争议和团体争议。

其中个人争议是劳动者个人与其所在单位发生的劳动争议；集体争议是劳动者在三人以上，并有共同理由的劳动争议；团体争议则是工会与用人单位之间因集体合同产生的争议。

根据劳动争议内容的不同，劳动争议可分为权利争议和利益争议。权利争议是指劳动者或用人单位并没有全面、适当地行使《劳动法》劳动合同或者集体合同中规定的权利时引发的争议；利益争议是在劳动合同未确立的情况下，双方就各自的权利与义务发生的争议。

根据当事人国籍的不同，劳动争议可分为国内劳动争议和涉外劳动争议。国内劳动争议是指我国的用人单位与具有我国国籍的劳动者之间发生的劳动争议；涉外劳动争议是指具有涉外因素的劳动争议，包括我国在国外设立的机构与我国派往该机构工作的人员之间发生的劳动争议，外商投资企业的用人单位与劳动者之间发生的劳动争议。

七、劳动争议仲裁的概念与机构

劳动争议仲裁是指劳动争议仲裁机构对当事人请求解决的劳动争议依法公断的执法行为。这里有两点需注意：①我国的劳动争议处理机制中，劳动争议仲裁是诉讼前的法定必经程序；②劳动争议仲裁机构实际是半官方机构，并不是民间组织。

劳动争议仲裁机构分为劳动争议仲裁委员会、劳动争议仲裁委员会办事机构和劳动争议仲裁庭。其中劳动争议仲裁委员会最重要，它是经国家授权依法独立仲裁处理劳动争议案件的专门机构。它由劳动行政部门代表、工会代表和企业方面代表组成。其组成人员应当是单数，且三方代表人数相等。劳动争议仲裁委员会主任由同级劳动行政机关的负责人担任。

八、劳动争议处理程序

《劳动法》第七十七条规定，用人单位与劳动者发生劳动争议，当事人可以依法申请调解、仲裁，提起诉讼，也可以协商解决。调解原则适用于仲裁和诉讼程序。因此，劳动争议处理程序可分为协商、调解、仲裁、诉讼。

（一）协商

劳动争议发生后，当事人应协商解决，协商一致后，双方可达成和解协议，但和解协议无必须履行的法律效力，而是由双方当事人自觉履行。协商不是处理劳动争议的必经程序，当事人不愿协商或协商不成的，可以向本单位劳动争议调解委员会申请调解或向劳动争议仲裁委员会申请仲裁。

（二）调解

劳动争议发生后，当事人双方愿意调解的，可以书面或口头形式向劳动争议调解委员会申请调解。劳动争议调解委员会接到调解申请后，可依自愿、合法原则进行调解。劳动争议调解委员会调解劳动争议，应自当事人申请调解之日起三十日内结束；到期未结束的，视为调解不成，当事人可以向当地劳动争议仲裁委员会申请仲裁。经调解达成协议的，制作调解书，双方当事人自觉履行。

调解不是处理劳动争议的必经程序，调解协议也无必须履行的法律效力，当事人不愿调解或调解不成的，可直接向劳动争议仲裁委员会申请仲裁。

（三）仲裁

劳动争议发生后，当事人任何一方都可以直接向劳动争议仲裁委员会申请仲裁。劳动争议申请仲裁的时效期间为一年。仲裁时效期间从当事人知道或者应当知道其权利被侵害之日起计算。仲裁时效因当事人一方向对方主张权利，或者向有关部门请求权利救济，或者对方当事人同意履行义务而中断。从中断时起，仲裁时效期间重新计算。因不可抗力或者有其他正当理由，当事人不能在仲裁时效期间申请仲裁的，仲裁时效中止。从中止时效的原因消除之日起，仲裁时效期间继续计算。劳动关系存续期间因拖欠劳动报酬发生争议的，劳动者申请仲裁不受仲裁时效期间的限制；但是，劳动关系终止的，应当自劳动关系终止之日起一年内提出。

当事人对劳动争议仲裁委员会做出的仲裁裁决不服的，可在收到仲裁裁决书的十五日内向人民法院提起诉讼。逾期不起诉的，仲裁裁决发生法律效力，当事人必须自觉履行，一方当事人不履行的，另一方当事人可向人民法院申请强制执行。

职工一方在三十人以上的集体劳动争议适用特别程序。劳动争议仲裁委员会处理职工一方人数在三十人以上的具体劳动争议案件，应当组成特别仲裁庭进行仲裁。特别仲裁庭由三名以上（单数）仲裁员组成。

仲裁是处理劳动争议的必经程序。未经仲裁的劳动争议案件，当事人不得向人民法院起诉。

（四）诉讼

劳动争议当事人对仲裁裁决不服的，可以自收到仲裁裁决书之日起十五日内向人民法院提起诉讼。对经过仲裁裁决，当事人向法院起诉的劳动争议案件，人民法院必须受理。人民法院一审审理终结后，对一审判决不服的，当事人可在十五日内向上一级人民法院提起上诉；对一审裁定不服的，当事人可在十日向上一级人民法院提起上诉；经二审审理所做出的裁决是终审裁决，自送达之日起发生法律效力，当事人必须履行。

第五章 金融法与税收法

第一节 金融法概述

一、金融和金融体系

（一）金融

金融是指各社会主体通过货币流通和信用渠道以融通资金的经济活动。包括货币的发行、流通和回笼，存款，放款，汇兑，储蓄，结算以及发行有价证券等。

金融对社会经济发展起着举足轻重的作用，只要存在着商品货币关系，就必然会有金融活动。金融的基本表现形式是资金借贷，即一方融出资金以实现保值、增值；他方融入资金以解决收支失衡的矛盾。

（二）金融体系

金融体系是指通过规定从事金融活动的各当事人之间的分工、协作及各自的职权和职责，从而确立各当事人在金融领域中的地位，进而进行管理和监督所形成的有机联系的统一体系。新中国成立后，我国的金融体系由弊端重重走向规范完善。目前，我国的金融体系由下列机构组成：

1. 中央银行

中国人民银行是我国的中央银行，它是整个金融体系的核心，享有法律赋予的各项金融宏观调控和监管职权。

2. 金融业专门监管机构

为增强对金融市场的监管，我国先后成立了三家金融业专门监管机构，它们是中国证券监督管理委员会（简称证监会），监管全国证券和期货市场及其金融机构；中国保险监督管理委员会（简称保监会），对全国保险金融机构及保险市场的发展实施监管；中国银行业监督管理委员会（简称银监会），监管全国商业银行、政策性银行、金融资产管理公司、信托投资公司及其他存款类金融机构等金融机构。

3. 商业银行

商业银行是以营利为目的，从事金融业务的企业法人，目前是金融体系中非常活跃和重要的主体。

4. 政策性银行

政策性银行是由政府设立，专门从事某一方面政策性业务的不以营利为目的的金融机构。我国的政策性银行有中国农业发展银行、中国进出口银行和国家发展银行三家，直属于国务院领导。

5. 非银行金融机构

除中央银行、专门监管机构、商业银行和政策性银行以外的，从事一定资金融通、业务被限定在某一领域的金融机构，是非银行金融机构。主要包括城市信用社、农业信用社、保险公司、证券公司、信托投资公司、财务公司、金融租赁公司等。

为了最大限度地保全资产，提高银行业不良资产回收价值，国务院于1999年成立了四家金融资产管理公司，即中国华融资产管理公司、中国长城资产管理公司、中国信达资产管理公司和中国东方资产管理公司。它们都是国有独资的非银行金融机构，管理和处置因收购国有银行不良贷款形成的资产，依法独立承担民事责任。

二、金融法的概念及立法情况

由于金融业在现代社会中起到了信用中介和支付中介等重要作用，因而在建立社会主义市场经济时，金融业的发展和完善是不容忽视的。如同其他任何重要的市场经济行为都必须由法律法规来规范一样，金融活动的有序、稳定、快速的发展也离不开法律这种间接调控手段。金融法就是调整货币资金流通和信用等金融活动及在金融管理中发生的经济关系的法律规范的总称。

金融法不是单一的一部法律，而是在整个法的体系中从属于宪法、经济法的第三层次的部门经济法律规范，其内容相当丰富，包括金融调控和监管方面的法律，如《中国人民银行法》《银行业监督管理法》《反洗钱法》；金融机构组织方面的法律，如《商业银行法》；金融市场和金融活动方面的法律，如《证券法》《信托法》《票据法》等。

第二节　中央银行法和银行业监管法

一、中央银行法

（一）中央银行的法律地位

我国的中央银行是中国人民银行。1948年12月1日在河北省石家庄成立，由原先的华北银行、北海银行和西北农民银行合并建立，新中国成立后，迁至北京。我国颁布过一系列的法律法规来确定其地位。1995年3月18日第八届全国人大第三次会议上通过的《中华人民共和国中国人民银行法》（以下简称《中国人民银行法》），2003年12月27日第十届全国人大常委会第六次会议又进行了修订。该法明确了中国人民银行是中华人民共和国的中央银行，在国务院领导下，制定和执行货币政策，防范和化解金融风险，维护金融稳定。中国人民银行在国务院领导下依法独立执行货币政策，履行职责，开展业务，不受地方政府、各级政府部门、社会团体和个人的干涉。中国人民银行属于国家所有，其全部资本由国家出资。

（二）中国人民银行的组织机构和财务制度

1. 中国人民银行的组织机构

中国人民银行设行长1名，副行长若干人，并实行行长负责制，由行长领导工作，副行长协助行长工作。行长的人选根据国务院总理的提名，由全国人大决定；如在全国人大闭会期间，则由全国人大常委会决定，由国家主席任免；副行长由国务院总理任免。行长、副行长及其他工作人员应依法保守国家秘密，并有责任为其监督管理的金融机构和有关当事人保守秘密；同时应恪守职责，不得滥用职权、徇私舞弊，不得在任何金融机构、企业、基金会兼职。

中国人民银行设立货币政策委员会，该机构应当在国家宏观调控，货币政策制定和调整中发挥重要作用。货币政策委员会的职责、组成和工作程序，由国务院规定，报全国人民代表大会常务委员会备案。

中国人民银行总行设在北京，根据履行职责的需要可以设立分支机构，作为总行的派出机构。新中国成立以来，我国在各省会、自治区首府、直辖市设立人民银行分行，在省会以下的经济中心城市设立二级分行，在各县城设支行，在镇设营业所。总行对分支机构实行集中统一领导和管理，分支机构根据总行的授权，负责本辖区的金融监督管理，并承办有关业务。

2. 中国人民银行的财务会计制度

中国人民银行实行独立的财务预算管理制度，其预算经国务院财政部门审核后，纳入中央预算，接受国务院财政部门的预算执行监督。每一会计年度（自公历1月1日至12月31日）的收入减除该年度支出，并按照国务院财政部门核定的比例提取总准备金的净利润，全部上缴中央财政，若亏损则由中央财政拨款弥补。中国人民银行应当于每一会计年度结束后的3个月内编制资产负债表、损益表和相关的财务会计报表，并编制年度报告，按国家有关规定予以公告。中国人民银行的财务收支和会计事务，应当执行法律、行政法规和国家统一的财务会计制度，接受国务院审计机关和财政部门依法分别进行的审计和监督。

（三）中国人民银行的职责

中国人民银行作为中央银行，是金融调控的银行、货币发行的银行、政府的银行和银行的银行。它依法独立履行以下职能：发布与履行其职责有关的命令和规章；依法制定和执行货币政策；发行人民币，管理人民币流通；监督管理银行间同业拆借市场和银行间债券市场；实施外汇管理，监督管理银行间外汇市场；监督管理黄金市场；持有、管理、经营国家外汇储备、黄金储备；经理国库；维护支付、清算系统的正常运行；指导、部署金融业反洗钱工作，负责反洗钱的资金监测；负责金融业的统计、调查、分析和预测；作为国家的中央银行，从事有关的国际金融活动；国务院规定的其他职责。

1. 作为金融调控的银行

中国人民银行在国务院领导下，制定和执行货币政策。货币政策是指中央银行为实现货币政策目标，调控货币供应量及有关货币事宜所采取的方式、措施和规范的总称。通常，一国货币政策目标包括币值稳定、经济增长、充分就业和国际收支平衡。我国货币政策目标是保持货币币值的稳定，并以此促进经济增长。货币政策工具主要包括再贴现政策、公开市场业务、法定存款准备金政策等。中国人民银行为执行货币政策，可运用下列货币政策工具。

（1）要求金融机构按照规定的比例交存存款准备金

存款准备金是指金融机构为保证客户提取存款和资金清算需要而准备的在中央银行的存款，中央银行要求的存款准备金占其存款总额的比例就是存款准备金率。存款准备金制度的目的在于保证商业银行的支付和清算，保证金融机构不致因受到好的贷款条件的诱惑而将资金过多地贷出，从而影响自身资金的流动性和对客户的支付能力；更重要的是它已成为一种货币政策工具，中央银行通过调整存款准备金率，影响金融机构的信贷扩张能力，从而间接调控货币供应量。

（2）确定中央银行基准利率

基准利率是指中央银行对金融机构的存、贷款利率。基准利率在利率体系中具有重要地位，它决定了其他各种利率的水平和变化。

（3）为在中国人民银行开立账户的金融机构办理再贴现

再贴现是指金融机关将合格的票据向中央银行再次办理贴现的行为。中央银行通过提高或者降低再贴现率，来抑制或者刺激信贷需求，以减少或者增加货币供应量。

（4）向商业银行提供贷款

中央银行通过向金融机构发放贷款来指引金融机构贷款的规模和结构，达到调控市场的目的。

（5）在公开市场上买卖国债、其他政府债券和金融债券及外汇

公开市场操作是指中央银行在公开市场上买卖政府债券和金融债券及外汇，以调控货币供应量的政策工具。公开市场操作具有高度灵活性的特点，使得其在体现货币政策调节总趋势和总方向的同时，还可通过在一个给定的时间里对方向和力度的微调，熨平由于周期性或偶然性因素可能对金融体系流动性以及金融市场带来的剧烈振动，减少金融市场的干扰噪音。

2. 作为货币发行的银行

中华人民共和国的法定货币是人民币，单位为元，辅币单位为角、分。人民币由中国人民银行统一印制发行，发行新版人民币应当将发行时间、面额、图案、式样、规格予以公告。中国人民银行设立人民币发行库，在其分支机构设立分支库。分支库调拨人民币发行基金，应当按照上级库的调拨命令办理，任何单位和个人不得违反规定动用发行基金。

中国人民银行对人民币流通的管理主要包括下列内容：以人民币支付中华人民共和国境内的一切公共的和私人的债券，任何单位和个人不得拒收；任何单位和个人不得印制、发售代币票券，以代替人民币在市场上流通；禁止伪造、变造人民币；禁止出售、购买伪造、变造的人民币；禁止运输、持有、使用伪造、变造的人民币；禁止故意毁损人民币；禁止在宣传品、出版物或其他商品上非法使用人民币图样；残缺、污损的人民币，按照中国人民银行的规定兑换，并由中国人民银行负责收回、销毁。

3. 作为政府的银行

中国人民银行经理国库。国库即国家金库，国家的一切财政收入都纳入金库，一切财政支出都由金库提取，中国国库分中央金库和地方金库。国库工作是国家预算执行的重要组成部分，是国家预算管理的一项基础工作，它担负着办理国家财政预算资金的收纳、划分、报解和支拨，正确、及时地反映和监督国家财政预算执行情况的重要任务。中国人民银行具体经理国库，这有利于预算资金的

迅速交拨，同时国库存于银行的款项，为银行提供了重要的信贷资金来源。中国人民银行可以代理国务院财政部门向各金融机构组织发行、兑付国债和其他政府债券，但不得对政府财政透支，不得直接认购、包销国债和其他政府债券。

中国人民银行持有、管理、经营国家外汇储备、黄金储备。它们是国际储备中最常见和重要的两种储备资产。中国人民银行监管我国金融市场。金融市场是指实现货币信贷、办理各种票据和有价证券买卖的场所。金融市场按业务内容划分，有货币市场、资本市场、外汇市场、黄金市场和保险市场等。按照法律规定，中国人民银行监督管理银行间同业拆借市场和银行间债券市场；实施外汇管理，监督管理银行间外汇市场；监督管理黄金市场。此外，它还承担维护支付、清算系统的正常运行；指导、部署金融业反洗钱工作，负责反洗钱的资金监测；负责金融业的统计、调查、分析和预测；作为国家的中央银行，从事有关的国际金融活动等职责。

4. 作为银行的银行

中国人民银行集中保管各金融机构的存款准备金，向金融机构发放贷款和办理再贴现，提供各金融机构之间的转账结算等，体现了其作为银行的银行的重要性。

二、银行业监管法

（一）银行业监管法的产生和背景

2003 年 3 月，根据第十届全国人大第一次会议审议通过的国务院机构改革方案的规定，国务院将中国人民银行对银行、金融资产管理公司、信托投资公司及其他存款类金融机构的监管职能分离出来，并和中央金融工作委员会的相关职能进行整合，成立了中国银行业监督管理委员会（简称银监会）。它是国务院银行业监督管理机构，负责对全国银行业金融机构及其业务活动监督管理的工作。银监会自 2003 年 4 月 28 日起正式履行职责。

为了进一步完善该项改革，2003 年 12 月 27 日，第十届全国人大常委会第六次会议通过了《银行业监督管理法》，该法自 2004 年 2 月 1 日起施行。2006 年 10 月 31 日第十届全国人大常委会第二十四次会议决定对《银行业监督管理法》做出修改，强化了法律责任。这部法正是为加强对银行业的监督管理、规范监督管理行为、防范和化解银行业风险、保护存款人和其他客户的合法权益、促进银行业健康发展而制定的。

受银监会监管的银行业金融机构和其他金融机构包括：在中华人民共和国境内设立的商业银行、城市信用合作社、农村信用合作社等吸收公众存款的金融机构以及政策性银行；在中华人民共和国境内设立的金融资产管理公司、信托投资公司、财务公司、金融租赁公司以及经国务院银行业监督管理机构批准设立的其他金融机构；经其批准在境外设立的金融机构等。

（二）银行业监督管理机构

国务院银行业监督管理机构根据履行职责的需要设立派出机构，并对派出机构实行统一领导和管理。各派出机构在国务院银行业监督管理机构的授权范围内，履行监督管理职责。

银行业监督管理机构从事监督管理工作的人员，应当具备与其任职相适应的专业知识和业务工作经验；应当忠于职守、依法办事、公正廉洁，不得利用职务便利牟取不正当的利益，不得在金融机构等企业中兼任职务；应当依法保守国家秘密，并有责任为其监督管理的银行业金融机构及当事人保守秘密。

银行业监督管理机构应当公开监督管理程序，建立监督管理责任制度和内部监督制度。国务院审计、监察等机关，应当依法对国务院银行业监督管理机构的活动进行监督。

（三）银行业监督管理机构的职责

银行业监督管理机构监管工作的主要目的是：通过审慎有效的监管，保护广大存款人和消费者的利益；通过审慎有效的监管，增进市场信心；通过宣传教育工作和相关信息披露，增进公众对现代金融的了解；努力减少金融犯罪。为了达到上述目的，银行业监督管理机构必须坚持法人监管，重视对每个金融机构总体风险的把握、防范和化解；必须坚持以风险为主的监管内容，努力提高金融监管的水平，改进监管的方法和手段；必须注意促进金融机制风险内控机制形成和内控效果的不断提高；必须按照国际准则和要求，逐步提高监管的透明度。

银行业监督管理机构的主要职责是：

①依照法律、行政法规制定并发布对银行业金融机构及其业务活动监督管理的规章、规则。

②依照法律、行政法规规定的条件和程序，审查批准银行业金融机构的设立、变更、终止以及业务范围，未经批准，任何单位或者个人不得设立银行业金融机构或者从事银行业金融机构的业务活动；对申请设立银行业金融机构，或者银行业金融机构变更持有资本总额或者股份总额达到规定比例以上的股东，对其资金来源、财务状况、资本补充能力和诚信状况进行审查；审查批准或者备案银行业金融机构业务范围内的业务品种，需要审查批准或者备案的业务品种由银监会依照法律、行政法规做出规定并公布；审查银行业金融机构高级管理人员任职资格。

③对银行业金融机构实行现场和非现场监管，依法对违法违规行为进行查处。银行业金融机构应当严格遵守审慎经营规则。审慎经营规则由法律、行政法

规规定，也可以由国务院银行业监督管理机构依照法律、行政法规制定。审慎经营规则包括风险管理、内部控制、资本充足率、资产质量、损失准备金、风险集中、关联交易、资产流动性等内容。

银行业监督管理机构应当对银行业金融机构的业务活动及其风险状况进行现场检查；对银行业金融机构的业务活动及其风险状况进行非现场监管，建立银行业金融机构监督管理信息系统，分析、评价银行业金融机构的风险状况。银行业监督管理机构有权要求银行业金融机构按照规定报送资产负债表、利润表和其他财务会计报表、统计报表、经营管理资料以及注册会计师出具的审计报告；可以与银行业金融机构董事、高级管理人员进行监督管理谈话，要求银行业金融机构董事、高级管理人员就银行业金融机构的业务活动和风险管理的重大事项做出说明；责令银行业金融机构按照规定，如实向社会公众披露财务会计报告、风险管理状况、董事和高级管理人员变更以及其他重大事项等信息。

银行业监督管理机构根据审慎监管的要求，可以采取下列措施进行现场检查：进入银行业金融机构进行检查；询问银行业金融机构的工作人员，要求其对有关检查事项做出说明；查阅、复制银行业金融机构与检查事项有关的文件、资料，对可能被转移、隐匿或者毁损的文件、资料予以封存；检查银行业金融机构运用电子计算机管理业务数据的系统。进行现场检查，应当经银行业监督管理机构负责人批准。现场检查时，检查人员不得少于 2 人，并应当出示合法证件和检查通知书；检查人员少于 2 人或者未出示合法证件和检查通知书的，银行业金融机构有权拒绝检查。

银行业金融机构违反审慎经营规则的，国务院银行业监督管理机构或者其省一级派出机构应当责令限期改正。逾期未改正的，或者其行为严重危及该银行业金融机构的稳健运行，损害存款人和其他客户合法权益的，经国务院银行业监督管理机构或者其省一级派出机构负责人批准，可以区别情形，采取下列措施：责令暂停部分业务、停止批准开办新业务；限制分配红利和其他收入；限制资产转让；责令控股股东转让股权或者限制有关股东的权利；责令调整董事、高级管理人员或者限制其权利；停止批准增设分支机构。银行业金融机构整改后，应当向国务院银行业监督管理机构或者其省一级派出机构提交报告。经验收符合有关审慎经营规则的，应当自验收完毕之日起 3 日内解除对其采取的前款规定的有关措施。

银行业金融机构已经或者可能发生信用危机，严重影响存款人和其他客户合法权益的，银行业监督管理机构可以依法对该银行业金融机构实行接管或者促成机构重组。银行业金融机构有违法经营、经营管理不善等情形，不予撤销将严重危害金融秩序、损害公众利益的，银行业监督管理机构有权予以撤销。银行业金融机构被接管、重组或者被撤销的，国务院银行业监督管理机构有权要求该银行业金融机构的董事、高级管理人员和其他工作人员，按照国务院银行业监督管理机构的要求履行职责。

经国务院银行业监督管理机构或者其省一级派出机构负责人批准，银行业监督管理机构有权查询涉嫌金融违法的银行业金融机构及其工作人员以及关联行为人的账户；对涉嫌转移或者隐匿违法资金的，经银行业监督管理机构负责人批准，可以申请司法机关予以冻结。

④国务院银行业监督管理机构应当会同中国人民银行、国务院财政部门等有关部门建立银行业突发事件处置制度，制定银行业突发事件处置预案，明确处置机构和人员及其职责、处置措施和处置程序，及时、有效地处置银行业突发事件。

⑤国务院银行业监督管理机构负责统一编制全国银行业金融机构的统计数据、报表，并按照国家有关规定予以公布。

⑥开展与银行业监督管理有关的国际交流、合作活动。

第三节　商业银行法、票据法、证券法

一、商业银行法

（一）商业银行的概念

商业银行是一国金融体系中的重要组成部分，在一国经济生活中起着举足轻重的作用。我国自 1994 年金融体制改革以来，更注重商业银行的发展与完善。为了保护商业银行、存款人和其他客户的合法权益，规范商业银行的行为，提高信贷资产质量，加强监督管理，保障商业银行的稳健运行，维护金融秩序，促进社会主义市场经济的发展，1995 年 5 月 10 日，第八届全国人大常委会第十三次会议通过并施行了《中华人民共和国商业银行法》（以下简称《商业银行法》），2003 年 12 月 27 日第十届全国人大常委会第六次会议进行了修订，2015 年 8 月 29 日，第十二届全国人大常委会第十六次会议对该法再次进行了修订。依照《商业银行法》和《公司法》设立的吸收公众存款、发放贷款、办理结算等业务的企业法人就是商业银行。

（二）商业银行的设立和变更

1. 设立商业银行的条件

设立商业银行，应当具备下列条件。

①有符合《商业银行法》和《公司法》规定的章程

②有符合法律规定的注册资本最低限额

设立全国性商业银行的注册资本最低限额为 10 亿元人民币。设立城市商业银行的注册资本最低限额为 1 亿元人民币，设立农村商业银行的注册资本最低限额为 5000 万元人民币。注册资本应当为实缴资本。国务院银行业监督管理机构根据审慎监管的要求可以调整注册资本最低限额，但不得少于上述规定的限额。

③有具备任职专业知识和业务工作经验的董事、其他高级管理人员。有下列情形之一的，不得担任商业银行的董事、高级管理人员：因犯有贪污、贿赂、侵占财产、挪用财产罪或者破坏社会经济秩序罪，被判处刑罚，或者因犯罪被剥夺政治权利的；担任因经营不善破产清算的公司、企业的董事或者厂长、经理，并对该公司、企业的破产负有个人责任的；担任因违法被吊销营业执照的公司、企业的法定代表人，并负有个人责任的；个人所负数额较大的债务到期未清偿的。

④有健全的组织机构和管理制度。商业银行可采用有限责任公司或股份有限公司的组织形式，其组织机构按照《公司法》的有关规定来设置，包括股东（大）会、董事会、监事会等。任何单位和个人购买商业银行股份总额 5% 以上的，应当事先经国务院银行业监督管理机构批准。

⑤有符合要求的营业场所、安全防范措施和与业务有关的其他设施。商业银行在中国境内设立分支机构的，应按规定拨付与其经营规模相适应的营运资金。拨付各分支机构营运金额的总和，不得超过总行资本金总额的 60%。

设立商业银行，还应当符合其他审慎性条件。

2. 商业银行的设立程序

设立商业银行，应当经国务院银行业监督管理机构审查批准；未经其批准，任何单位和个人不得从事吸收公众存款等商业银行业务，任何单位不得在名称中使用"银行"字样。

申请人应当提交下列文件、资料：①申请书，申请书应当载明拟设立的商业银行的名称、所在地、注册资本、业务范围等；②可行性研究报告；③银监会规定的其他文件、资料。

经批准设立的商业银行，由国务院银行业监督管理机构颁发经营许可证，并凭该许可证向工商行政管理部门办理登记，领取营业执照。

商业银行可以根据业务需要经国务院银行业监督管理机构批准设立分支机构。分支机构不具有法人资格，在总行授权范围内依法开展业务，其民事责任由总行承担。

（三）商业银行的业务

1. 商业银行的业务准则

（1）商业银行的"三性"原则

商业银行以安全性、流动性、效益性为经营原则，实行自主经营、自担风险、自负盈亏、自我约束。商业银行依法开展业务，不受任何单位和个人的干涉，以其全部法人财产独立承担民事责任。

（2）商业银行与客户的平等原则

商业银行与客户业务往来，应当遵循平等、自愿、公平和诚实信用的原则。如商业银行办理个人储蓄存款业务，应遵循存款自愿、取款自由、存款有息、为存款人保密的原则。

商业银行保障存款人的合法权益不受任何单位和个人的侵犯。对个人储蓄存款，有权拒绝任何单位或个人查询、冻结、扣划；对单位存款，有权拒绝任何单位或个人查询、冻结、扣划，但法律另有规定的除外。商业银行应当保证存款本金和利息的支付，不得拖延、拒绝支付存款本金和利息。

商业银行发放担保贷款，借款人到期不归还的，商业银行依法享有要求保证人归还贷款本金和利息或者就该担保物优先受偿的权利。商业银行因行使抵押权、质权而取得的不动产或者股权，应当自取得之日起2年内予以处分。

（3）商业银行的守法原则

商业银行开展业务，应当遵守法律、行政法规的有关规定，不得损害国家利益、社会公共利益，并应依法接受银监会的监督管理。商业银行应依法制定本行的业务规则，建立、健全本行的业务管理、现金管理和安全防范制度；建立、健全本行对存款、贷款、结算、呆账等各项情况的稽核、检查制度；定期报送资产负债表、损益表及其他财务会计报表和资料等。

（4）商业银行的公平竞争原则

商业银行开展业务，应当遵守公平竞争的原则，不得从事不正当竞争。违反规定提高或降低利率及采用其他不正当手段吸收存款、发放贷款的行为是违法的。

2. 商业银行的具体业务

商业银行可以经营下列部分或者全部业务：吸收公众存款；发放短期、中期和长期贷款；办理国内外结算；办理票据承兑与贴现；发行金融债券；代理发行、代理兑付、承销政府债券；买卖政府债券、金融债券；从事同业拆借；买卖、代理买卖外汇；从事银行卡业务；提供信用证服务及担保；代理收付款项及代理保险业务；提供保管箱服务；经国务院银行业监督管理机构批准的其他业务。商业银行经中国人民银行批准，可以经营结汇、售汇业务。

商业银行的上述业务可以分为三类：

（1）负债业务

负债业务是指银行通过吸收存款和借款的形式，形成资金来源的业务，该业务预期会导致经济利益流出银行，如吸收存款、发行金融债券、进行同业拆借等。

（2）资产业务

资产业务是指银行通过放贷等形式形成的由银行拥有或者控制的资源，该资源预期会给企业带来经济利益，如发放贷款、购买政府债券、办理票据贴现等。

（3）中间业务

中间业务是指不构成商业银行表内资产、表内负债，形成银行非利息收入的业务。这类业务近几年有较大的发展，包括票据承兑，开出信用证，贷款承诺，金融衍生业务，各类投资基金托管，代理保险业务，各类汇兑业务，出口托收及进口代收，代理发行、承销、兑付政府债券，代收代付业务（包括代发工资、代理社会保障基金发放、代理各项公用事业收费），委托贷款业务，代理政策性银行、外国政府和国际金融机构贷款业务，代理资金清算，代理其他银行银行卡的收单业务，信息咨询业务（主要包括资信调查、企业信用等级评估、资产评估业务、金融信息咨询），企业、个人财务顾问业务，企业投融资顾问业务（包括融资顾问、国际银团贷款安排），保管箱业务，等等。

商业银行在中华人民共和国境内不得从事信托投资和证券经营业务，不得向非自用不动产投资或者向非银行金融机构和企业投资，但国家另有规定的除外。

（四）商业银行的接管和终止

1. 商业银行的接管

商业银行作为企业法人，当经营不善时，允许破产。根据《商业银行法》，若商业银行已经或可能发生信用危机，严重影响存款人的利益时，银行业监督管理机构可以对该银行实行接管。接管的目的是对被接管的商业银行采取必要措施，以保护存款人的利益，恢复商业银行的正常经营能力。被接管的商业银行的债权债务关系不因接管而变化。接管由银行监管机构决定，并组织实施，自接管决定实施之日起开始。自接管开始之日起，由接管组织行使商业银行的经营管理权力。

2. 商业银行的终止

商业银行因解散、被撤销和被宣告破产而终止。

商业银行因分立、合并或出现公司章程规定的解散事由需要解散的，应向银行监管机构提出申请，并附解散的理由和支付存款的本息等债务清偿计划，经批准后解散，并依法成立清算组进行清算。

商业银行因吊销经营许可证被撤销的，银行监管机构应当依法及时组织成立清算组进行清算。

商业银行不能支付到期债务，经银行监管机构同意，由法院依法宣告其破产。法院组织有关部门和有关人员成立清算组进行清算。在破产清算时，在支付清算费用、所欠职工工资和劳动保险费用后，应当优先支付个人储蓄存款的本息。

二、票据法

（一）票据的概念及其法律特征

1995 年 5 月 10 日我国第八届全国人大常委会第十三次会议通过了《票据法》，2004 年 8 月 28 日第十届全国人大常委会第十一次会进行了修订。

票据是出票人签发的，约定由自己或者自己指定的人无条件支付确定金额给持票人的有价证券。根据《票据法》第 2.条第 2 款的规定，我国的票据包括汇票、本票和支票。

票据具有以下法律特征：

①票据是有价证券。票据的票面上载有一定的货币金额，而且只能以货币来表现和支付，不能以其他任何财产支付。

②票据是流通证券。票据可以像货币一样流通，票据到期前，持票人可以通过《票据法》规定的方式自由转让票据，且流通次数不受限制。票据上记载有"不可转让"的除外。

③票据是要式证券。票据的格式和记载事项都由法律严格规定，不按法律规定做成票据或不按法律规定记载事项，会影响票据的效力甚至会造成票据无效。

④票据是无因证券。只要具备《票据法》规定的条件，票据权利和票据义务即产生，而不问取得票据权利的方式。持有票据的人行使权利时无须证明其取得票据的原因。

⑤票据是文义证券。票据的权利和义务，完全根据票据上所记载的文字意义来决定，不得以票据记载以外的任何理由，改变票据的效力。即使票据上记载的文义有错，也要以该文义为准。

（二）票据法与票据法律关系

票据法是指调整票据的签发、转让等票据行为和当事人之间权利义务关系的法律规范的总称。

票据法律关系是指票据法调整的在票据当事人之间形成的权利义务关系，主要包括票据关系和非票据关系。票据关系是指当事人基于票据行为而发生的债权债务关系，如因出票行为而在出票人、收款人之间发生的关系。非票据关系是指由票据法和其他法律规定而产生的权利义务关系，包括票据原因关系、票据资金关系和票据预约关系。票据原因关系，指票据的当事人之间交付票据的理由，包括出票人与书款人之间、背书人与被背书人之间交付、转让票据的理由。票据预约关系，指票据当事人在授受票据之前，就票据的种类、金额、有效期间、地点等事项达成的协议，即就出票或背书转让票据达成的合同。票据资金关系，指存在于汇票出票人与付款人之间、支票出票人与付款银行之间的基础关系。汇票和支票的出票人之所以委托付款人付款，付款人之所以愿意付款或承兑，是因为他们之间有一定的约定代为给付的关系。

票据的签发和转让应当遵循诚实信用的原则，具有真实的交易关系和债权债务关系，就是强调票据的原因关系。票据关系一经形成就独立地发生效力，其效力一般不受票据的原因关系的影响，而票据关系是否有效也不会影响到票据的原因关系的效力。

（三）汇票

1. 汇票的概念和种类

汇票是出票人签发的，委托付款人在指定日期无条件支付一定金额给持票人的票据。汇票有三方基本当事人，即出票人、收款人和付款人。出票人是签发汇票的人。收款人是指汇票上记载享有票据权利的人。付款人是指履行汇票支付责任的人。

依据不同的标准可以将汇票分为不同的种类：

①按照出票人的不同，可将汇票分为银行汇票和商业汇票。银行汇票是指汇款人将款项交存当地银行，由银行签发给汇款人持往异地办理转账结算或提取现金的票据。这种汇票是由银行签发的，持票人已将款项存入银行，其支付具有银行信用保证，是最可靠的支付工具。商业汇票是由出票人签发的，委托付款人在指定日期无条件支付确定的金额给收款人或者持票人的票据。

②商业汇票中按照承兑人的不同，可将汇票分为银行承兑汇票和商业承兑汇票。银行承兑汇票是已经签发的票据经由银行审查、承兑的票据。这种汇票因为是银行承兑，有银行的信用作担保，收款人或持票人的票据权利得到比较可靠的保障。商业承兑汇票是由付款人自己承兑，自己保证自己的信用。

③按照记载收款人的方式不同，可将汇票分为记名汇票和无记名汇票。记名汇票是指出票人在票据上载明收款人姓名或名称的汇票。无记名汇票是指在票据上不记载收款人的姓名或名称，凡持票人都可以享有票据权利的汇票。

④按照付款期限长短的不同，可将汇票分为即期汇票和远期汇票。即期汇票是指以提示日为到期日，持票人持票到付款人处，付款人见票必须付款的一种汇

票。远期汇票是指约定一定期日付款的汇票。

⑤按照银行对付款的要求不同，可将汇票分为跟单汇票和光票。银行汇票基本上是光票。跟单汇票是指附带货运单据的汇票。跟单汇票的付款须以有关合同及履行该合同的单据为辅助，证明持票人付款的请求是符合当事人的约定的，从而有利于交易的安全和票据的安全

2. 汇票的票据行为

票据行为是指以产生票据上载明的债权债务关系为目的的要式行为。票据的出票、背书、承兑、保证等都是票据行为。所有的票据行为均以出票为其他票据行为产生的前提条件，所以人们将出票行为称为主票据行为，其他票据行为则是附属票据行为。

在同一票据上有多种票据行为存在时，各种票据行为独立发生效力，一种行为的无效，不影响其他行为的效力。

（1）出票

出票是指出票人依法签发票据并交付给收款人的票据行为。票据交付收款人，收款人即成为持票人，取得票据权利。汇票的出票人必须与付款人具有真实的委托付款关系，并且具有支付汇票金额的可靠资金来源。出票人签发汇票后，即承担保证该汇票承兑和付款的责任。出票人在汇票得不到承兑或者付款时，应当向持票人清偿票据金额和因追索发生的费用。

汇票必须记载下列事项：①表明"汇票"的字样；②无条件支付的委托；③确定的金额；④付款人名称；⑤收款人名称；⑥出票日期；⑦出票人签章。汇票上未记载前款规定事项之一的，汇票无效。

汇票上记载付款日期、付款地、出票地等事项的，应当清楚、明确，但如果有些事项未记载，则按《票据法》的规定办理：①汇票上未记载付款日期的，为见票即付；②汇票上未记载付款地的，付款人的营业场所、住所或者经常居住地为付款地；③汇票上未记载出票地的，出票人的营业场所、住所或者经常居住地为出票地。汇票上可以记载《票据法》规定事项以外的其他出票事项，但是该记载事项不具有汇票上的效力。

（2）背书

背书是指在票据背面或者粘单上记载有关事项并签章的转让票据的行为。票据的流通转让主要以背书方式进行。根据背书是否记载受让人即被背书人的姓名或名称，背书可分为记名背书和无记名背书。我国《票据法》不承认无记名背书。背书不得附有条件，如附有条件，该条件不具有票据上的效力，视为无记载。背书必须连续，即在票据转让中，转让票据的背书人与受让票据的被背书人在票据上的签名依次前后衔接。经过背书，票据会产生以下效力：①转让权利的

效力，即票据权利从背书人转移到被背书人。②责任担保的效力，背书行为完成后，背书人不再享有票据权利，但并不因此而解除他的票据义务，背书人对票据持有人承担保证其获得付款的义务。如果持票人被拒绝承兑或拒绝付款，则所有的背书人和出票人一起对此承担连带责任。③证明权利的效力，即票据背书连续，产生证明持票人为票据权利人的法律后果。

（3）承兑

承兑是指汇票付款人承诺在汇票到期日支付汇票金额给持票人的票据行为。承兑是汇票所特有的票据行为，本票及支票没有承兑行为。承兑之前，汇票上的付款人不是票据债务人，承兑之后，付款人进入票据关系，成为第一顺序债务人，应负到期无条件支付款项的义务。此时出票人和背书人成了从债务人。但承兑前后债务人主次的变化，并未解除出票人和背书人的汇票责任。若汇票承兑人到期拒不付款，持票人有权向出票人或背书人行使追索权。因此，出票人、背书人及承兑人对汇票的付款负有连带责任。

（4）保证

保证是票据债务人以外的第三人担保票据债务履行的行为。保证人为保证行为后与被保证人承担同等责任，即保证人与被保证人对持票人承担连带责任。汇票到期后得不到付款的，持票人有权向保证人请求付款，保证人应当在其保证金额范围内足额付款。

（5）付款

付款是票据的付款人向持票人支付票据金额，使票据关系消灭的行为。持票人获得付款后，全体票据债务人的债务全部免除。

（四）本票

本票是由出票人签发的，承诺自己在见票时无条件支付确定的金额给收款人或持票人的票据。本票的基本当事人有两个，即出票人和收款人。

本票可分为银行本票和商业本票；即期本票和远期本票。

银行本票是指申请签发本票人将款项交存银行，取得本票，然后交付给收款人的本票。商业本票是指由企业、机关团体等签发的本票。我国《票据法》只规定了银行本票。

本票的出票、背书、保证、付款行为和追索权的行使，除《票据法》规定外，适用有关汇票的规定。

（五）支票

支票是出票人签发的，委托办理支票存款业务的银行或其他金融机构在见票时无条件支付确定的金额给收款人或持票人的票据。支票的基本当事人有三个：出票人、收款人和付款人。其付款人只能是银行，且出票人在银行存有款项，和银行有资金关系。支票分为现金支票、转账支票和普通支票。现金支票只能用于支取现金；转账支票只能用于转账；普通支票可用于支取现金，也可用于转账。

支票必须记载下列事项：①表明"支票"的字样；②无条件支付的委托；③确定的金额；④付款人名称；⑤出票日期；⑥出票人签章。支票上未记载前款规定事项之一的，支票无效。

（六）票据权利

1. 票据权利的概念和特征

票据权利，是指持票人向票据债务人请求支付票据金额的权利，包括付款请求权和追索权。

付款请求权是持票人对票据主债务人行使的权利，是票据权利的第一次请求权。持票人得到付款后，必须将票据移交给付款人。付款人依法足额付款后，全体汇票债务人的责任解除。

追索权是指票据不获承兑或遭到拒绝付款时，持票人可向其前手请求偿还票据金额及利息等费用的权利。汇票到期被拒绝付款的，持票人可以对背书人、出票人以及汇票的其他债务人行使追索权。汇票到期日前，有下列情形之一的，持票人也可以行使追索权：①汇票被拒绝承兑的；②承兑人或者付款人死亡、逃匿的；③承兑人或者付款人被依法宣告破产的或者因违法被责令终止业务活动的。持票人行使追索权时，应当提供被拒绝承兑或者被拒绝付款的有关证明。持票人不能出示拒绝证明、退票理由书或者未按照规定期限提供其他合法证明的，丧失对其前手的追索权。但是，承兑人或者付款人仍应当对持票人承担责任。汇票的出票人、背书人、承兑人和保证人对持票人承担连带责任。持票人可以不按照汇票债务人的先后顺序，对其中任何一人、数人或者全体行使追索权。持票人对汇票债务人中的一人或者数人已经进行追索的，对其他汇票债务人仍可行使追索权。被追索人清偿债务后，与持票人享有同一权利。持票人为出票人的，对其前手无追索权。持票人为背书人的，对其后手无追索权。

持票人行使追索权，可以请求被追索人支付下列金额和费用：①被拒绝付款的汇票金额；②汇票金额自到期日或者提示付款日起至清偿日止，按照中国人民银行规定的利率计算的利息；③取得有关拒绝证明和发出通知书的费用。被追索人依照前条规定清偿后，可以向其他汇票债务人行使再追索权，请求其他汇票债务人支付下列金额和费用：①已清偿的全部金额；②前项金额自清偿日起至再追索清偿日止，按照中国人民银行规定的利率计算的利息；③发出通知书的费用。

2. 票据权利的取得

（1）原始取得和继受取得

原始取得是指因出票行为取得票据而享有的票据权利。继受取得是指受让人从票据权利人手中以法定方式取得票据而享有的票据权利。继受取得包括背书转让、贴现、赠与、继承、公司合并等方式。

（2）善意取得和恶意取得

善意取得是指无故意或无重大过失从无处分权人手里取得票据。虽然票据让与人的票据权利有瑕疵，善意取得人仍可享有票据权利。恶意取得是指票据受让人明知票据转让人不享有票据权利仍取得该票据的行为。以欺诈、盗窃或者胁迫等手段取得票据的，或者明知有前列情形，出于恶意取得票据的不得享有票据权利。

持票人因重大过失取得不符合规定的票据的，也不得享有票据权利。

3. 票据权利的期限

票据权利在下列期限内不行使而消灭：

①持票人对票据的出票人和承兑人的权利，自票据到期日起 2 年；见票即付的汇票、本票，自出票日起 2 年。

②持票人对支票出票人的权利，自出票日起 6 个月。

③持票人对前手的追索权，自被拒绝承兑或者被拒绝付款之日起 6 个月。

④持票人对前手的再追索权，自清偿日或者被提起诉讼之日起 3 个月。

票据的出票日、到期日由票据当事人依法确定。持票人因超过票据权利时效或者因票据记载事项欠缺而丧失票据权利的，仍享有民事权利，可以请求出票人或者承兑人返还其与未支付的票据金额相当的利益。

（七）票据的伪造、变造和丧失

1. 票据的伪造、变造

票据上的记载事项应当真实，不得伪造、变造。伪造、变造票据上的签章和其他记载事项的，应当承担法律责任。票据上有伪造、变造的签章的，不影响票据上其他真实签章的效力。票据上其他记载事项被变造的，在变造之前签章的人，对原记载事项负责；在变造之后签章的人，对变造之后的记载事项负责；不能辨别是在票据被变造之前或者之后签章的，视同在变造之前签章。

2. 票据的丧失

票据丧失，失票人可以及时通知票据的付款人挂失止付，收到挂失止付通知的付款人，应当暂停支付。失票人应当在通知挂失止付后 3 日内，也可以在票据丧失后，依法向人民法院申请公示催告，或者向人民法院提起诉讼。

（八）票据的抗辩

票据抗辩是指票据债务人根据法律规定对票据债权人拒绝履行义务的行为。票据抗辩可分为"物的抗辩"和"人的抗辩"。物的抗辩是基于票据的原因而进行的抗辩。这种抗辩可以向任何持票人做出。人的抗辩是对特定票据债权人的抗辩。法律限制对人的抗辩，票据债务人可以对不履行约定义务的与自己有直接债权债务关系的持票人进行抗辩。票据债务人不得以自己与出票人或者与持票人的前手之间的抗辩事由，对抗持票人。但是持票人明知存在抗辩事由而取得票据或持票人取得票据是无代价或以不相当的代价的，则票据债务人可对之行使抗辩权。

（九）涉外票据的法律适用

1. 涉外票据的概念和特征

涉外票据，是指出票、背书、承兑、保证、付款等行为中，既有发生在中华人民共和国境内又有发生在中华人民共和国境外的票据。

涉外票据除了具有票据的所有特征之外，还有自己独有的特征：

①票据的主体不是认定涉外票据的必然依据。票据权利的行使与身份没有必然联系，不管哪个国家的公民或法人只要是在我国境内进行各种票据活动，则该票据没有涉外因素，该行为受我国法律管辖。

②票据行为跨越国境。即指出票、背书、承兑、保证、付款等行为中有一个或数个发生在境外。

③涉外票据的适用法律多元化。涉外票据可能适用中国国内法，也可能适用国际条约、国际惯例或外国法。

2. 确定涉外票据行为的准据法

我国《票据法》规定：中国缔结或者参加的国际条约同本法有不同规定的，适用国际条约的规定。但是，中国声明保留的条款除外。《票据法》和中国缔结或者参加的国际条约均没有规定的，可以适用国际惯例。具体规定如下：

①票据债务人的民事行为能力，适用其本国法律。

②票据债务人的民事行为能力，依照其本国法律为无民事行为能力或者为限制民事行为能力而依照行为地法律为完全民事行为能力的，适用行为地法律。

③汇票、本票出票时的记载事项，适用出票地法律。

④支票出票时的记载事项，适用出票地法律，经当事人协议，也可以适用付款地法律。

⑤票据的背书、承兑、付款和保证行为，适用行为地法律。

⑥票据追索权的行使期限，适用出票地法律。

⑦票据的提示期限、有关拒绝证明的方式、出具拒绝证明的期限，适用付款地法律。

⑧票据丧失时，失票人请求保全票据权利的程序，适用付款地法律。

（十）法律责任

1. 刑事责任

有下列票据欺诈行为之一的，依法追究刑事责任：①伪造、变造票据的；②故意使用伪造、变造的票据的；③签发空头支票或者故意签发与其预留的本名签名式样或者印鉴不符的支票，骗取财物的；③签发无可靠资金来源的汇票、本票，骗取资金的；⑤汇票、本票的出票人在出票时作虚假记载，骗取财物的；⑥冒用他人的票据，或者故意使用过期或者作废的票据，骗取财物的；⑦付款人同出票人、持票人恶意串通，实施前六项所列行为之一的。

金融机构工作人员在票据业务中玩忽职守，对违反《票据法》规定的票据予以承兑、付款或者保证的，给予处分；造成重大损失，构成犯罪的，依法追究刑事责任。

2. 行政责任

有上述所列行为之一，情节轻微，不构成犯罪的，依照国家有关规定给予行政处罚。票据的付款人对见票即付或者到期的票据，故意压票，拖延支付的，由金融行政管理部门处以罚款，对直接责任人员给予处分。

3. 民事责任

金融机构工作人员玩忽职守，对违反《票据法》规定的票据予以承兑、付款或者保证，给当事人造成损失的，由该金融机构和直接责任人员依法承担赔偿责任。票据的付款人故意压票，拖延支付，给持票人造成损失的，依法承担赔偿责任。有其他违法行为，给他人造成损失的，应当依法承担民事责任。

三、证券法

（一）证券的概念

证券是指证明或设定民事、经济权益的法律凭证，是相应财产所有权或债权凭证的通称。证券通常分为货币证券、资本证券、商品证券三类。

《证券法》将证券分为股票、公司债券、国务院认定的其他证券等三类。

证券业和银行业、信托业、保险业分业经营、分业管理。证券公司与银行、信托、保险业务机构分别设立。国家另有规定的除外。

（二）证券发行

证券发行是指经批准符合条件的证券发行人，为筹集资金，按照一定程序向社会公众或特定的人发售证券（股票与公司债券）的活动。

1. 证券发行的申请与核准

公开发行股票及公司债券，必须依照《公司法》规定的条件，报经国务院证券监督管理机构核准。

国务院证券监督管理机构设发行审核委员会，依法审核股票和公司债券的发行申请。发行审核委员会由国务院证券监督管理机构的专业人员和所聘请的该机构外的有关专家组成，以投票方式对股票发行申请进行表决，提出审核意见。国务院证券监督管理机构应自受理股票发行申请文件之日起 3 个月内做出核准决定；不予核准的，应当做出说明。

2. 证券发行的信息公开

信息公开又称信息披露，是指证券发行公司按照法定要求将公司经营和财务等情况向社会公众公告，并向证券监督管理部门报告。

证券发行人必须披露与发行有关的信息，让准备购买证券的投资者能全面了解发行公司的情况，以便投资者做出自己的判断。因此，初次信息公开是发行公司能否顺利发行证券的前提。

3. 证券的承销

证券承销是指具有证券承销业务资格的证券公司接受证券发行人的委托，在法律规定或约定的时间范围内，利用自己的良好信誉和销售渠道，将拟发行的证券发售出去，并因此收取一定比例承销费用的一系列活动。证券公司应当依照法律、行政法规的规定承销发行人向社会公开发行的证券。

（1）证券承销方式

证券承销方式一般有两种：代销和包销。证券代销是指证券公司代发行人发售证券，在承销期结束时，将未售出的证券全部退还给发行人的承销方式。

证券包销是指证券公司将发行人的证券按照协议全部购入或者在承销期结束时将售后剩余证券全部自行购入的承销方式。

发行人有自主选择证券公司作承销商的权利，证券公司也有接受或不接受承销委托的权利，任何单位和个人都无权干涉。

（2）证券承销协议

证券公司承销证券，应当同发行人签订代销或者包销协议。对于发行价格，《证券法》规定，采取由发行人和证券公司协商确定的原则。股票发行采取溢价发行的，其发行价格由发行人与承销的证券公司协商确定。境内企业直接或者间接到境外发行证券或者将其证券在境外上市交易，必须经国务院证券监督管理机构批准。

（3）对承销商的法律规定

向社会公开发行的证券票面总值超过人民币 5000 万元的，应当由承销商承销。承销商应当由主承销和参与承销的证券公司组成。

证券的代销、包销期最长不得超过 90 日。证券公司在代销、包销期内，对所代销、包销的证券应当保证先行出售给认购人，证券公司不得为本公司事先预留所代销的证券和预先购入并留存所包销的证券。

证券公司包销证券的，应当在包销期满后的 15 日内，将包销情况报国务院证券监督管理机构备案。证券公司代销证券的，应当在代销期满后的 15 日内，与发行人共同将证券代销情况报国务院证券监督管理机构备案。

（三）证券交易

1. 证券交易的一般规定

（1）对证券交易的一般要求

①证券交易的范围。证券交易当事人依法买卖的证券，必须是依法发行并交付的证券。

②证券交易的形式。经依法核准的上市交易的股票、公司债券及其他证券，应当在上海或深圳两个证券交易所挂牌交易，并以现货和国务院规定的其他方式进行交易。证券在证券交易所挂牌交易，应当采用公开的集中竞价交易方式。证券交易的集中竞价应当实行价格优先、时间优先的原则，即出价最低的卖方与出价最高的买方优先成交、最先出价者优先成交。

（2）对证券业从业机构、人员的一般要求

①对证券业从业机构的要求。《证券法》规定，证券公司为客户融资融券服务，应当按照国务院的规定并经国务院证券监督管理机构批准。融资融券交易，又称保证金交易或信用交易，是指投资者在买卖证券时只向证券商缴付一定数额的保证金或部分证券，其应支付价款或应支付证券不足部分，由证券商提供融资或融券来进行交易，其中融资买进证券为买空，融券卖出为卖空。

证券交易所、证券公司、证券登记结算机构还必须依法为客户所开立的账户保密。证券交易的收费必须合理，并按照国务院有关管理部门的统一规定公开收费项目、收费标准和收费办法。

②对证券业从业人员的要求。《证券法》规定，证券交易所、证券公司、证券登记结算机构从业人员，证券监督管理机构工作人员和法律、行政法规禁止参与股票交易的其他人员，在任期或者法定限期内，不得直接或者以化名、借他人名义持有、买卖股票，也不得收受他人赠送的股票。任何人在成为上述所列人员时，其原已持有的股票，必须依法转让。

为股票发行出具审计报告、资产评估报告或者法律意见书等文件的专业机构和人员，在该股票承销期内和期满后 6 个月内，不得买卖该种股票。

为上市公司出具审计报告、资产评估报告或者法律意见书等文件的专业机构和人员，自接受上市公司委托之日起至上述文件公开后 5 日内，不得买卖该种股票。

（3）对股东的一般要求

股东在证券交易活动中必须遵守"持股报告制度"，即股东持股比例达到法定比例时应当进行报告。其主要目的在于保障社会公众在进行证券交易时平等地获得投资决策所需要的参考依据，防止少数人利用优势垄断信息，从事非法证券交易。

2. 证券上市

（1）股票的上市

股份有限公司申请其股票上市交易，必须报经国务院证券监督管理机构核准，即股票上市交易实行核准制度。申请股票、可转换为股票的公司债券或者法律、行政法规规定实行保荐制度的其他证券上市，应当聘请具有保荐资格的机构担任保荐人。国务院证券监督管理机构也可授权证券交易所依照法定条件和法定程序核准股票上市。

股份有限公司的股票上市，必须符合法定的条件，其实质条件是由《公司法》规定的，《证券法》只规定了程序条件。

（2）公司债券的上市

公司申请其发行的公司债券上市交易，由证券交易所依照法定条件和法定程序核准。

公司债券上市交易申请经国务院证券监督管理机构核准后，其发行人应当向证券交易所提交核准文件和上述有关文件。证券交易所应当自接到该债券发行人提交的规定文件之日起3个月内，安排该债券上市交易。

公司债券上市交易申请经证券交易所同意后，发行人应当在公司债券上市交易的5日前公告公司债券上市报告、核准文件及有关上市申请文件，并将其申请文件置备于指定场所供公众查阅。

（3）证券暂停和终止上市

股票上市公司丧失《公司法》规定的上市条件的，其股票依法暂停上市或者终止上市。国务院证券监督管理机构可以授权证券交易所依法暂停或者终止股票或者公司债券上市。

3. 持续信息公开

（1）信息公开

信息公开是指证券发行上市公司按照法定要求将自身财务、经营等情况向证券监督管理部门报告，并向投资者公告的活动。证券发行时的信息公开称为初次公开或发行公开，证券上市及上市期间的信息公开称为持续公开或继续公开。信息公开有利于证券发行和交易价格的合理形成，有利于维护投资者利益，有利于证券监督管理机构对市场的监控，也有利于上市公司自身改善经营管理。

（2）持续信息公开的内容

持续信息公开主要包括上市公司定期报告即季报、半年报和年报，上市公司临时报告即重大事件公告。

（3）持续信息公开的管理

上市公司不同于非上市公司的一个重要特点就是要对涉及公司的一些经营事件及时进行公告，将关于公司的信息尽可能地向社会公开。国务院证券监督管理机构对上市公司年度报告、中期报告、临时报告以及公告的情况进行监督，对上市公司分派或者配售新股的情况进行监督。证券监督管理机构、证券交易所、承销的证券公司及有关人员，对公司依照法律、行政法规规定必须做出的公告，在公告前不得泄露其内容。国务院证券监督管理机构对有重大违法行为或者不具备上市条件的上市公司取消其上市资格的，应当及时公告。证券交易所依照授权做出决定时，应当及时公告，并报国务院证券监督管理机构备案。

（四）上市公司收购

1. 上市公司的收购方式

上市公司的收购是指投资者公开收购股份有限公司已经依法发行上市的股份以达到对该股份有限公司控股或兼并目的的行为。根据《证券法》的规定，上市公司收购可以采取要约收购或者协议收购的方式。

（1）要约收购

要约收购是指收购方通过向被收购公司的管理层和股东发出购买其所持该公司股份的书面意思表示，并按照其依法公告的收购要约中所规定的收购条件、收购价格、收购期限以及其他规定事项，收购目标股份的收购方式。它不必事先征得目标公司管理层的同意。

（2）协议收购

协议收购是指收购人通过与目标公司的管理层或目标公司的股东反复磋商，达成书面转让股权的协议，并按照协议所规定的收购条件、收购价格、收购期限以及其他规定事项，收购目标公司股份的收购方式。一般来说，国家股和社会法人股的收购是通过协议收购方式实现的。

需要指出的是，公司不得收购本公司的股票，但为减少公司资本而注销股份或者与持有本公司的股票的其他公司合并时除外。在这种情况下进行的收购本公司股份的行为称为回购。

2. 收购信息披露

任何投资者直接或间接持有一个上市公司发行在外的股份达到一定比例时，或者达到该比例后持股数量变化又达到法定比例时，必须依法在规定的期限内，向国务院证券监督管理机构、证券交易所、被收购公司及社会公众予以披露。

3. 收购的具体履行

采取要约收购方式的，收购人在收购要约期限内，不得采取要约规定以外的形式和超出要约的条件买卖被收购公司的股票。

采取协议收购方式的，收购人可以依照法律、行政法规的规定同被收购公司的股东以协议方式进行股权转让。协议双方可以临时委托证券登记结算机构保管协议转让的股票，并将资金存放于指定的银行。同时收购人必须在 3 日内将该收购协议向国务院证券监督管理机构及证券交易所做出书面报告，并予公告。在未做出公告前不得履行收购协议。

收购上市公司的行为结束后，收购人应当在 15 日内将收购情况报告国务院证券监督管理机构和证券交易所，并予公告。收购人对所持有的被收购的上市公司的股票，在收购行为完成后的 6 个月内不得转让。上市公司收购国家授权投资机构持有的股份，应当按照国务院的规定，经有关主管部门批准。

（五）禁止的交易行为

《证券法》禁止的证券交易行为主要有：虚假陈述、内幕交易、操纵市场、欺诈客户等。

1. 禁止虚假陈述

虚假陈述是指负有陈述义务的行为人，在证券发行和证券交易过程中所公开的信息不符合真实性、准确性和完整性的要求。

证券发行过程中的虚假陈述主要有：发行公司和证券公司在公布的《招股说明书》等发行文件中作虚假陈述；为公司发行股票服务的会计师事务所、资产评估事务所、律师事务所等社会中介机构，在审计报告、资产评估报告、法律意见书等公开的发行文件中作虚假陈述；国务院证券监督管理机构等国家管理机构，以及与证券发行活动有关的新闻媒介等，也可能发出与证券发行有关的虚假陈述。《证券法》就禁止虚假陈述行为作了以下明确规定：

①禁止国家工作人员、新闻传播媒介从业人员和有关人员编造并传播虚假信息，严重影响证券交易。

②禁止证券交易所、证券公司、证券登记结算机构、证券交易服务机构、社会中介机构及其从业人员，证券业协会、证券监督管理机构及其工作人员，在证券交易活动中作虚假陈述或者信息误导，各种传播媒介传播证券交易必须真实、客观，禁止误导。

2. 禁止内幕交易

（1）内幕信息

《证券法》禁止证券交易内幕信息的知情人员利用内幕信息进行证券交易活

动。证券交易活动中，涉及公司的经营、财务或者对该公司证券的市场价格有重大影响的尚未公开的信息，为内幕信息。内幕信息包括：①《证券法》规定的属于重大事件的 11 种情况；②公司分配股利或者增资的计划；③公司股权结构的重大变化；④公司债务担保的重大变更；⑤公司营业用主要资产的抵押、出售或者报废一次超过该资产的 30%；⑥公司的董事、监事、经理、副经理或者其他高级管理人员的行为可能依法承担重大损害赔偿责任；⑦上市公司收购的有关方案；⑧国务院证券监督管理机构认定的对证券交易价格有显著影响的其他重要信息。

（2）知情人员

下列人员为知悉证券交易内幕信息的知情人员：①发行股票或者公司债券的公司董事、监事、经理、副经理及有关的高级管理人员；②持有公司 5% 以上股份的股东；③发行股票公司的控股公司的高级管理人员；④由于所任公司职务可以获取公司有关证券交易信息的人员；⑤证券监督管理机构工作人员以及由于法定的职责对证券交易进行管理的其他人员；⑥由于法定职责而参与证券交易的社会中介机构或者证券登记结算机构、证券交易服务机构的有关人员；⑦国务院证券监督管理机构的其他人员。

知悉证券交易内幕信息的知情人员或者非法获取内幕信息的其他人员，不得买入或卖出所持有的该公司的证券；不得泄露该信息；也不得建议他人买卖该证券。

非公开发行证券，不得采用广告、公开劝诱和变相公开方式。

有下列情形之一的，为公开发行：向不特定对象发行证券的；向特定对象发行证券累计超过 200 人的；法律、行政法规规定的其他发行行为。

3. 禁止操纵市场

操纵市场是指在证券市场中制造虚假繁荣、虚假价格，诱导或迫使其他投资者在不了解真相的情况下做出错误投资决定，从而使操纵者获取利益或减少损失。《证券法》明确禁止任何人以下列操纵市场的手段获取不正当利益或转嫁风险：

①通过单独或者合谋，集中资金优势、持股优势或利用信息优势联合或连续买卖，操纵证券交易价格。

②与他人串通，以事先约定的时间、价格和方式相互进行证券交易或者相互买卖并不持有的证券，影响证券交易价格或证券交易量。

③以自己为交易对象，进行不转移所有权的自买自卖，影响证券交易价格或证券交易量。

④以其他方法操纵证券交易价格。

4. 禁止欺诈客户

禁止欺诈客户的规定主要是针对证券经营机构及其从业人员，在证券交易中禁止各种诱骗投资者买卖证券以及其他违背投资者真实意愿，损害其利益的行为。《证券法》规定的欺诈客户行为主要有：

①违背客户的委托为其买卖证券；

②不在规定时间内向客户提供交易的书面确认文件；

③挪用客户所委托买卖的证券或客户账户上的资金；

④私自买卖客户账户上的证券，或者假借客户的名义买卖证券；

⑤为谋取佣金收入，诱使客户进行不必要的证券买卖；

⑥其他违背客户真实意思表示，损害客户利益的行为。

5. 禁止信用交易

信用交易又称保证金交易，指客户在买卖证券时，只向证券商交付一定数额的保证金和部分证券，其应付证券价款或应付证券不足时，由证券商垫付不足的资金或证券。《证券法》对信用交易采取了严厉禁止的态度。因为我国证券市场还很不成熟，法律上和实践中都不具备进行信用交易的条件，如果在这种情况下允许信用交易，会加大证券市场的风险，破坏证券市场的正常秩序，助长投机之风，形成证券市场的过度炒作和虚假繁荣，同时也会加大对证券市场监管的难度，不利于市场的健康发展和投资者理性观念的形成。

另外，《证券法》还明确规定，国有企业和国有资产控股的企业买卖上市交易的股票，必须遵守国家有关规定。依法拓宽资金入市渠道，禁止资金违规流入股市。证券交易所、证券公司、证券登记结算机构、证券交易服务机构、社会中介机构及其从业人员对证券交易中发现的禁止的交易行为，应当及时向证券监督管理机构报告。

第四节　税收法概述

一、税收与税法

（一）税收的概念、特征

税收是国家为了实现其职能的需要，按照法律规定强制地向纳税人无偿征收货币或实物所形成的分配关系。

税收的特征：

①强制性。税收是以国家政治权力为依托，依法强制征收，不以纳税人的主观意愿为征税的要件。国家通过制定税法，赋予作为其代表的征税机关以征税权。纳税人必须依照税法的规定，按时足额地纳税。

②无偿性。国家向纳税人征税不以支付任何对价为前提。税收将纳税人所有的部分财产转移给国家所有，形成国家财政收入，纳税人纳税后并未得到任何报酬。

③固定性。国家在征税之前，就以法律的形式规定了纳税人、征税对象以及税率等基本课税要素，税务机关和纳税人都必须遵守税法的规定。

（二）税法的概念和基本原则

1. 税法的概念和调整对象

税法是调整税收关系的法律规范的总称。

税收关系是税法的调整对象，包括税收分配关系和税收征收管理关系。

（1）税收分配关系

税法调整税收分配关系，主要是确定税收体制、税种、征税对象、纳税人范围、税率和减免等，调整国家与纳税人之间、中央与地方的实体利益分配关系。我国有两种税收分配关系：一是国家与纳税人之间的税收分配关系；二是中央政府与地方政府之间以及地方各级政府之间的税收分配关系。

（2）税收征收管理关系

税收征收管理，是指国家征税机关对税收活动进行指导、组织、管理、监督和检查等一系列的管理活动。税收征收管理关系主要包括四类：一是税务管理关系；二是税款征收关系；三是税务检查关系；四是税务稽查关系。

2. 税法的基本原则

（1）税收法定原则

这是税法的最高原则，纳税人、征税客体、计税依据、税率、税收优惠等课税要素必须且只能由立法机关在法律中加以规定，征纳税程序必须由法律明确规定，执法机关不能擅自修改课税要素、征税程序，税收稽征机关无权开征、停征、减免、退补税收，依法征税既是其职权也是其职责。

（2）税收公平合理原则

税收负担的分配，对于纳税人应当公平、合理，量能纳税。

（3）税收效率原则

通过税收分配活动促使资源合理有效地优化配置，最大限度地促进经济的发展，或者最大限度地减轻税收对经济发展的妨碍。

税收与税法的关系：税法是国家与纳税单位和个人的税收权利义务关系；税

收是国家与纳税人之间的经济利益分配关系。税法是税收的法律表现形式，税收则是税法所确定的具体内容。税法与税收相互依赖，不可分割。

二、税法的分类

①按照税收立法权限或者法律效力的不同，可分为税收的宪法性规范、税收法律、税收行政法规、地方性税收法规和国际税收协定。

②按照调整对象不同，分为税收实体法、税收程序法。

税收实体法是规定税收征管过程中征、纳双方主体的实体权利义务内容的税收法律规范。税收程序法是以税收征管过程中以税收征收管理程序关系为调整对象的税收法律规范。

③按照是否具有涉外因素，分为对内税法和涉外税法。

④按照征税对象性质的不同，税法可分为流转税法、收益税法、财产税法、行为税与特定目的税法、资源税法。

我国税法主要按照征税对象划分，其中税收实体法主要由流转税法、所得税法、财产税法、行为税与特定目的的税法、资源税法等构成。

①流转税法，是指调整以流转额为征税对象的税收关系的法律规范的总称。所谓流转额，是指在商品流转中商品销售收入额和经营活动所取得的劳务或业务收入额。以流转额作为征税对象的税收称之为流转税，如增值税、消费税、营业税、关税等。

②所得税法，是指调整以所得额为征税对象的税收关系的法律规范的总称。所得税是以纳税人的所得或收益额为征税对象的一种税。如企业所得税、个人所得税。

③财产税法，是指调整财产税关系的法律规范的总称。财产税是以国家规定的纳税人的某些特定财产的数量或价值额为征税对象的税。如房产税、契税等。

④行为税与特定目的的税法，是指调整行为税与特定目的税关系的法律规范的总称。行为税与特定目的税是指国家为了特定目的或者针对纳税人的特定行为而征收的一类税收。如印花税、车船使用税、燃油税等。

⑤资源税法，是指调整资源税关系的法律规范的总称。资源税是指以自然资源为课税对象的各种税种的统称。如耕地占用税、城镇土地使用税、土地增值税。

三、税法的构成要素

税法的构成要素，即税法的结构，是各种单行税法的基本构成要素。税法的构成要素包括征税人、纳税人、征税对象、税目、税率、计税依据、纳税环节、纳税期限、纳税地点、减免税和法律责任。其中纳税人、征税对象和税率是构成税法的三个最基本的要素。

（一）征税人、纳税人

征税人又称征税主体，是指代表国家行使税收征管职权的各级税务机关和其他征收机关。纳税人又称纳税义务人，是指税法规定负有纳税义务的社会组织和个人。

负税人是指实际或最终承担税款的单位和个人。在同一税种中，纳税人与负税人可以是一致的，也可以是不一致的。

扣缴义务人即税法规定负有代扣代缴、代收代缴税款义务的社会组织和个人。代扣代缴义务人是指有义务从持有的纳税人收入中扣除纳税人的应纳税款并代为缴纳的单位和个人。代收代缴义务人是指有义务借助经济往来关系向纳税人收取应纳税款并代为缴纳的单位和个人。

（二）征税对象（征税客体）

征税对象是征税主体、纳税主体的权利义务所共同指向的对象，即对什么征税。征税对象是区分不同税种的主要标志。征税对象主要有流转额、所得额或收益额、财产、行为等，相应地有流转税、所得税、财产税和行为税等。

1. 征税对象同税源、计税依据的关系

征税对象是据以征税的依据，税源又称经济税源，是纳税人的货币收入。税源与征税对象有时一致，如各种所得税；有时不一致，如消费税、房产税等。

计税依据又称税基，是税制规定的用来计算各种应征税款的依据或标准。计税依据同征税对象之间的关系是：征税对象是指对什么征税，计税依据则是在征税对象已经确定的前提下，对征税对象据以计算税款的依据或标准。征税对象是从质的方面对征税目的物作出规定，而计税依据则是从量的方面对征税目的物作出规定，是征税对象量的表现。有些税种，其征税对象的量同其计税依据是一致的，如消费税、营业税等；有些税种，两者则不一致，其计税依据只是征税对象的一部分，如企业所得税，其征税对象是纳税人的全部所得额，而计税依据则是从中作了一定扣除后的余额。计税依据分为从价计税和从量计税两种形式。

2. 税目

税目是在征税对象范围内规定的具体的征税类别或项目，是征税对象的具体化。例如，现行税制中的消费税、营业税等就采取了规定税目的办法。

（三）税率

应纳税额与征税对象或计税依据之间的比例，是计算纳税额的尺度，反映了征税的深度；同时也是衡量国家税收负担是否适当的标志。税率是税法的核心要

素。税率在实际征税中可分为两种形式：一种是按绝对量形式规定的固定征收额度，即定额税率或固定税率，适用于从量计征的税种；另一种是按相对量形式规定的征收比例，分为比例税率和累进税率，适用于从价计征的税种和所得课税，累进税率一般在所得课税中采用。

1. 比例税率

比例税率是对同一征税对象，不论数额多少，都适用同一比率计征。比例税率计算简便，税负相同。该税率是税负横向公平的重要体现。但该税率具有累退性，收入越高的纳税人其相对税负则越轻。

2. 累进税率

累进税率是一种多层次的税率，其具体形式是将课税对象按数额大小划分为若干等级，对不同等级规定由低到高的不同税率，包括最低税率、最高税率和若干级次的中间税率。累进税率能体现量能负担原则，体现了税收负担的纵向公平问题。

累进税率分为全额累进税率和超额累进税率。全额累进税率是指纳税人的全部课税对象都按照与之相应的那一级的税率计算应纳税额。超额累进税率是指把纳税人的全部课税对象按规定划分为若干等级，每一等级分别采用不同的税率，分别计算税款。

超额累进税率是依据征税对象数额的不同等级部分，按照规定的每个等级的适用税率计征。征税对象数额增加，需提高一级税率时，只对增加数额按提高一级税率计征税额。每一等级设计一个税率，分别计算税额，各等级计算出来的税额之和就是应纳税额。

3. 定额税率

定额税率又称固定税率，是按征税对象的计量单位直接规定固定的征税数额。课税对象的计量单位可以是重量、数量、面积、体积等自然单位，按定额税率征税，税额的多少只同征税对象的数量有关，同价格无关。

(四) 纳税环节、纳税期限和纳税地点

纳税环节是指应税商品在流转过程中应当缴纳税款的环节。它确定一种税在哪个或哪几个环节征收。我国目前对流转税的征收多采用多环节征税。

纳税期限是指纳税人按照税法规定缴纳税款的期限。税法规定纳税人按日、月、季度、纳税年度缴纳税款。此外，税法还规定按次纳税，即按纳税人从事生产经营活动的次数作为纳税期限。

纳税地点是指缴纳税款的地方。纳税地点一般采用属地主义原则，以纳税人所在地、征税对象所在地、应税行为的发生地所在的税务机关为纳税地点。

（五）减免税

减税是对应纳税额的少征。免税是对应征税额全部免除。减免税是对纳税义务的减轻或免除。与此相关的有起征点和免征额。起征点是计税依据的数额达到开征的界限。未达到起征点的不征税；达到或超过起征点的，按其全额征税。免征额，是指在计税依据总额中免于征税的数额。它是按照一定标准从计税依据总额中预先减除的数额。免征额部分不征税，超过免征额的部分征税。加征亦称加成，是按规定税率计算出税款后，再加征一定成数。加成与附加不同，附加是按基本税率征收正税之外，另加征占正税一定比例的税额。

（六）税务争议与税收法律责任

税务争议是指征税机关与相对人（包括纳税主体与非纳税主体）之间因确认或实施税收法律关系而产生的纠纷。税收法律责任是指税收法律关系的主体因违反税收法律规范所应承担的法律后果。税收法律责任有经济、刑事、行政责任三种。

第五节　流转和所得税法

一、流转税法

（一）流转税与流转税法概述

流转税是以商品或者非商品流转额为征税对象的一种税。流转税税源广，目前是我国第一大税类。流转税与商品、劳务的价格有密切的联系，价格变动、销售数量变化均会影响国家流转税收入的多少。流转税是间接税，其纳税人和实际负税人往往是分离的。目前，流转税主要包括增值税、消费税、营业税和关税等。

（二）增值税

增值税是对销售货物、进口货物、提供加工、修理修配劳务过程中实现的增值额征收的一种税。

1. 纳税义务人

在中华人民共和国境内销售货物或者提供加工、修理修配劳务以及进口货物的单位和个人，为增值税的纳税义务人。企业租赁或承包给他人经营的，以承租人或承包人为纳税人。

依据纳税人的经营规模及会计核算健全与否，增值税纳税人可以分为一般纳税人和小规模纳税人。对小规模纳税人的确认，由主管税务机关依税法规定的标准认定。

2. 征税对象

增值税的征税对象包括：销售、进口货物，提供加工、修理修配劳务。其中，货物是指有形动产，包括电力、热力、气体在内。加工是指受托加工货物，即委托方提供原料及主要材料，受托方按照委托方的要求制造货物并收取加工费的业务。修理修配是指受托对损伤和丧失功能的货物进行修复，使其恢复原状和功能的业务。此外，银行销售金银，典当业销售死当物品，寄售业销售寄售物品、货物期货（包括商品期货和贵金属期货）等，均属增值税的征税范围。

3. 增值税应纳税额的计算

（1）一般纳税人增值税应纳税额的计算

一般纳税人销售货物或者提供应税劳务，应纳税额为当期销项税额抵扣当期进项税额后的余额。应纳税额的计算公式为：

应纳税额 = 当期销项税额 − 当期进项税额

因当期销项税额小于当期进项税额不足抵扣时，其不足部分可以结转下期继续抵扣。

①销项税额是指纳税人销售货物或者应税劳务，按照销售额和税法规定的税率计算并向购买方收取的增值税额。销项税额的计算公式为：

销项税额 = 销售额 × 税率

销售额为纳税人销售货物或者应税劳务向购买方收取的全部价款和价外费用，但是不包括收取的销项税额、受托加工应征消费税的消费品所代收代缴的消费税、符合税法规定的代垫运费。价外费用是指价外向购买方收取的手续费、补贴、基金、集资费返还利润、奖励费、违约金（延期付款利息）、包装费、包装物租金、储备费、优质费、运输装卸费、代收款项、代垫款项及其他各种性质的价外收费。凡价外费用，无论其会计制度如何核算，均应并入销售额计算应纳税额。

如果销售收入中包含增值税税款的，则应将不含税的销售额和销项税额分离开来，计算公式为：

不含增值税的销售额 = 含增值税的销售额 ÷（1 + 增值税税率或征收率）

②进项税额是指纳税人购进货物或者接受应税劳务，所支付或者负担的增值税额。准予从销项税额中抵扣的进项税额包括：从销售方取得的增值税专用发票上注明的增值税额；从海关取得的完税凭证上注明的增值税额；购进免税农业产品准予抵扣进项税额，按照买价和税法规定的扣除率计算；销售货物或购进货物（固定资产除外）所支付的运费，按运费和建设基金7%扣除率计算进项税额等。

不得从销项税额中抵扣的进项税额包括：购进固定资产；用于非应税项目的购进货物或者应税劳务；用于免税项目的购进货物或者应税劳务；用于集体福利或者个人消费的购进货物或者应税劳务；非正常损失的购进货物；非正常损失的在产品、产成品所耗用的购进货物或者应税劳务。

（2）小规模纳税人增值税应纳税额的计算

小规模纳税人销售货物或者应税劳务，实行简易办法计算应纳税额，公式如下：

应纳税额 = 销售额 × 征收率

销售额的确定与一般纳税人相同，不同的是小规模纳税人不得抵扣任何进项税额。

（3）进口货物增值税应纳税额的计算

纳税人进口货物，按照组成计税价格和规定的税率计算应纳税额，不得抵扣任何税额。组成计税价格和应纳税额的计算公式为：

组成计税价格 = 关税完税价格 + 关税 + 消费税

应纳税额 = 组成计税价格 × 税率

4. 增值税专用发票

增值税专用发票不仅是商事凭证，而且是购货方进项税额的法定扣税凭证，具有十分重要的地位。专用发票只限于增值税的一般纳税人领购使用，小规模纳税人和非增值税纳税人不得领购使用。专用发票的开具和保管税法都有明确的规定，纳税人应当遵照执行。

（三）消费税

消费税是对部分最终消费品和消费行为的流转额征收的一种税。消费税的征收体现国家的消费政策，其征收范围具有选择性，税率具有差别性，能充分发挥特殊调节作用，是增值税普遍调节的补充。

1. 纳税义务人

在中华人民共和国国境内生产、委托加工和进口应税消费品（不包括金银首饰）的单位和个人，为消费税的纳税义务人。金银首饰消费税的纳税人是在我国境内从事商业零售金银首饰的单位和个人。委托加工应税消费品的，委托加工的单位和个人为纳税人，由受托方代收代缴消费税。

2. 征税对象

消费税的征税对象是有选择的，消费税税目、税率（税额）的调整，由国务院根据经济发展情况和消费结构的变化来决定。经国务院批准，财政部、国家税务总局对消费税税目、税率及相关政策进行调整。自 2006 年 4 月 1 日起，14

类消费品被列举征收，具体范围如下：烟（包括甲类卷烟、乙类卷烟、雪茄烟和烟丝）；酒及酒精（包括粮食白酒、薯类白酒、黄酒、啤酒、其他酒、酒精）；化妆品；贵重首饰及珠宝玉石；鞭炮、烟花；汽车轮胎；摩托车；小汽车；高尔夫球及球具；高档手表；游艇；木制一次性筷子；实木地板；成品油（包括含铅汽油、无铅汽油、柴油、石脑油、溶剂油、润滑油、燃料油、航空煤油）。此次调整取消了护肤护发品税目。

3. 消费税应纳税额的计算

（1）从价定率消费税应纳税额的计算

实行从价定率征收消费税的，应纳税额的计算公式为：

应纳税额 = 销售额 × 税率

销售额为纳税人销售应税消费品向购买方收取的全部价款和价外费用，不包括应向购货方收取的增值税税款。价外费用是指价外收取的基金、集资费、返还利润、补贴、违约金（延期付款利息）和手续费、包装费、储备费、优质费、运输装卸费、代收款项、代垫款项以及其他各种性质的价外收费。

如果纳税人应税消费品的销售额中未扣除增值税税款或者因不得开具增值税专用发票而发生价款和增值税税款合并收取的，在计算消费税时，应当换算为不含增值税税款的销售额。其换算公式为：

应税消费品的销售额 = 含增值税的销售额 ÷（1 + 增值税税率或征收率）

（2）从量定额消费税应纳税额的计算

实行从量定额征收消费税的，应纳税额的计算公式为：

应纳税额 = 销售数量 × 单位税额

公式中销售数量按下列标准确定：纳税人销售应税消费品的，为应税消费品的销售数量；自产自用应税消费品的，为应税消费品的移送使用数量；委托加工应税消费品的，为纳税人收回的应税消费品数量；进口的应税消费品，为海关核定的应税消费品进口征税数量。

（3）纳税人自产自用消费税应纳税额的计算

纳税人自产自用的应税消费品，用于连续生产应税消费品的，不纳税；用于其他方面的，如纳税人用于生产非应税消费品和在建工程，管理部门，非生产机构，提供劳务，以及用于馈赠、赞助、集资、广告、样品、职工福利、奖励等方面，于移送使用时纳税。消费税按照纳税人生产的同类消费品的销售价格计算纳税；没有同类消费品销售价格的，按照组成计税价格计算纳税。组成计税价格的计算公式为：

组成计税价格 =（成本 + 利润）÷（1 - 消费税税率）

（4）委托加工消费税应纳税额的计算

委托加工的应税消费品，按照受托方的同类消费品的销售价格计算纳税；没有同类消费品销售价格的，按照组成计税价格计算纳税。组成计税价格的计算公式为：

组成计税价格 =（材料成本 + 加工费）÷（1 - 消费税税率）

委托加工的应税消费品是指由委托方提供原料和主要材料，受托方只收取加工费和代垫部分辅助材料加工的应税消费品。委托加工的应税消费品直接出售的，不再征收消费税。

（5）进口货物消费税应纳税额的计算

进口的应税消费品，实行从价定率办法计算应税税额的，按照组成计税价格计算纳税。组成计税价格的计算公式为：

组成计税价格 =（关税完税价格 + 关税）÷（1 - 消费税税率）

纳税人应税消费品的计税价格明显偏低又无正当理由的，由主管税务机关核定其计税价格。

（四）营业税

营业税是以纳税人提供劳务、转让无形资产或销售不动产的营业额、转让额或销售额为征税对象的一种流转税。营业税征收范围较广，税率差别不大，税赋均衡，目前是我国地方税收收入的主要来源。

1. 纳税义务人

在中华人民共和国境内提供营业税应税劳务、转让无形资产或者销售不动产的单位和个人，为营业税的纳税义务人。

所谓在中华人民共和国境内提供应税劳务、转让无形资产或者销售不动产，是指：①所提供的劳务发生在境内；②在境内载运旅客或货物出境；③在境内组织旅客出境旅游；④所转让的无形资产在境内使用；⑤所销售的不动产在境内；⑥境内保险机构提供的保险劳务，但境内保险机构为出口货物提供保险除外；⑦境外保险机构以在境内的物品为标的提供的保险劳务。

为了便于营业税的征收管理，税法规定了营业税的扣缴义务人，具体有：

①委托金融机构发放贷款，以受托发放贷款的金融机构为扣缴义务人。

②建筑安装业务实行分包或者转包的，以总承包人为扣缴义务人。

③境外单位或者个人在境内发生应税行为而在境内未设有经营机构的，其应纳税款以代理者为扣缴义务人；没有代理者的，以受让者或者购买者为扣缴义务人。

④单位或者个人进行演出由他人售票的，其应纳税款以售票者为扣缴义务人。

⑤演出经纪人为个人的，其办理演出业务的应纳税款以售票者为扣缴义

务人。

⑥分保险业务，以初保人为扣缴义务人。

⑦个人转让专利权、非专利技术、商标权、著作权、商誉等无形资产的，其应纳税款以受让者为扣缴义务人。

2. 征税对象

营业税主要是按行业类别设置征税对象的，共 9 个税目，包括：交通运输业、建筑业、金融保险业、邮电通信业、文化体育业、娱乐业、服务业、转让无形资产和销售不动产。

单位或个人自己新建建筑物后销售，其自建行为视同提供应税劳务。单位将不动产无偿赠与他人，视同销售不动产。

一项销售行为如果既涉及应税劳务又涉及货物，为混合销售行为。从事货物的生产、批发或零售的企业、企业性单位及个体经营者的混合销售行为，视为销售货物，不征收营业税；其他单位和个人的混合销售行为，视为提供应税劳务，应当征收营业税。

纳税人兼营应税劳务与货物或非应税劳务的，应分别核算应税劳务的营业额和货物或者非应税劳务的销售额；不分别核算或者不能准确核算的，其应税劳务与货物或者非应税劳务一并征收增值税，不征收营业税。

3. 营业税应纳税额的计算

纳税人提供应税劳务、转让无形资产或者销售不动产，按照营业额和规定的税率计算应纳税额。应纳税额的计算公式为：

应纳税额 = 营业额 × 税率

纳税人的营业额为纳税人提供应税劳务、转让无形资产或者销售不动产向对方收取的全部价款和价外费用，但税法另有规定的除外。价外费用包括向对方收取的手续费、基金、集资费、代收款项、代垫款项及其他各种性质的价外收费。凡价外费用，无论会计制度规定如何核算，均应并入营业额计算应纳税额。

税法对营业额有特别规定的部分情况如下：

①运输企业自中华人民共和国境内运输旅客或者货物出境，在境外改由其他运输企业承运乘客或者货物的，以全程运费减去付给该承运企业的运费后的余额为营业额。运输企业从事联运业务的营业额为其实际取得的营业额。

②旅游企业组织旅游团到中华人民共和国境外旅游，在境外改由其他旅游企业接团的，以全程旅游费减去付给该接团企业的旅游费后的余额为营业额。旅游企业组织旅客在境内旅游，改由其他旅游企业接团的，其销售额以全程旅游费减去付给该接团企业的旅游费后的余额为营业额。旅游企业组织旅游团在中国境内旅游的，以收取的旅游费减去替旅游者支付给其他单位的房费、餐费、交通、门

票和其他代付费用后的余额为营业额。

③建筑业的总承包人将工程分包或者转包给他人的，以工程的全部承包额减去付给分包人或者转包人的价款后的余额为营业额。

④转贷业务，以贷款利息减去借款利息后的余额为营业额。转贷业务是指将借入的资金贷与他人使用的业务。将吸收的单位或者个人的存款或者自有资本金贷与他人使用的业务，不属于转贷业务。

⑤金融机构（包括银行和非银行金融机构）从事外汇、有价证券、期货（指非货物期货，货物期货不征收营业税）买卖业务，以卖出价减去买入价后的余额为营业额。非金融机构和个人买卖外汇、有价证券或期货，不征收营业税。

⑥单位或个人进行演出，以全部票价收入或者包场收入减去付给提供演出场所的单位、演出公司或者经纪人的费用后的余额为营业额。

⑦娱乐业的营业额为经营娱乐业向顾客收取的各项费用，包括门票收费、台位费、点歌费、烟酒和饮料收费及经营娱乐业的其他各项收费。

⑧纳税人自建行为、单位将不动产无偿赠与他人，以及纳税人提供应税劳务、转让无形资产或销售不动产价格明显偏低而无正当理由的，主管税务机关有权按下列顺序核定其营业额：①按纳税人当月提供的同类应税劳务或者销售的同类不动产的平均价格核定；②按纳税人最近时期提供的同类应税劳务或者销售的同类不动产的平均价格核定；③按下列公式核定计税价格：

计税价格 = 营业成本或工程成本 × （1 + 成本利润率） ÷ （1 - 营业税税率）

（五）全面实施"营改增"

"营改增"就是营业税改增值税。

营改增对企业税负的影响是：简易征收方式，税负下降，企业经营成本是否上升还有待观察；一般计税方式，税负是否下降取决于进项税的多少，可能涉及的进项税额主要包含材料费、设备采购费等与生产经营相关的费用。

①现行增值税是对在我国境内销售货物、提供加工、修理修配劳务、进口货物以及提供部分现代服务业服务的单位和个人，就其取得的增值额为计算依据征收的一种税。

②营业税是对在我国境内提供应税劳务、转让无形资产、销售不动产的单位和个人，就其取得的营业收入征收的一种税。

③增值税和营业税是两个不同的税种，二者在征收的对象、征税范围、计税的依据、税目、税率以及征收管理的方式都是不同的。

④增值税的税率。目前有 17%、13%、11%、6%。小规模纳税人适用征收率 3%。部分特殊情况下货物或者服务适用 0 税率。

⑤营业税的税率。根据不同的经营项目，适用以下税目税率计算征收。增值

税与营业税是两个独立而不能交叉的税种，即：交增值税时不交营业税，交营业税时不交增值税。

第一，征收范围不同：凡是销售不动产，提供劳务（不包括加工修理修配），转让无形资产的交营业税。凡是销售动产，提供加工修理修配劳务、部分现代服务业服务交纳增值税。

第二，计税依据不同：增值税是价外税，营业税是价内税。所以在计算增值税时应当先将含税收入换算成不含税收入，即计算增值税的收入应当为不含税的收入。而营业税则是直接用收入乘以税率即可。

二、所得税法

（一）所得税的概念和特点

所得税是以纳税人的所得额（或收益额）为征税对象而征收的一类税。所得额是指在一定时期内由于生产、经营等取得的货币收入，扣除为取得这些收入所需各种费用后的净额。我国的所得税包括企业所得税、个人所得税两类。

所得税作为一个税类，主要具有以下特点：

1. 征税对象是所得，计税依据是纯所得额

作为所得税征税对象的所得，主要有四类：①经营所得，也称营业利润，是纳税人从事各类生产、经营活动所取得的纯收益。②劳务所得，是个人从事劳务活动所获取的报酬，也称劳务报酬。③投资所得，即纳税人通过直接或间接投资而获得的股息、利息、红利、特许权使用费等收入。④资本所得，或称财产所得，是纳税人通过财产的拥有或销售所获取的收益。

2. 所得税是直接税

所得税作为典型的直接税，其税负由纳税人直接承担，税负不易转嫁。

3. 比例税率与累进税率并用

所得税比流转税更强调公平，以量能纳税为原则，税率的规定中既有比例税率，又有累进税率。

4. 计税依据的确定复杂

所得税的计税依据是纯所得额，是从总所得额中减去各种法定扣除项目后的余额。由于税法对法定扣除项目的规定较为复杂，因而其计税依据的确定也较为复杂。

（二）企业所得税法

企业所得税是国家以企业和组织在一定期间内的纯所得额为计税依据而征收

的一种税。企业的法律形态主要有三种：独资企业、合伙企业和公司企业。我国对独资企业和合伙企业征收个人所得税。

1. 企业所得税的纳税人

企业分为居民企业和非居民企业。居民企业，是指依法在中国境内成立，或者依照外国（地区）法律成立但实际管理机构在中国境内的企业。非居民企业，是指依照外国（地区）法律成立且实际管理机构不在中国境内，但在中国境内设立机构、场所的，或者在中国境内未设立机构、场所，但有来源于中国境内所得的企业。

企业所得税的纳税人分为居民纳税人和非居民纳税人。居民纳税人负全面纳税义务，非居民纳税人负有限纳税义务。

2. 征税范围与税收管辖权

企业所得税的征税对象是企业所得；征收范围是我国境内的企业和组织取得的生产经营所得和其他所得。

我国企业所得税的税收管辖权，同时实行居民管辖权和地域管辖权的原则。居民管辖权是指对本国居民来源于本国和外国的一切所得征税，该原则适用于居民纳税人。地域管辖权是指对来源于境内的一切所得征税，而不论取得这笔所得的是本国人还是外国人，该原则适用于非居民纳税人。

3. 企业所得税的税率

企业所得税税率采用比例税率。按照"简税制、宽税基、低税率、严征管"的税制原则。国家为了重点扶持和鼓励发展特定的产业和项目，还规定了两档优惠税率：

①符合条件的小型微利企业，按20%的税率征收企业所得税。

②国家需要重点扶持的高新技术企业，按15%的税率征收企业所得税。

4. 企业所得税的计税依据和计算

企业所得税的计税依据是应税所得额。应税所得额是指企业每一纳税年度的收入总额，减除不征税收入、免税收入、各项扣除以及允许弥补的以前年度亏损后的余额。其计算公式为：

应税所得额 = 年收入总额 − 免税收入 − 不征税收入 − 各项扣除项目 − 允许弥补的以往年度亏损

（1）收入总额的确定

企业以货币形式和非货币形式从各种来源取得的收入，为收入总额。其包括：①销售货物收入。

②提供劳务收入。

③转让财产收入。有偿转让各类财产取得的收入，包括转让固定资产、有价证券、股权以及其他财产而取得的收入。

④股息、红利等权益性投资收益。

⑤利息收入。

⑥租金收入。

⑦特许权使用费收入。特许权使用费收入是指提供或者转让专利权、非专利技术、商标权、著作权以及其他特许权的使用权而取得的收入。

⑧接受捐赠收入。

⑨其他收入。其他收入是指除上述各项收入以外的一切收入，包括固定资产盘盈收入、罚款收入、因债权人缘故确实无法支付的应付款项、物资及现金的溢余收入等以及其他收入。

（2）免税收入

免税收入是属于企业的应税所得但按照税法规定免征税的收入。其具体规定是：

①国债利息收入。

②符合条件的居民企业之间的股息、红利等权益性投资收益。

③在中国境内设立机构、场所的非居民企业从居民企业取得与该机构、场所有实际联系的股息、红利等权益性投资收益。

④符合条件的非营利组织的收入。

（3）不征税收入

不征税收入是指不属于企业生产经营活动带来的营利，不负有纳税义务所得的收入。其具体包括：

①财政拨款。

②依法收取并纳入财政管理的行政事业性收费、政府性基金。

③国务院规定的其他不征税收入。

（4）准予扣除项目

在计算应税所得额时准予扣除的基本项目有四项，即成本、费用、税金和损失。

①成本，即生产、经营成本，是纳税人为生产、经营商品和提供劳务等所发生的各项直接费用和间接费用。

②费用，即纳税人为生产、经营商品和提供劳务等所发生的销售（经营）费用、管理费用和财务费用。

③税金，即纳税人按规定缴纳的消费税、营业税、城市维护建设税、资源税、土地增值税。教育费附加，可视同税金。

④损失，即纳税人生产、经营过程中的各项营业外支出，已发生的经营亏损和投资损失以及其他损失。

准予扣除的具体项目包括：

①企业发生的公益性捐赠支出，在年度利润总额12%以内的部分，准予在计算应纳税所得额时扣除。

②在计算应纳税所得额时，企业按照规定计算的固定资产折旧，准予扣除。

③在计算应纳税所得额时，企业按照规定计算的无形资产摊销费用，准予扣除。

④在计算应纳税所得额时，企业发生的下列支出作为长期待摊费用，按照规定摊销的，准予扣除：已足额提取折旧的固定资产的改建支出；租入固定资产的改建支出；固定资产的大修理支出；其他应当作为长期待摊费用的支出。

⑤企业使用或者销售存货，按照规定计算的存货成本，准予在计算应纳税所得额时扣除。

⑥企业转让资产，该项资产的净值，准予在计算应纳税所得额时扣除。

⑦企业的下列支出，可以在计算应纳税所得额时加计扣除：开发新技术、新产品、新工艺发生的研究开发费用；安置残疾人员及国家鼓励安置的其他就业人员所支付的工资。

（5）不得扣除的项目

①除了上述准予扣除的项目以外，在计算应纳税所得额时，按照《企业所得税法》规定，下列支出不得扣除：向投资者支付的股息、红利等权益性投资收益款项；企业所得税税款；税收滞纳金；罚金、罚款和被没收财物的损失；企业发生的公益性捐赠支出，在年度利润总额12%以上的部分捐赠支出；赞助支出；未经核定的准备金支出；与取得收入无关的其他支出项。

②在计算应纳税所得额时，下列固定资产不得计算折旧扣除：房屋、建筑物以外未投入使用的固定资产；以经营租赁方式租入的固定资产；以融资租赁方式租出的固定资产；已足额提取折旧仍继续使用的固定资产；与经营活动无关的固定资产；单独估价作为固定资产入账的土地；其他不得计算折旧扣除的固定资产项。

③在计算应纳税所得额时，下列无形资产不得计算摊销费用扣除：自行开发的支出已在计算应纳税所得额时扣除的无形资产；自创商誉；与经营活动无关的无形资产；其他不得计算摊销费用扣除的无形资产项。

明确了上述的准予扣除的项目和不准扣除的项目，对于确定应纳税所得额会有相当大的帮助。但要最终确定应纳税所得额，往往还要考虑其他一些复杂的因素，有时还会涉及到资产的税务处理、亏损结转、税额抵免等制度。

（6）弥补亏损

企业纳税年度发生的亏损，准予向以后年度结转，用以后年度的所得弥补，但结转年限最长不得超过 5 年。

（7）企业所得税应纳税额的计算

企业应纳税额是指以企业的应纳税所得额乘以适用税率，减除减免和抵免的税额后的余额。其计算公式为：

应纳税额 = 应纳税所得额 × 适用税率 – 减免和抵免税额

①企业取得的下列所得已在境外缴纳的所得税税额，可以从其当期应纳税额中抵免，抵免限额为该项所得依照本法规定计算的应纳税额；超过抵免限额的部分，可以在以后 5 个年度内，用每年度抵免限额抵免当年应抵税额后的余额进行抵补：居民企业来源于中国境外的应税所得；非居民企业在中国境内设立机构、场所，取得发生在中国境外但与该机构、场所有实际联系的应税所得。

②居民企业从其直接或者间接控制的外国企业分得的来源于中国境外的股息、红利等权益性投资收益，外国企业在境外实际缴纳的所得税税额中属于该项所得负担的部分，可以作为该居民企业的可抵免境外所得税税额，在《企业所得税法》第 23 条规定的抵免限额内抵免。

5. 企业所得税税收优惠

《企业所得税法》规定的企业所得税的税收优惠方式包括减免税、加计扣除、加速折旧、减计收入、税额抵免等。税收优惠政策以产业优惠为主、区域优惠为辅、兼顾社会进步。

①国家对重点扶持和鼓励发展的产业和项目，给予企业所得税优惠。

②企业的免税收入见上述应税所得额的确定。

③企业的下列所得，可以免征、减征企业所得税：从事农、林、牧、渔业项目的所得；从事国家重点扶持的公共基础设施项目投资经营的所得；从事符合条件的环境保护、节能节水项目的所得；符合条件的技术转让所得。

④创业投资企业从事国家需要重点扶持和鼓励的创业投资，可以按投资额的一定比例抵扣应纳税所得额。

⑤企业的固定资产由于技术进步等原因，确需加速折旧的，可以缩短折旧年限或者采取加速折旧的方法。

⑥企业综合利用资源，生产符合国家产业政策规定的产品所取得的收入，可以在计算应纳税所得额时减计收入。

⑦企业购置用于环境保护、节能节水、安全生产等专用设备的投资额，可以按一定比例实行税额抵免。

6. 企业所得税的税收征管

①企业所得税按纳税年度计算。纳税年度自公历 1 月 1 日起至 12 月 31 日止。企业在一个纳税年度中间开业，或者终止经营活动，使该纳税年度的实际经营期不足 12 个月的，应当以其实际经营期为一个纳税年度。

企业依法清算时，应当以清算期间作为一个纳税年度。

②企业所得税分月或分季预缴。企业应当自月份或者季度终了之日起 15 日内，向税务机关报送预缴企业所得税纳税申报表，预缴税款。

企业应当自年度终了之日起 5 个月内，向税务机关报送年度企业所得税纳税申报表，并汇算清缴，结清应缴应退税款。

企业在报送企业所得税纳税申报表时，应当按照规定附送财务会计报告和其他有关资料。

③企业在年度中间终止经营活动的，应当自实际经营终止之日起 60 日内，向税务机关办理当期企业所得税汇算清缴。

企业应当在办理注销登记前，就其清算所得向税务机关申报并依法缴纳企业所得税。

④依照本法缴纳的企业所得税，以人民币计算。所得以人民币以外的货币计算的，应当折合成人民币计算并缴纳税款。

（三）个人所得税法

个人所得税是对个人（自然人）在一定期间取得的各项应税所得所征收的一种税。现行的个人所得税的基本规范是《中华人民共和国个人所得税法》（以下简称《个人所得税法》）。

1. 纳税人

个人所得税的纳税人是在中国境内居住有所得的人，以及不在中国境内居住而从中国境内取得所得的个人。具体来说，我国个人所得税的纳税人可以分为居民纳税人和非居民纳税人。居民纳税人是指在中国境内有住所，或者无住所而在境内居住满 1 年的个人。居民纳税人就其来源于中国境内和境外的所得缴纳个人所得税。非居民纳税人是指在中国境内无住所又不居住，或者无住所而在境内居住不满 1 年，或者在中国境内无住所，但居住满 1 年，且在一个纳税年度内一次离境超过 30 日或者多次离境累计超过 90 日的自然人。非居民纳税人负有限纳税义务，仅就其来源于中国的所得缴纳个人所得税。

另外，支付所得的单位或者个人是个人所得税的扣缴义务人。扣缴义务人在向个人支付应税款项时，应依税法代扣税款，按时缴库，并专项记载备查。纳税义务人在两处以上取得工资、薪金所得和没有扣缴义务人的，纳税人应当自行申报纳税。

2. 征税对象

个人所得税实行分项课税，具体税目包括：①工资、薪金所得；②个体工商户的生产、经营所得；③对企事业单位承包经营、承租经营所得；④劳务报酬所得；⑤稿酬所得；⑥特许权使用费所得；⑦利息、股息、红利所得；⑧财产租赁所得；⑨财产转让所得；⑩偶然所得以及经国务院财政部门确定的其他所得。

3. 税率

个人所得税税率采用多种类型税率形式，不同性质的所得适用不同税率制度：①工资、薪金所得，适用7级超额累进税率，税率为3%～45%；②个体工商户的生产、经营所得和对企事业单位的承包经营、承租经营所得，适用5级超额累进税率，税率为5%～35%；③其他所得，适用比例税率，税率为20%，其中稿酬所得按应纳税额减征30%。

4. 应纳税额的确定

应纳税额根据个人应纳税所得额与相应税率确定。应纳税所得额的计算按以下标准：①工资、薪金所得的应纳税所得额＝月收入额－5000元（费用）；②个体工商户生产经营所得的应纳税所得额＝年收入总额－（成本＋费用＋损失）；③对企事业单位承包、承租经营所得的应纳税所得额＝年收入总额－费用；④劳务报酬、稿酬、特许权使用费、财产租赁等所得的应纳税所得额为每次收入不超过4000元的，减除800元；每次收入超过4000元的，减除20%；⑤财产转让所得的应纳税所得额＝收入额－（财产原值＋合理费用）；⑥利息、股息、红利所得，偶然所得和其他所得的应纳税所得额为每次收入额。

5. 减免规定

下列各项个人所得，免纳个人所得税：①省级人民政府、国务院部委和中国人民解放军军以上单位，以及外国组织、国际组织颁发的科学、教育、技术、文化、卫生、体育、环境保护等方面的奖金；②国债和国家发行的金融债券利息；③按照国家统一规定发给的补贴、津贴；④福利费、抚恤金、救济金；⑤保险赔款；⑥军人的转业费、复员费；⑦按照国家统一规定发给干部、职工的安家费、退职费、退休工资、离休工资、离休生活补助费；⑧依照我国有关法律规定应予免税的各国驻华使馆、领事馆的外交代表、领事官员和其他人员的所得；⑨中国政府参加的国际公约、签订的协议中规定免税的所得；⑩经国务院财政部门批准免税的所得。

有下列情形之一的，经批准可以减征个人所得税：①残疾、孤老人员和烈属的所得；②因严重自然灾害造成重大损失的；③经国务院财政部门批准减税的。

6. 个人境外所得已纳税款的扣除

纳税人从中国境外取得的所得，准予其在应纳税额中扣除已在境外缴纳的个人所得税税额。但扣除不得超过该纳税义务人境外所得依中国税法规定计算的应纳税额，该应纳税额即为扣除限额。纳税人在中国境外一个国家或者地区实际已经缴纳的个人所得税税额，国家或地区扣除限额的，在中国只需缴纳差额部分的税款；超过该国家或地区扣除限额的，其超过部分不得在本纳税年度的应纳税额中扣除，但是可以在以后纳税年度的该国家或者地区扣除限额的余额中补扣，补扣期限最长不得超过 5 年。

第六节　收税征收管理法

一、税收征收管理法概述

税收征收管理，是指税务机关对纳税人依法征收税款和税务监督管理的总称。

税收征收管理是税务管理的核心，是实现税收的职能作用，处理好征纳关系的重要保证。只有搞好征收管理，才能将应征税款及时、均衡、足额地征收入库，以保证国家建设资金的需要。同时，通过税收的征收管理，还可以加强对经济活动的监督，制止和纠正各种违反税法的行为，巩固社会主义经济基础。、

二、税务管理

税务管理是税务机关在办理税务登记、账簿和凭证管理、纳税申报过程中所进行的监督和检查。

（一）税务登记

税务登记是税务机关根据税收法规对纳税人的生产、经营活动进行登记管理的一项基本制度。它是税务机关加强税收监督管理，掌握税源，开展各项税收活动的基础。

按照规定，凡从事生产、经营的纳税人自领取营业执照之日起 30 日内，持有关证件，向税务机关申报办理税务登记。税务机关应当于收到申报的当日办理登记并发给税务登记证。税务登记证件必须按规定使用，不得转借、涂改、损毁、买卖或者伪造。

（二）账簿和凭证管理

账簿和凭证管理是指税务机关对纳税人的账簿和凭证所进行的监督检查。其

内容主要包括：①从事生产、经营的纳税人、扣缴义务人按照有关法律、行政法规和国务院财政、税务主管部门的规定设置账簿，根据合法、有效凭证记账，进行核算。②从事生产、经营的纳税人的财务、会计制度或者财务、会计处理办法和会计核算软件，应当报送税务机关备案。③税务机关是发票的主管机关，负责发票的印制、领购、开具、取得、保管、缴销的管理和监督。单位、个人在购销商品、提供或者接受经营服务以及从事其他经营活动中，应当按照规定开具、使用、取得发票。发票的管理办法由国务院规定。④从事生产、经营的纳税人、扣缴义务人必须按规定的保管期限保管账簿、记账凭证、完税凭证及其他有关资料，并不得伪造、变造或者擅自损毁。

（三）纳税申报

纳税申报是指纳税人履行纳税义务，向税务机关办理纳税的法定手续。它是基层税务机关办理征收业务，核定应征税款，填写纳税凭证的主要依据。

纳税人必须依照法定的或者税务机关依法确定的申报期限、申报内容如实办理纳税申报，报送纳税申报表、财务会计报表以及税务机关根据实际需要要求纳税人报送的其他纳税资料。扣缴义务人必须依照规定的申报期限、申报内容如实报送代扣代缴、代收代缴税款报告表以及其他有关资料。纳税人、扣缴义务人不能按期办理纳税申报或者报送代扣代缴、代收代缴税款报告表的，经税务机关核准，可以延期申报。

三、税款征收

（一）关于税款征收的一般规定

税款征收是指税务机关向纳税人征税的行为。税务机关必须依照法律、行政法规的规定征收税款，不得违反有关规定开征、停征、多征、少征、提前征收、延缓征收或者摊派税款。纳税人、扣缴义务人必须依法履行缴纳税款和代扣代缴、代征代缴税款的义务。纳税人、扣缴义务人未按法律、行政法规的规定或者税务机关依法确定的期限缴纳或者解缴税款的，税务机关除责令限期缴纳税款外，从滞纳税款之日起，按日加收滞纳税款万分之五的滞纳金。

纳税人因有特殊困难，不能按期缴纳税款的，经省、自治区、直辖市国家税务局、地方税务局批准，可以延期缴纳税款，但最长不得超过3个月。经税务机关批准延期缴纳税款的，在批准的期限内不加收滞纳金。

纳税人可以依照法律、行政法规的规定办理减税、免税。地方各级人民政府、各级人民政府主管部门、单位和个人违反法律、行政法规规定，擅自做出的减税、免税决定无效，税务机关不得执行，并应向上级机关报告。

（二）税收保全措施

税收保全措施，是指税务机关为保证税款征收权利将来得以实现，对有明显逃避纳税义务行为的纳税人的财产所采取的强制措施。税务机关有根据认为从事生产、经营的纳税人有逃避纳税义务行为的，可以在规定的纳税期之前，责令限期缴纳应纳税款；在限期内发现纳税人有明显的转移、隐匿其应纳税的商品、货物以及其他财产或者应纳税人的收入迹象的，税务机关可以责令纳税人提供纳税担保。如果纳税人不能提供担保的，经县以上税务局（分局）局长批准，税务机关可以采取下列税收保全措施：①书面通知纳税人开户银行或者其他金融机构冻结纳税人的金额相当于应纳税款的存款；②扣押、查封纳税人的价值相当于应纳税款的商品、货物或者其他财产。

纳税人在规定的限期内缴纳税款的，税务机关必须立即解除税收保全措施；限期期满仍未缴纳税款的，经县以上税务局（分局）局长批准，税务机关可以书面通知纳税人开户银行或者其他金融机构从其冻结的存款中扣缴税款，或者依法拍卖或者变卖所扣押、查封的商品、货物或者其他财产，以拍卖或者变卖所得抵缴税款。但个人及其所抚养家属维持生活必需的住房和用品，不在税收保全措施的范围之内。

（三）税务强制执行措施

税收强制执行措施，是指税务机关在纳税人、扣缴义务人或者纳税担保人未按规定期限履行相应义务时，依法定程序强制其履行义务的行为。从事生产、经营的纳税人、扣缴义务人未按规定的期限缴纳或者解缴税款，纳税担保人未按规定的期限缴纳所担保的税款，由税务机关责令限期缴纳，逾期仍未缴纳的，经县以上税务局（分局）局长批准，税务机关可以采取下列强制执行措施：①书面通知其开户银行或者其他金融机构从其存款中扣缴税款；②扣押、查封、拍卖或者变卖其价值相当于应纳税款的商品、货物或者其他财产，以拍卖或者变卖所得抵缴税款。税务机关采取强制执行措施时，对其未缴纳的滞纳金同时强制执行。个人及其所抚养家属维持生活必需的住房和用品，不在强制执行措施的范围之内。

（四）税收与担保债权、行政处罚的关系

税务机关征收税款，税收优先于无担保债权，法律另有规定的除外；纳税人欠缴的税款发生在纳税人以其财产设定抵押、质押或者纳税人的财产被留置之前的，税收应当先于抵押权、质权、留置权执行。纳税人欠缴税款，同时又被行政机关决定处以罚款、没收违法所得的，税收优先于罚款、没收违法所得。税务机关应当对纳税人欠缴税款的情况定期予以公告。

　　纳税人有欠税情形而以其财产设定抵押、质押的，应当向抵押权人、质权人说明欠税情况。抵押权人可以请求税务机关提供有关的欠税情况。欠缴税款数额较大的纳税人在处分其不动产或者大额资产之前，应当向税务机关报告。

（五）税务机关的代位权和撤销权

　　欠缴税款的纳税人因怠于行使到期债权，或者放弃到期债权，或者无偿转让财产，或者以明显不合理的低价转让财产而受让人知道该情形，对国家税收造成损害的，税务机关可以依照《合同法》的规定行使代位权、撤销权。税务机关依法行使代位权、撤销权的，不免除欠缴税款的纳税人尚未履行的纳税义务和应承担的法律责任。

（六）税款的退还、补缴和追征

　　纳税人超过应纳税额缴纳的税款，税务机关发现后应当立即退还；纳税人自结算缴纳税款之日起 3 年内发现的，可以向税务机关要求退还多缴的税款并加算银行同期存款利息，税务机关及时查实后应当立即退还；涉及从国库中退库的，依照法律、行政法规有关国库管理的规定退还。

　　因税务机关的责任，致使纳税人、扣缴义务人未缴或者少缴税款的，税务机关在 3 年内可以要求纳税人、扣缴义务人补缴税款，但是不得加收滞纳金。

　　因纳税人、扣缴义务人计算错误等失误，致使纳税人、扣缴义务人未缴或者少缴税款的，税务机关在 3 年内可以追征税款、滞纳金；有特殊情况的，追征期可以延长到 5 年。

四、税务检查

　　税务检查是税务机关依法对纳税人和扣缴义务人履行其所承担义务的情况进行的监督和检查。纳税人、扣缴义务人必须接受税务机关依法进行的税务检查，如实反映情况，提供有关资料，不得拒绝、隐瞒。《税收征收管理法》第 54 条对税务检查的内容作了具体规定。

　　税务机关依法进行税务检查时，有关部门和单位应当支持、协助，如实反映有关情况，提供有关资料及证明材料。税务人员进行税务检查时，应当出示税务检查证件，并有责任为被检查人员保守秘密。

第六章　知识产权法

第一节　知识产权法概述

知识产权，英文为 intellectual property，其原意为知识（财产）所有权或者智慧（财产）所有权，也称为智力成果权，是指人们就其智力劳动成果所依法享有的专有权利，通常是国家赋予创造者对其智力成果在一定时期内享有的专有权或独占权，我们可简单地将知识产权理解为对智力成果和标记所拥有的权利的总称。

在我国，曾长期将知识产权分为两大类，一类是工业产权，一类是著作权。工业产权主要是指商标权和专利权，著作权又可以称为版权。《民法总则》第一百二十三条规定，知识产权是权利人依法就以下客体享有的专有的权利：①作品；②发明，实用新型、外观设计；③商标；④地理标志；⑤商业秘密；⑥集成电路布图设计；⑦植物新品种；⑧法律规定的其他客体。

为什么要保护知识产权？或者说保护知识产权是保护谁的利益？

事实上，保护知识产权是保护我们大家的利益，因为正是有了知识产权的保护，发明人或创造人才能受到激励，从而促使更多的智力成果产生；但知识产权的保护也需有度，因为基于知识产权保护形成的垄断会降低社会的整体福利，保护知识产权的最终目的是鼓励知识的创造，让大家能够以合理的价格享用知识。

知识产权具有以下特征：

1. 无形性

无形性是指知识产权是一种无形财产。这种无形产权，看不到，也摸不着，只有通过一定的媒介才能体现出来。

2. 专有性

专有性是指知识产权具有独占性或垄断性，除权利人同意或法律规定外，权利人以外的任何人不得享有或使用该项权利。这表明权利人独占或垄断的专有权利受严格保护，不受他人侵犯。

3. 地域性

地域性是指知识产权只在所确认和保护的地域内有效，即除签有国际公约或双边互惠协定外，经一国法律所保护的某项权利只在该国范围内发生法律效力。

4. 时间性

时间性是指法律对各项知识产权的保护有一定的有效期，各国法律保护知识产权期限的长短可能一致，也可能不完全相同，只有参加国际协定或进行国际申请时，才对某项权利有统一的保护期限。

第二节　商标法

一、商标的概念

所谓商标，是指经营者在商品或服务项目上使用的将自己经营的商品或提供的服务与其他经营者的商品或提供的服务区别开来的一种识别性标志。简单地说，商标是识别商品或服务的标记，再简单一点说，商标是商品的牌子。

从商标的历史发展过程可知，商标是商品经济的产物，是随着商品生产的发展而发展起来的。在自然经济初期，虽然在一些物品上出现了一些图案和标记，比如，在一些陶钵、瓷器的口沿，底座上，经常会有一些图案和记号，这些标志还不具备商标的基本特点，其作用主要是装饰或者表明私有权。

1982 年 8 月 23 日，第五届全国人民代表大会常务委员会第二十四次会议通过了《中华人民共和国商标法》（以下简称《商标法》），1993 年、2001 年、2013 年进行了三次修订，形成了目前的商标法体系。

二、商标法及其修订

商标法的发展大致经历了这样几个时间点：1982 年 8 月 23 日，《商标法》正式颁布；1993 年 2 月 22 日，《商标法》第一次修订；2001 年 10 月 27 日，《商标法》第二次修订；2013 年 8 月 30 日，第十二届全国人民代表大会常务委员会第四次会议表决通过了《关于修改〈中华人民共和国商标法〉的决定》，自 2014 年 5 月 1 日起施行，新修订的《中华人民共和国商标法实施条例》（以下简称《商标法实施条例》）也于同日起施行。

2014 年 5 月 1 日起施行的修订后的《商标法》，在以下几个方面作了较大的修改。

1. 增加了诚实信用原则条款

《商标法》第七条规定，申请注册和使用商标，应当遵循诚实信用原则。将民事活动应遵循的基本原则明确写入《商标法》目的在于倡导市场主体从事有关商标的活动时应诚实守信，同时对当前日益猖獗的商标抢注行为予以规制。

2. 禁止抢注因业务往来等关系明知他人已经在先使用的商标

《商标法》第十五条增加第二款："就同一种商品或者类似商品申请注册的商标与他人在先使用的未注册商标相同或者近似，申请人与该他人具有前款规定以外的合同、业务往来关系或者其他关系而明知该他人商标存在，该他人提出异议的，不予注册。"增加此条款的主要目的在于防止抢先注册他人在先使用的商标，此修改在原有规定基础之上进一步加大了对已使用但未注册商标的保护力度，能够在一定程度上更加有效地遏制频发的商标抢注现象。

3. 增加惩罚性赔偿的规定，提高侵权赔偿额

《商标法》引入了惩罚性赔偿制度，规定对恶意侵犯商标专用权且情节严重的，可以在权利人因侵权受到的损失、侵权人因侵权获得的利益或者注册商标使用许可费的一到三倍的范围内确定赔偿数额。同时，还将在上述三种依据都无法查清的情况下法院可以酌情决定的法定赔偿额上限从五十万元提高到三百万元。

4. 增加侵权人举证责任

《商标法》规定，在商标侵权诉讼中，人民法院为确定赔偿数额，在权利人已经尽力举证，而与侵权行为相关的账簿、资料主要由侵权人掌握的情况下，可以责令侵权人提供与侵权行为相关的账簿、资料，侵权人不提供或者提供虚假的账簿、资料的，人民法院可以参考权利人的主张和提供的证据判定侵权赔偿数额。此举大大减轻了商标权利人在主张侵权赔偿时的举证负担，使人民法院在确定赔偿数额时更有法可依，对打击商标侵权行为具有积极意义。

5. 增加关于商标注册审查和案件审理时限的规定

《商标法》规定，对申请注册的商标，商标局应当自收到商标注册申请文件之日起九个月内审查完毕。而针对涉及单方当事人的商标确权案件，修订后的《商标法》增加了九个月的审理时限；针对涉及双方当事人的确权案件，增加了十二个月的审理时限。有特殊情况需要延长的，"经国务院工商行政管理部门批准"，可以延长三个月或者六个月。上述新增内容对商标注册审查和案件审理时限进行了限制，有利于大大改善当前商标注册周期过长、影响当事人权利的情况，同时增强了商标获权时间的可预测性。

6. 加强对商标代理组织的规范

修订后的《商标法》增加了商标代理组织从事商标代理业务应当遵循诚实

信用原则的内容，商标代理行业组织对违反行业自律规范的会员可实行惩戒并记入信用档案。另外，修订后的《商标法》还规定，商标代理组织或者商标代理人违反诚实信用原则，侵害委托人合法利益的，应当依法承担民事责任。近年来商标代理市场乱象丛生，饱受诟病，增加上述规定将有助于商标代理组织行业的自我规范和良性发展。日后当事人一旦发现商标代理组织或者商标代理人有任何不诚信，不正当手段，均可向工商行政部门或者商标代理行业组织投诉和反映，若因此遭受损失，还有权要求其赔偿。

7. 增加声音商标

《商标法》第八条规定，声音可作为商标申请注册。

8. 一标多类

《商标法》第二十二条第二款规定，商标注册申请人可以通过一份申请就多个类别的商品申请注册同一商标，即"一标多类"。"一标多类"是我国商标申请制度与国际接轨的一次重大变革。设置这一制度的出发点在于方便申请人针对同一商标在多个类别的注册申请，这对规模较大，跨类经营较多以及注重保护性商标注册的企业无疑是有利的。

9. 修改异议复审制度

《商标法》规定，商标局对商标异议进行审理后，对异议不成立．准予注册的商标，将直接发给注册证，异议人不服的只能向商标评审委会请求宣告该注册商标无效，而对商标局裁定异议成立、不予注册的，被异议人可以向商标评审委会申请复审。这一修改对原有的异议复审制度进行了部分调整，对于被异议人而言减少了商标确权过程的障碍，有利于被异议商标及时获权；而对于异议人来说，如果异议不成立将不再具有提出异议复审的权利。

10. 限定异议主体和理由

《商标法》第三十三条将有权依据相对理由提出异议的主体，由原来的"任何人"改为"认为这一商标注册申请侵犯了其在先权利的在先权利人或者利害关系人"。但针对违反禁用和禁注条款的商标，则继续保留了"任何人"可以提起异议的规定。该条款的修改能够在一定程度上杜绝部分恶意的异议申请，避免他人利用异议制度故意拖延商标注册的时间。

11. 增加禁止宣传和使用"驰名商标"的规定

《商标法》第十四条第五款规定，生产、经营者不得将"驰名商标"字样用于商品，商品包装或者容器上，或者用于广告宣传，展览以及其他商业活动中。违反此规定的，根据《商标法》第五十三条，由地方工商行政管理部门责令改正，处十万元罚款。"驰名商标"原本是加强对较高知名度商标保护的一种法律概念，但长期以来，市场经营者将"驰名商标"作为一种荣誉使用在产品上或宣传活动中。市场对驰名商标这种广告效应的旺盛需求，在一定程度上助长了饱受诟病的驰名商标制度异化问题。此次修订后的《商标法》增加对驰名商标宣传和使用行为的禁止性规定，旨在将驰名商标回归为一种法律符号。

12. 商标侵权判定中引入"容易导致混淆"的判定要件

修订后的《商标法》第五十七条将原《商标法》第五十二条中"在同一种商品或者类似商品上使用与注册商标相同或者近似的商标"的侵权情形进行了细分，对于不属于在"同一种商品上使用相同商标"情形的侵权判定增加了"容易导致混淆"的判定要件。该条款的修改明确了对于"在同一种商品上使用与注册商标近似的商标""在类似商品上使用与注册商标相同的商标"以及"在类似商品上使用与注册商标近似的商标"三种商标使用行为是否构成侵权的判定，需要考虑是否满足"容易导致混淆"这一适用要件。因此，作为商标权利人，在今后的维权案件中，对于他人不属于在"同一种商品上使用相同商标"的商标使用行为，如果要想获得最终的侵权认定，需要注意在理由阐述及证据材料的组织上不能忽视对涉案商标的使用满足"容易导致混淆"这一要件的论述及证明。

三、商标的分类

根据《商标法》第八条的规定，任何能够将自然人，法人或者其他组织的商品与他人的商品区别开的标志，包括文字. 图形、字母、数字、三维标志、颜色组合和声音等，以及上述要素的组合，均可以作为商标申请注册。根据不同的标准，可以将商标划分为若干类型。

（一）根据商标的构成要素分

根据商标的构成要素不同，商标可分为文字商标，图形商标、立体（三维标志）商标，组合商标，声音商标、气味商标。这是最常见的一种分类方法。

①文字商标，是指仅由文字构成的商标，包括中国汉字和少数民族字，外国文字和阿拉伯数字或以各种不同字组合的商标，如张小泉、同仁堂、白玉，黑妹的商标等。

②图形商标，是指仅由图形构成的商标，包括记号商标（用某种简单符号构成图案的商标）、几何图形商标（以较抽象的图形构成的商标）、自然图形商标等。图形商标的优点是不受各国语言文字的限制，缺点是不便于口头表达。

③三维标志商标，又称立体商标，是2001年《商标法》修订之后才开始注册的一种商标，是由具有长、宽、高三种度量的三维立体物标志构成的商标。它与我们通常所见的表现在一个平面上的商标图案不同，而是以立体物质形态出

现，这种形态可以表现在商品的外形上，也可以表现在商品的容器上或其他地方。许多著名品牌的酒瓶，香水瓶甚至汽车的外形等，都可以作为立体商标申请注册。

④组合商标，又称复合商标，是指文字，图形等两种或两种以上成分相结合构成的商标，这是我国目前最常见的商标，如娃哈哈、西湖、红塔山、大红鹰等的商标。

⑤声音商标，又称音响商标，是指以音符编成的一组音乐或以某种特殊声音作为商品或服务的商标。

⑥气味商标，是指以某种特殊气味作为区别不同商品和不同服务项目的商标。目前，这种商标只在个别国家被承认，在我国尚不能被注册为商标。

（二）根据商标的法律属性分

根据商标的法律属性不同，商标可分为注册商标，未注册商标和驰名商标。

注册商标是指依法经国家商标管理机构核准注册并享有注册商标专用权的商标。未注册商标是指未经国家商标管理机构核准注册而拥有或正在使用的商标。除了国家另有规定的以外，未注册商标也可以使用。驰名商标是指在一定地域范围内，为公众广泛知晓、质量较好、销售量较大、使用时间较长的商品的商标。

（三）根据商标使用者分

根据商标使用者的不同，商标可分为生产商标，销售商标和集体商标。

生产商标是指商品生产者使用的的商标。销售商标是指经销者出于扩大销售的目的而使用的商标，如北京的"六必居"的商标。销售商标可以说是商贸发展的产物，商品来源于不同渠道，以销售商标保证商品的质量。在我国，常见外贸单位使用销售商标。集体商标是指以团体，协会或者其他组织名义注册，供该组织成员在商事活动中使用，以表明使用者在该组织中的成员资格的标志。集体商标的使用者是多个属于同一集体的经营者。使用集体商标的企业，还有权使用由自己独占的其他商标。集体商标的注册和使用可以节约成本，获得规模效应。集体商标一般不允许转让。

（四）根据商标的使用对象分

根据商标的使用对象不同，商标可分为商品商标和服务商标。

商品商标是指在商品上使用的，用以识别不同商品的标记。服务商标是指为区别所提供的服务而使用的标志，用以区别自己所提供的服务与他人所提供的不相同或不类似，如中保的"PICC"服务商标、中航的"CAAC"服务商标以及中国银行，中国工商银行等的商标。由于服务商标的特殊性，各国多允许服务商标不同于商品商标的要求，可在服务商标中使用直接表示其功能、特征的词语。

（五）根据商标的使用目的分

根据商标的使用目的不同，商标可分为联合商标、防御商标和证明商标。

联合商标是指同一商标所有人将与其注册商标近似的若干商标予以注册，使用于同种或类似商品上，形成多个或系列商标的联合。其中，最先注册使用的商标为正商标，若干近似商标为联合商标。联合商标实际上给商标的近似划定了一定的范围，其他任何人都不得使用该联合商标于同种或类似商品上，否则即构成侵权，注册联合商标的目的在于防止他人"搭便车"，突出其商标的显著性。

防御商标是指同一商标所有人在本商标所使用的商品以外的其他商品上注册的同一商标。根据《商标法》的规定，同一商标只能使用在相同或类似的商品上，这意味着同一商标在类似的商品上使用不构成侵权，如有西湖牌啤酒，又有西湖牌味精，它们分别属于不同的企业。这样的结果容易使商标被"淡化"，尤其是驰名商标被"淡化"。防御商标的出现，可以防止驰名商标被"淡化"，防御商标权利人一般自己不使用该防御商标，注册的目的是阻止他人在类似的商品上使用与其同样的商标，从而防止"淡化"其商标。

证明商标又称保证商标，指由对某种商品具有检测和监督能力的组织所控制，而由其以外的人使用，用以证明该商品的原产地、原料、制造方法、质量，精确度或其他特定品质的商标。经注册核准的原产地标记，即属于证明商标，其基本功能就在于证明商品的产地以及该产地的商品所具有的且已经被公认的品质和特点。纯羊毛标志是国际闻名的证明商标，已在全世界130多个国家和地区注册。我国申请注册的第一个证明商标是绿色食品标志，由农业部中国绿色食品发展中心统一管理。

四、商标与其他商业标志的区别

商标是最重要的商业标志。除商标以外，商号、原产地名称、商品装潢等也是重要的商业标志。商标与这些商业标志有很大的区别。

（一）商标与商号的区别

商号是指商事主体在营业活动中表彰自己的名称，又称为字号，商业名称、厂商名称、企业名称等。

商号与商标都是识别性商业标志，两者的区别在于：①商号是区别不同商事主体的标记，而商标是区别不同商品或服务的标记，但商事主体可以将自己商号的特定部分作为商标申请注册，从而获得商标与商号的一体化保护。我国的"雅戈尔""海尔"等许多商标就既是商号又是商标。②在法律调整上，商标受《商标法》的调整，而商号则通过企业名称登记的法律和《反不正当竞争法》来调整。③商号必须注册登记，一个企业只能有一个商业名称，但可以有多件商标。

而商标则主要采取自愿注册的原则，一个企业可以拥有多个注册商标，而有的企业则可能没有一个注册商标。④商号通常由文字构成，而商标可以由文字、图形、三维造型、色彩的组合等要素构成。⑤商标由国家工商总局商标局统一注册保护，注册商标在全国范围内在注册指定的商品和服务项目上具有排他性的专用权，商号由企业登记地的登记机关核准登记后在登记机关管辖范围内、在同行业内具有排他性的专用权。

（二）商标与商品名称的区别

商品名称就是商品本身的通用名称。商品在市场上的普通名称、学名和消费者惯用的别称，都是商品的通用名称。注册商标不允许使用商品的通用名称。长期使用的注册商标有可能演化为商品的通用名称。

（三）商标与原产地名称的区别

原产地名称是标示某商品来源于某地区，该商品的特定质量，信誉或者其他特征，主要是由该地区的自然因素或人文因素所决定的标志。如果商品的质量和特点是由地理环境，即气候、土质、水质等自然条件或当地传统技术等人文因素决定的，那么，出产该商品的国家、地区或地方的地理名称就是原产地名称。如中国杭州茶叶中的"龙井"就是著名原产地名称。原产地名称原则上禁止作为商标使用，以防止对该地域其他企业利益的损害，当然出于善意并经过长期使用的原产地名称商标则允许继续使用，如中国的"金华火腿"商标。

商标与原产地名称的区别在于：①商标所标示的是特定商品或服务的特定的生产者或经营者，原产地名称所标示的是商品的出产地域，不能表明具体的生产者或经营者；②商标可由文字，图形等构成，而原产地名称通常是由文字构成的；③商标权与原产地名称权有许多区别。如商标权可以转让，原产地名称权不能转让；商标权专属于特定企业享有，原产地名称可由该地域内符合一定条件的企业共同使用，不专属于特定的个别企业。

（四）商标与外观设计的区别

外观设计是指对产品的形状．图案，色彩或者其组合所做出的富有美感并适用于工业应用的新设计。某一产品的外观图案，使用人可以专利法申请外观设计专利，也可以申请注册商标，但两者在法律意义上是截然不同的。外观设计追求的是产品外观的美感，其用途和作用近似于商品装潢，但需要法律予以确认。外观设计具有一定的保护期，过了期限，就不再保护；商标的保护期可以通过续展而不断延长。

（五）商标与商品装潢的区别

商品装潢是指商品包装上的装饰，一般由线条，图案、美术字体及其组合构成，功能是美化和宣传商品，刺激消费者的购买欲。商品装潢不同于商标：①商品装潢不发生注册登记，取得像商标一样的独占权的效果，厂家在一定情况下可申请工业品外观设计专利，受到《中华人民共和国专利法》的保护。具有独创性的装潢可以享有著作权，我国《反不正当竞争法》第五条规定，擅自使用知名商品的特有包装、装潢，或者使用与知名商品近似的包装，装潢，造成和他人知名商品相混淆，使购买者误认为是该知名商品的，为不正当竞争行为，应受法律制裁。②商品装潢可使用直接表明商品主要原料、功能等特点的各种素材，而这些都是《商标法》规定商标所禁止使用的范围。③商标的目的是区别商品，商品装潢的目的在于美化商品。

（六）商标与网络域名的区别

网络域名是指网络用户互相联系的且可由电脑识别的一系列符号，域名要求用字母（A—Z），数字或连接符号等组成，不允许用汉字作域名，作用是确定网络地址，便于用户间的信息传递，实现电脑的综合商誉。网络域名在使用过程中，本身不体现经济价值，不会给用户带来直接的经济效益。网络域名不同于商标。但是网络域名的注册要受到一定的限制，即不得将他人已经注册的商标，尤其是驰名商标注册为域名。我国颁布的《中国互联网络域名注册暂行管理办法》第十一条规定了域名命名的限制原则，共有六项，其中第五项规定，不得使用他人已在中国注册过的企业名称或者商标名称。

五、商标权的三要素

商标权的三要素是指商标权的主体、客体与内容。

（一）商标权的主体

商标权的主体是指可以申请商标注册并享有商标专用权的人，包括申请商标注册并取得商标专用权的人和依合同或继承程序取得注册商标专用权的人。《商标法》第四条规定，自然人．法人或者其他组织在生产经营活动中，对其商品或者服务需要取得商标专用权的，应当向商标局申请商标注册。《商标法》第五条规定，两个以上的自然人，法人或者其他组织可以共同向商标局申请注册同一商标，共同享有和行使该商标专用权。《商标法》第十七条规定，外国人或者外国企业在中国申请商标注册的，应当按其所属国和中华人民共和国签订的协议或者共同参加的国际条约办理，或者按对等原则办理。因此，我国商标权的主体主要是取得商标权的自然人，法人或者其他组织；取得商标权的外国人或者外国企业；共有商标权人。另外还包括依合同或继承程序取得注册商标专用权的人。

（二）商标权的客体

商标权的客体是《商标法》所保护的对象，也就是商标法律关系中商标权人所享有的权利指向的对象。商标权的客体主要是指经过国家商标主管机关核准注册的商标。根据国际惯例和多数国家的商标法律，同时也应包括未经注册的驰名商标。我国《商标法》规定，申请注册的商标应当有显著特征，便于识别。《商标法》明确规定了一些不能作为商标使用、更不能作为商标注册的标记，这类标记被称为禁用性标记，不属于商标权的客体。

《商标法》第十条规定，下列标志不得作为商标使用，如果使用则不能成为商标权的客体：

①同中华人民共和国的国家名称、国旗．国徽、军旗，勋章相同或者近似的，以及同中央国家机关所在地特定地点的名称或者标志性建筑物的名称、图形相同的；

②同外国的国家名称、国旗、国徽、军旗相同或者近似的，但该国政府同意的除外；

③同政府间国际组织的名称、旗帜、徽记相同或者近似的，但经该组织同意或者不易误导公众的除外；

④与表明实施控制、予以保证的官方标志，检验印记相同或者近似的，但经授权的除外；

⑤同"红十字""红新月"的名称，标志相同或者近似的；

⑥带有民族歧视性的；

⑦夸大宣传并带有欺骗性，容易使公众对商品的质量等特点或者产地产生误认的；

⑧有害于社会主义道德风尚或者有其他不良影响的。

县级以上行政区划的地名或者公众知晓的外国地名，不得作为商标。但是，地名具有其他含义或者作为集体商标、证明商标组成部分的除外；已经注册的使用地名的商标继续有效。

此外，《商标法》第十一条又规定，下列标志不得作为商标注册：

①仅有本商品的通用名称、图形，型号的；

②仅直接表示商品的质量、主要原料、功能、用途、重量、数量及其他特点的；

③其他缺乏显著特征的。

前款所列标志经过使用取得显著特征，并便于识别的，可以作为商标注册。

《商标法》第十二条规定，以三维标志申请注册商标的，仅由商品自身的性质产生的形状。为获得技术效果而需有的商品形状或者使商品具有实质性价值的形状，不得注册。注意这条规定的三项限制条件：

①仅由商品自身的性质产生的形状，不得注册为商标。如食品中的元宵，麻

花等。

②为获得技术效果而需有的商品形状，不得注册为商标。如电动剃须刀刀片的形状，是为达到一定的技术效果设计的，而不是为了与其他剃须刀相区别，不具有商标的功能，如果允许将这种刀片的形状注册为剃须刀的商标，并独占使用，将有碍此项技术的推广与应用。

③使商品具有实质性价值的形状，不得注册为商标。如钻石特有的切割面造型，是钻石具有实质性价值必须有的形状，这个事实对任何钻石生产经营者来讲都是不可改变的。如果允许将钻石特有的切割面造型注册为钻石的商标，并独占使用，对其他钻石生产经营者是不公平的。

（三）商标权的内容

商标权的内容即商标权人的权利和义务。

1. 商标权人的权利

①专用权，是指对其商标的独占、排他的使用权，禁止他人未经许可使用其注册商标。这是商标权人最基本，最重要的权利。

②使用许可权，是指商标权人依法与他人签订商标使用许可合同，允许他人使用其注册商标并因此而收取商标使用费的权利。许可人应当监督被许可人使用其注册商标的商品质量，被许可人应当保证使用该注册商标的商品质量。经许可使用他人注册商标的，必须在使用该注册商标的商品上标明被许可人的名称和商品产地。商标使用许可合同应当报商标局备案。

③转让权，是指商标权人依法将其注册商标专用权转让给他人并获得相应利益的权利。《商标法》规定，转让注册商标的，转让人和受让人应当订立书面的商标转让合同，并且共同向商标局提出申请。转让注册商标经核准后，予以公告。受让人应当保证使用该注册商标的商品质量。转让注册商标时，商标注册人对其在同一种或者类似商品上注册的相同或者近似的商标，应当一并转让；未一并转让的，由商标局通知其限期改正；期满不改正的，视为放弃转让该注册商标的申请，商标局应当书面通知申请人。对可能产生误认、混淆或者其他不良影响的转让注册商标申请，商标局不予核准，书面通知申请人并说明理由。

注册商标专用权因转让以外的其他事由发生移转的，接受该注册商标专用权移转的当事人应当凭有关证明文件或者法律文书到商标局办理注册商标专用权移转手续。注册商标专用权移转的，注册商标专用权人在同一种或者类似商品上注册的相同或者近似的商标，应当一并移转；未一并移转的，由商标局通知其限期改正；期满不改正的，视为放弃该移转注册商标的申请，商标局应当书面通知申请人。

④投资权，注册商标作为一种无形资产也可作价投资。投资作价既可以由商

标权人和对方协商议定，也可以由相应的评估机构进行评估。

⑤续展权。注册商标的有效期为十年，自核准注册之日起计算。注册商标有效期满，需要继续使用的，应当在期满前十二个月内申请续展注册；在此期间未能提出申请的，可以给予六个月的宽展期。宽展期满仍未提出申请的，注销其注册商标。每次续展注册的有效期为十年。续展注册经核准后，予以公告。续展注册商标有效期自该商标上一届有效期满次日起计算。

⑥使用注册标记权。商标的使用，包括将商标用于商品，商品包装或者容器以及商品交易文书上，或者将商标用于广告宣传，展览以及其他商业活动中。商标注册人有权标明"注册商标"字样或者注册标记。使用注册商标，可以在商品，商品包装、说明书或者其他附着物上标明"注册商标"或者注册标记。

2. 商标权人的义务

①依法使用注册商标的义务。商标权人不得自行改变注册商标的图样；不得连续三年停止使用其注册商标，否则可撤销其注册商标。此外，商标权人应在商品上标明"注册商标"字样或者标明注册标记。

②保证商品质量的义务。保证商品的一贯质量是商标权人的一项重要义务。

③缴纳年费的义务。

六、商标注册

（一）商标注册的概念

商标注册是指商标使用人依照《商标法》规定的条件和程序向商标局提出注册申请，经审查核准而取得商标专用权的行为。商标注册是取得商标权的法定途径。

（二）商标注册的条件

《商标法》第九条规定，申请注册的商标，应当有显著特征，便于识别，并不得与他人在先取得的合法权利相冲突。申请注册的商标必须具备以下条件。

1. 具有显著特征

商标的显著特征可分为固有的显著特征和通过使用获得的显著特征。固有的显著特征是指商标的构成要素立意新颖、独具特色。一般认为本商品的通用名称，图形、型号以及直接表示商品的质量、主要原料、功能、用途、重量，数量及其他特点的标志不具备固有的显著特征，公众知晓的地理名称，单纯的数字、字母，颜色、化学元素，简单的文字、符号及宣传商品或服务的常用词汇均不具备固有的显著特征。缺乏固有的显著特征的标志通过长期使用，消费者已经将该标志视为特定商品、服务的商标，即将该商标与特定的经营者或商品，服务的特定质量、特点相联系，即应当认为该标志已经获得了显著性，因而应当准予注册。我国《商标法》第十一条规定，缺乏显著特征的标志经过使用取得显著特征，并便于识别的，可以作为商标注册。

2. 不侵犯他人在先取得的合法权利

注册商标不得侵犯他人的在先权利包括：①不得与已注册或申请在先的商标相抵触。②不得与已经使用并有一定影响的未注册商标相抵触。③不得与其他在先民事权利相抵触。其他在先民事权利主要是指他人依法享有的外观设计专利权、著作权，姓名权、肖像权、商号权、域名权、植物新品种权、特殊标志权以及依照《反不正当竞争法》享有的对于知名商品特有名称、包装、装潢等的权利。《商标法》第三十二条规定，申请商标注册不得损害他人现有的在先权利，也不得以不正当手段抢先注册他人已经使用并有一定影响的商标。

3. 不能使用其他不能作为商标注册的标志

我国《商标法》规定，以三维标志申请注册商标的，仅由商品自身的性质产生的形状。为获得技术效果而需有的商品形状或者使商品具有实质性价值的形状，不得注册；就相同或者类似商品申请注册的商标是复制，模仿或者翻译他人未在中国注册的驰名商标，容易导致混淆的，或者就不相同或者不相类似商品申请注册的商标是复制、模仿或者翻译他人已经在中国注册的驰名商标，误导公众，致使该驰名商标注册人的利益可能受到损害的，不予注册并禁止使用；未经授权，代理人或者代表人以自己的名义将被代理人或者被代表人的商标进行注册，被代理人或者被代表人提出异议的，不予注册并禁止使用；商标中有商品的地理标志，而该商品并非来源于该标志所标示的地区，误导公众的，不予注册并禁止使用，但是，已经善意取得注册的继续有效。

（三）商标注册的原则

商标注册的原则是指只有依法注册的商标，才能取得商标专用权，未注册商标可以使用，但没有专用权，不能有效排除他人在相同和类似商品上的使用。

1. 自愿注册原则

自愿注册原则是指经营者是否进行商标注册由自己决定，经营者可以根据需要，选择注册商标，也可以选择不注册，甚至可以不使用商标。但国家规定必须使用注册商标的商品，必须申请商标注册，未经核准注册的不得在市场销售。国家规定必须使用注册商标的商品一是人用药品，包括中成药（含药酒）、化学原料药及其制剂、抗生素、生化药品、血疫苗、血液制品和诊断药品等，但中药材和中药饮片除外；二是烟草制品，包括卷烟、雪茄烟和有包装的烟丝。这种制度又称为强制注册制度。

2. 先申请原则

两个或者两个以上的商标注册申请人，在同一种商品或者类似商品上，以相同或者近似的商标申请注册的，初步审定并公告申请在先的商标；同一天申请的，初步审定并公告使用在先的商标，驳回其他人的申请，不予公告。

3. 国民待遇原则

外国人或者外国企业在中国申请商标注册的，应当按其所属国和中华人民共和国签订的协议或者共同参加的国际条约办理，或者按对等原则办理。

4. 优先权原则

《商标法》第二十五条规定，商标注册申请人自其商标在外国第一次提出商标注册申请之日起六个月内，又在中国就相同商品以同一商标提出商标注册申请的，依照该外国同中国签订的协议或者共同参加的国际条约，或者按照相互承认优先权的原则，可以享有优先权。

依照前款要求优先权的，应当在提出商标注册申请的时候提出书面声明，并且在三个月内提交第一次提出的商标注册申请文件的副本；未提出书面声明或者逾期未提交商标注册申请文件副本的，视为未要求优先权。

《商标法》第二十六条又规定，商标在中国政府主办的或者承认的国际展览会展出的商品上首次使用的，自该商品展出之日起六个月内，该商标的注册申请人可以享有优先权。

依照前款要求优先权的，应当在提出商标注册申请的时候提出书面声明，并且在三个月内提交展出其商品的展览会名称、在展出商品上使用该商标的证据、展出日期等证明文件；未提出书面声明或者逾期未提交证明文件的，视为未要求优先权。

（四）商标注册的申请

1. 申请人的范围

我国《商标法》规定申请人的范围包括任何对其生产、制造、加工、拣选或者经销的商品需要取得商标专用权的自然人，法人或者其他组织；对其提供的服务项目需要取得商标专用权的自然人，法人或者其他组织。但申请商标注册的人必须是从事一定生产经营活动的自然人．法人或其他组织，不从事生产经营活动的个人和组织不能申请商标注册。

2. 申请文件及申请程序

根据 2014 年 5 月 1 日起施行的修订后的《商标法实施条例》，申请商标注册，应当按照公布的商品和服务分类表填报。每一件商标注册申请应当向商标局提交《商标注册申请书》1份、商标图样1份；以颜色组合或者着色图样申请商标注册的，应当提交着色图样，并提交黑白稿1份；不指定颜色的，应当提交黑白图样。商标图样应当清晰，便于粘贴，用光洁耐用的纸张印制或者用照片代替，长和宽应当不大于10厘米，不小于5厘米。

以三维标志申请商标注册的，应当在申请书中予以声明，说明商标的使用方式，并提交能够确定三维形状的图样，提交的商标图样应当至少包含三面视图。

以颜色组合申请商标注册的，应当在申请书中予以声明，说明商标的使用方式。

以声音标志申请商标注册的，应当在申请书中予以声明，提交符合要求的声音样本，对申请注册的声音商标进行描述，说明商标的使用方式。对声音商标进行描述，应当以五线谱或者简谱对申请用作商标的声音加以描述并附加文字说明；无法以五线谱或者简谱描述的，应当以文字加以描述；商标描述与声音样本应当一致。

申请注册集体商标、证明商标的，应当在申请书中予以声明，并提交主体资格证明文件和使用管理规则。

商标为外文或者包含外文的，应当说明含义。

两个或者两个以上的申请人，在同一种商品或者类似商品上，分别以相同或者近似的商标在同一天申请注册的，各申请人应当自收到商标局通知之日起三十日内提交其申请注册前在先使用该商标的证据。同日使用或者均未使用的，各申请人可以自收到商标局通知之日起三十日内自行协商，并将书面协议报送商标局；不愿协商或者协商不成的，商标局通知各申请人以抽签的方式确定一个申请人，驳回其他人的注册申请。商标局已经通知但申请人未参加抽签的，视为放弃申请，商标局应当书面通知未参加抽签的申请人。

（五）商标注册审查

商标注册机关对商标注册申请从形式和实质两个方面进行审查。

1. 形式审查

形式审查是指对商标注册申请是否具备形式条件的审查。审查的主要内容是：申请人是否具备申请商标注册的主体资格；申请文件是否齐备，填写的内容是否符合要求，有关手续是否完备；提交的商标图样在数量和规格上是否符合规定的标准；是否按规定缴纳了费用；等等。

2. 实质审查

实质审查是指对商标注册申请是否符合《商标法》规定的商标注册的实质条件的审查。实质审查的内容主要是：商标构成要素是否符合《商标法》的规定；是否属于《商标法》规定的不能作为商标使用的标志；是否具备显著特征；是否与他人在同类商品或服务上已经注册或在先申请的商标相同或近似；是否侵犯他人的在先权利；是否与驰名商标的规定相冲突；等等。

（六）初步审定或驳回申请

1. 初步审定

申请注册的商标，凡符合《商标法》有关规定的，由商标局初步审定，予以公告。

2. 驳回申请

申请注册的商标，凡不符合《商标法》有关规定或者同他人在同一种商品或者类似商品上已经注册的或者初步审定的商标相同或者近似的，由商标局驳回申请，不予公告。对驳回申请、不予公告的商标，商标局应当书面通知商标注册申请人。商标注册申请人不服的，可以自收到通知之日起十五日内向商标评审委员会申请复审。商标评审委员会应当自收到申请之日起九个月内做出决定，并书面通知申请人。有特殊情况需要延长的，经国务院工商行政管理部门批准，可以延长三个月。当事人对商标评审委员会的决定不服的，可以自收到通知之日起三十日内向人民法院起诉。

（七）异议、申请宣告无效、裁定、复审

对初步审定公告的商标，自公告之日起三个月内，认为这一商标注册申请侵犯了其在先权利的在先权利人或者利害关系人，或者任何人认为其违反了禁用和禁注条款规定的，可以向商标局提出异议。公告期满无异议的，予以核准注册，发给商标注册证，并予公告。此外，自商标注册之日起五年内，在先权利人或者利害关系人可以请求商标评审委员会宣告该注册商标无效。对恶意注册的，驰名商标所有人不受五年的时间限制。

对初步审定公告的商标提出异议的，商标局应当听取异议人和被异议人陈述事实和理由，经调查核实后，自公告期满之日起十二个月内做出是否准予注册的决定，并书面通知异议人和被异议人。有特殊情况需要延长的，经国务院工商行政管理部门批准，可以延长六个月。

商标局做出准予注册决定的，发给商标注册证，并予公告。异议人不服的，可以依法向商标评审委员会请求宣告该注册商标无效。

商标局做出不予注册决定，被异议人不服的，可以自收到通知之日起十五日内向商标评审委员会申请复审。商标评审委员会应当自收到申请之日起十二个月内做出复审决定，并书面通知异议人和被异议人。有特殊情况需要延长的，经国务院工商行政管理部门批准，可以延长六个月。被异议人对商标评审委员会的决

定不服的，可以自收到通知之日起三十日内向人民法院起诉。人民法院应当通知异议人作为第三人参加诉讼。

法定期限届满，当事人对商标局做出的驳回申请决定、不予注册决定不申请复审或者对商标评审委员会做出的复审决定不向人民法院起诉的，驳回申请决定、不予注册决定或者复审决定生效。

经审查异议不成立而准予注册的商标，商标注册申请人取得商标专用权的时间自初步审定公告三个月期满之日起计算。自该商标公告期满之日起至准予注册决定做出前，对他人在同一种或者类似商品上使用与该商标相同或者近似的标志的行为不具有追溯力；但是，因该使用人的恶意给商标注册人造成的损失，应当给予赔偿。

（八）核准注册

对初步审定的商标，在规定的异议期限内无人提出异议的，商标局予以核准注册，发给商标注册证，并予公告；对初步审定的商标提出异议的，经裁定异议不能成立的，予以核准注册，发给商标注册证，并予公告。

第三节　专利法

一、专利权的概念及立法

专利权是指由国家专利机关授予发明人．设计人或所属单位等专利权人在一定期限内对其发明创造享有的专有权利。

"专利"一词通常有三种意思：一是指专利局授予申请人的专利权；二是指受专利法保护的专利技术；三是指专利局颁发的专利证书。在法律上，"专利"一般是指专利权，即专利机关依法授予专利申请人在法定期限内对其发明创造享有的专有权。

《中华人民共和国专利法》（以下简称《专利法》）规定了三种专利，即发明专利、实用新型专利和外观设计专利。

二、专利权的主体与客体

（一）专利权的主体

专利权的主体是指可以申请并取得专利以及承担相应义务的单位和个人。享有专利权的单位和个人统称为专利权人。

1. 发明人或设计人

发明人或设计人是指对发明创造的实质性特点做出创造性贡献的人，又可分为：①职务发明人；②非职务发明人；③共同发明人，指共同研制成同一发明的两个或两个以上的人，仅提供辅助性协作的人除外。

根据我国《专利法》的规定，非职务发明创造，申请专利的权利属于发明人或设计人，申请被批准后，该发明人或设计人即成为专利权人。职务发明创造，即执行本单位的任务或者主要是利用本单位的物质条件所完成的发明创造，申请专利的权利属于该单位，申请被批准后，该单位即成为专利权人；单位与发明人或设计人订有合同，对申请专利的权利和专利权的归属做出约定的，从其约定。两个以上的公民或单位合作完成的发明创造，由合作单位或公民共同提出申请，申请被批准的，专利权即归申请人共有。

2. 依照法律规定或通过委托合同等取得专利权的单位或自然人

依照法律规定或通过委托合同等取得专利权的单位或自然人主要是指依据职务发明创造取得专利申请权和专利权的单位，通过委托合同的约定对研究开发方完成的发明创造取得专利申请权和专利权的单位和个人，以及通过接受赠与、遗赠、转让、继承取得专利权的单位和个人。

专利申请权是指公民，法人或其他组织依据法律规定或者合同约定享有的就发明创造向专利行政部门提出专利申请的权利。公民．法人或者其他组织依法享有的专利申请权受法律保护，专利申请权是一项独立的财产权，可以被继承、赠与或转让。专利申请权的转让可能发生在两个时间：一是在专利申请人向专利行政部门提出申请以前，二是在专利申请人向专利行政部门提出申请之后、授予专利之前。不论专利申请权在何时转让，原专利申请权人不再享有专利申请权，受让人获得相应的专利申请权。

（二）专利权的客体

专利权的客体是指专利权所指向的对象，即依法可以取得专利权的发明创造。专利权的客体有发明、实用新型和外观设计。

1. 发明

《专利法》所称的发明是指对产品、方法或其改进所提出的新的技术方案。专利法意义上的发明有两种，即产品发明和方法发明。产品发明是人们通过研究开发出来的关于各种新产品、新材料、新物质等的技术方案。方法发明则是人们为制造产品或者解决某个技术课题而研究开发出来的操作方法、制造方法以及工艺流程等技术方案。而所谓改进，其本身并不是一种独立种类的发明，它或者是产品发明，或者是方法发明。

2. 实用新型

实用新型又称小发明，是指对产品的形状，构造或其组合所提出的实用的新的技术方案。所谓产品的形状，是指产品的外部立体表现形式，且具有相当的体积。所谓产品的构造，是指产品的部件或者零件的有机结合或者联结。

3. 外观设计

外观设计是指对产品的形状，图案、色彩或其组合所做出的富于美感并适于工业上应用的新设计。

此外，《专利法》第二十五条规定，对以下各项，不授予专利权：①科学发现；②智力活动的规则和方法；③疾病的诊断和治疗方法；④动物和植物品种；⑤用原子核变换方法获得的物质；⑥对平面印刷品的图案，色彩或者两者的结合做出的主要起标识作用的设计。对第④项所列产品的生产方法，可以依照本法规定授予专利权。

三、专利权人的权利与义务

（一）专利权人的权利

专利权人的权利是一项兼有财产权和人身权属性的独占权以及由此衍生出来的处分权。具体地说，专利权人的权利包括精神和物质两个方面。

1. 专利权人在精神方面的权利

专利权人在精神方面的权利主要有署名权和标记权。

按照《专利法》的规定，发明人或设计人有在专利文件中写明自己是发明人或设计人的权利，此即为发明人或设计人的署名权。而所谓标记权，是指专利权人在其专利产品及其包装上标明专利标记和专利号的权利。标记权随着专利权的存在而存在，随着专利权的终止而终止，在专利权终止后，原权利人如果仍在其原专利产品上或者该产品的包装上标注专利标记和专利号，便属一种冒充专利的行为。

2. 专利权人在物质方面的权利

专利权人在物质方面的权利主要有独占实施权、控制进口权、许可权，转让权和放弃权。

（1）独占实施权

专利权被授予后，除法律另有规定外，任何单位和个人未经专利权人的许可，不得为生产经营目的制造、使用、销售其专利产品，或使用其专利方法以及使用、销售依照该专利方法直接获得的产品。专利权人享有制造、使用、销售其专利产品或者使用其专利方法以及使用、销售依照其专利方法直接获得的产品的专有权利，此即为专利权人的独占实施权。独占实施权是专利权人的一项最基本的权利，它包括对专利产品的独占制造权、独占使用权和独占销售权，对专利方法的独占使用权以及对依照该专利方法直接获得的产品的独占使用权和独占销售权。

（2）控制进口权

控制进口权是指专利权人在专利权的有效期限内依法享有的禁止他人未经许可或者授权，以经营为目的进口专利产品的权利。根据《专利法》的规定，专利权被授予后，专利权人有权阻止他人未经专利权人许可为生产经营目的和用途而进口其专利产品或依照其专利方法直接获得的产品。国务院 1995 年发布的《中华人民共和国知识产权海关保护条例》第三条规定，凡侵犯受中华人民共和国法律、行政法规保护的知识产权的货物，禁止其进口。为了获得知识产权的海关保护，专利权人必须向海关总署提交书面申请。

（3）许可权

许可权是指专利权人依法订立实施许可合同，许可他人实施其专利并收取专利使用费的权利。根据《专利法》的规定，专利权人有权许可他人实施其专利并收取使用费，但应订立许可合同，被许可人无权允许合同规定以外的任何单位和个人实施该专利。许可有独占许可，独家许可．普通许可和分许可等形式。所谓独占许可，是指专利权人许可被许可方在合同约定的时间和地域内，以合同约定的使用方式对专利进行独占性实施的许可方式。在独占许可方式下，不仅专利权人不能再许可第三人以同样的使用方式实施该专利，而且专利权人自己在约定的时间和地域范围内也不得实施。所谓独家许可，也称排他许可，是指专利权人许可被许可方在合同约定的时间和地域范围内享有以合同约定的方式对专利的排他实施权。在独家许可方式下，在合同约定的时间和地域内，专利权人不得再许可任何第三人以相同的使用方式实施该专利，但是专利权人自己可以实施。所谓普通许可，是指专利权人许可被许可方在合同约定的时间和地域内，以合同约定的方式使用专利，而专利权人在合同的时间和地域内，不仅自己可以以相同的使用方式实施该专利，而且可以再许可第三人实施该专利。所谓分许可，是指专利权人许可被许可方在合同约定的时间和地域内实施专利，而且许可被许可方在合同约定的时间和地域内再许可他人实施该项专利。

（4）转让权

转让权是指专利权人有权将其获得的专利权转让给他人。专利申请权和专利权可以转让，中国的单位或者个人向外国人转让专利申请权或者专利权的，必须经国务院有关主管部门批准。转让专利申请权或者专利权的，当事人应当订立书面合同，并向国务院专利行政部门登记，由国务院专利行政部门予以公告。专利申请权或者专利权的转让自登记之日起生效。

（5）放弃权

放弃权是指专利权人有权在专利保护期满前的任何时候，以书面声明或者不交年费的方式放弃其专利权。根据《专利法》的规定，专利权人以书面形式声明放弃其专利权的，专利权在保护期满前终止。专利权人行使放弃权，以书面声明的方式提出放弃专利权的，一经专利行政部门登记和公告，其专利权即可终止，其发明创造便进入公共领域，成为公有技术，任何人都可以不经许可自由使用，并无须向其支付报酬。但需注意的是，专利权人如果已经和他人签订了专利实施许可合同，其放弃专利权时应经被许可人的同意或者赔偿由此给被许可人造成的损失。

（二）专利权人的义务

①实施专利的义务。专利权人负有自己在中国制造其专利产品、使用其专利方法或许可他人在中国制造其专利产品、使用其专利方法的义务。

②缴纳年费（也称专利维持费）的义务。缴纳各项专利费用是专利申请人及专利权人应尽的义务，没有按照规定缴纳年费将使专利权在保护期满前终止。为了平衡专利权人所获得的独占权与社会公众之间的利益，促使专利权人将其专利产品或专利方法付诸实施，也为了缩短经济价值较低的专利权的有效期，专利年费采用累进制，专利权人所缴纳的年费是逐年增加的。专利权人应缴纳的第一次年费，应当在收到专利行政部门的授权通知之日起两个月内办理登记手续时缴纳，专利权人应同时缴纳专利登记费和专利证书印花税。

③职务发明创造取得专利权后，作为专利权人的单位有向发明人或设计人给予报酬或奖励的义务。

四、专利的申请与审批

（一）专利的申请

1. 申请专利的文件

申请发明和实用新型专利应提交下列文件。

（1）请求书

请求书是指专利申请人向专利行政部门提交的请求授予其发明或者实用新型以专利权的一种书面文件。专利申请请求书应当使用由中国专利行政部门规定的表格，并且只能用中文填写。请求书的主要内容包括发明或实用新型的名称、发明人或设计人的姓名，申请人的姓名或名称及地址等。

（2）说明书

说明书是发明或实用新型专利申请人必须提交的基本文件，是对发明或者实用新型的技术内容进行具体说明的陈述性书面文件。说明书应对发明或实用新型做出清楚、完整的说明，以所属技术领域的普通技术人员能够实施为准，必要时应有附图。说明书的主要内容包括技术领域、背景技术，发明内容、附图说明以及具体实施方式等。

（3）说明书摘要

说明书摘要是说明书公开内容的概述，它仅是一种技术情报，不具有法律效力。其内容不属于发明或者实用新型原始公开的内容，不能作为以后修改说明书或者权利要求书的依据，也不能用来解释权利保护的范围。说明书摘要应当写明发明或者实用新型专利申请所公开内容的概要，即写明发明或者实用新型的名称和所属技术领域，并清楚地反映所要解决的技术问题、解决该问题的技术方案的要点以及主要用途。

（4）权利要求书

权利要求书是专利申请人向专利行政部门提交的用以确定专利保护范围的书面文件。权利要求书应当以说明书为依据，说明要求保护的范围。权利要求书是判定他人是否侵权的依据，是具有法律效力的独立文件。一份权利要求书中至少应包括一项独立权利要求，还可以包括从属权利要求。

申请外观设计专利应提交的文件包括请求书、该外观设计的图片或照片，使用该外观设计的产品名称及其所属的类别。请求书的主要内容包括使用外观设计的产品名称、设计人以及申请人等。申请外观设计专利的，必要时应当提交对外观设计的简要说明，外观设计的简要说明应当写明使用该外观设计的产品的设计要点、请求保护色彩、省略视图等情况。简要说明不得使用商业性宣传用语，也不能用来说明产品的性能。

2. 申请专利的原则

（1）书面原则

书面原则是指专利申请人及其代理人在办理各种手续时都应当采用书面形式。专利申请必须以书面形式提交国务院专利行政部门，而且整个审批程序中的各种手续都必须以书面形式办理，不得使用口头形式，也不得使用电报、电传、电话，胶片等形式代替书面形式，而且专利申请人或者代理人提交的书面文件必须使用专利行政部门指定的格式，并由申请人签名或者盖章。

（2）先申请原则

先申请原则又称申请在先原则，是指两个以上的申请人分别就同样的发明创造申请专利的，专利权授予最先申请的人。两个以上的申请人在同一日分别就同样的发明创造申请专利的，自行协商确定申请人。申请日是我国判断一项专利申请的内容是否具有新颖性和创造性的基准日。一般而言，申请日为国务院专利行政部门收到专利申请文件之日，如申请文件为邮寄的，则寄出的邮戳日为申请日。专利申请人享有优先权的，以优先权日为申请日。

（3）单一性原则

单一性原则又称一项发明一件专利原则，是指每一项专利权只保护一项具体的发明创造。按照《专利法》的规定，一件发明或实用新型专利申请应限于一项发明或实用新型。属于一个总的发明构思的两项以上的发明或实用新型，可以作为一件申请提出。一件外观设计专利申请应限于一种产品所使用的一项外观设计。用于同一类别并且成套出售或使用的产品的两项以上的外观设计，可以作为一件申请提出。《专利法实施细则》第三十五条对单一性作了进一步的说明，即属于一个总的发明构思的两项以上的发明或实用新型，应当在技术上相互关联，包含一个或者多个相同或者相应的特定技术特征，其中特定技术特征是指每一项发明或者实用新型作为整体，对现有技术做出贡献的技术特征。

（4）优先权原则

优先权原则是指专利申请人就其发明创造自第一次提出专利申请后，在法定期限内，又就相同主题的发明创造提出专利申请的，依据有关法律的规定，可以享有优先权，即其在后的申请以其首次申请的日期作为申请日。专利申请人依法享有的权利，即为优先权。优先权可分为国际优先权和国内优先权（本国优先权）。

根据我国《专利法》的规定，申请人自发明或者实用新型在外国第一次提出专利申请之日起十二个月内，或者自外观设计在外国第一次提出专利申请之日起六个月内，又在中国就相同主题提出专利申请的，依照该外国同中国签订的协议或者共同参加的国际条约，或者依照相互承认优先权的原则，可以享有优先权，即将其首次申请日当作其后续申请的申请日。此即为国际优先权。申请人自发明或者实用新型在中国第一次提出专利申请之日起十二个月内，又向国务院专利行政部门就相同主题提出专利申请的，可享有优先权。此即为国内优先权。

申请人要求优先权的，应当在申请的时候提出书面声明，并且在三个月内提交第一次提出的专利申请文件的副本；未提出书面声明或者逾期未提交专利申请文件副本的，视为未要求优先权。

（二）专利的审批

1. 对发明专利的审批

我国对发明专利申请采用早期公开、延迟审查的制度。

（1）初步审查

初步审查又称形式审查，是指国务院专利行政部门收到发明专利申请后，对专利申请的形式条件进行的审查，其主要任务是：①审查申请人提交的申请文件是否符合规定；②审查申请人在提出专利申请时或者随后提交的与专利申请有关的文件是否符合规定。发现存在可以补正的缺陷时，及时通知申请人补正，发现不可克服的缺陷时，做出审查意见书，驳回申请，尽早结束审批程序。对于专利行政部门提出的缺陷，申请人应当在法律规定的期限内或者在专利行政部门指定的期限内补正，期限届满，申请人未作出答复的，其专利申请被视为撤回。申请人陈述意见或补正后，国务院专利行政部门仍然认为不符合要求的，应驳回其申请。

（2）公布申请

国务院专利行政部门经过初步审查，认为申请符合《专利法》要求的，自申请日起满十八个月，即行公布。国务院专利行政部门也可根据专利申请人的要求早日公布其申请。在专利申请被公布后，专利申请人便享有了临时保护权。

（3）实质审查

实质审查是指国务院专利行政部门依法对申请专利的发明是否具有新颖性，创造性和实用性等实质条件进行的审查。发明专利申请人自申请日起三年内，可以随时提出申请，国务院专利行政部门根据其要求进行实质审查。申请人无正当理由逾期不提

出实质审查的申请的，该专利申请即被视为撤回。国务院专利行政部门认为必要时，也可自行对发明专利申请进行实质审查。申请人在请求实质审查时，应当提交在申请以前与其发明有关的参考资料。已经在国外提出过专利申请的，还应当提交该国为审查其专利申请进行检索的资料或者审查结果的资料。无正当理由不提交的，该申请被视为撤回。

国务院专利行政部门对发明专利申请进行实质审查后，认为不符合《专利法》的规定的，应通知申请人，要求其在指定的期限内陈述意见，或对其申请进行修改。逾期无正当理由不答复的，该申请即被视为撤回。

（4）授权与驳回

发明专利申请经实质审查没有发现驳回理由的，国务院专利行政部门应做出授予发明专利权的决定，发给发明专利证书，并予以登记和公告。发明专利权自公告之日起生效。发明专利申请经申请人陈述意见或进行修改后，国务院专利行政部门仍然认为不符合《专利法》规定的，应予以驳回。

2. 对实用新型与外观设计专利申请的审批

根据我国《专利法》的规定，对实用新型与外观设计的专利申请只进行初

步审查，不进行实质审查。实用新型与外观设计专利申请经初步审查没有发现驳回理由的，国务院专利行政部门应做出授予专利权的决定，发给相应的证书，并予以登记和公告。实用新型专利权与外观设计专利权自公告之日起生效。

对实用新型与外观设计专利申请的初步审查包括形式审查、合法性审查以及明显实质性缺陷审查。其具体审查内容主要包括：①该实用新型是否属于《专利法》第五条和第二十五条规定的不授予专利权的对象，该外观设计是否明显属于《专利法》第五条规定的不得授予专利权的对象；②实用新型或外观设计专利申请人是否符合《专利法》及其实施细则的有关规定；③专利申请文件以及与专利申请有关的其他文件是否符合《专利法》及其实施细则的有关规定。

3. 救济程序

国务院专利行政部门设立专利复审委员会。专利申请人对国务院专利行政部门驳回申请的决定不服的，可以自收到通知之日起三个月内，向专利复审委员会请求复审。专利复审委员会复审后，做出决定，并通知专利申请人。专利申请人对专利复审委员会的复审决定不服的，可以自收到通知之日起三个月内向人民法院起诉。

（三）授予专利权的条件

1. 授予专利权的积极条件

授予专利权的发明和实用新型，应具备新颖性、创造性和实用性。这"三性"即为一项发明或实用新型获得专利权的积极条件，又称实质条件。

（1）新颖性

所谓新颖性，是指申请专利的发明或者实用新型不属于现有技术，即在申请日前没有同样的发明或实用新型在国内外出版物上公开发表过、在国内公开使用过或以其他方式为公众所知，也没有同样的发明或实用新型由他人向国务院专利行政部门提出过申请并记载在申请日以后公布的专利申请文件中。专利制度中的现有技术是指在专利申请以前已经以某种方式在一定的地域范围内公开的技术。公开的方式包括出版物公开、使用公开以及以其他方式使发明或者实用新型的技术内容为公众所知。

申请专利的发明创造在申请日以前六个月内，有以下情形之一的，虽已公开，但不丧失新颖性：①在中国政府主办或承认的国际展览会上首次展出的；②在规定的学术会议或技术会议上首次发表的；③他人未经申请人同意而泄露其内容的。

（2）创造性

所谓创造性，是指同申请日以前已有的技术相比，该发明有突出的实质性特点和显著进步，该实用新型有实质性特点和进步。所谓"发明有突出的实质性特点"，是指该发明与现有的技术相比，具有明显不同的技术特征。凡发明所属之技术领域的普通技术人员不能直接从现有技术中得出构成该发明必要的全部技术特征的，都被认为具有"突出的实质性特点"。所谓"显著进步"，是指该发明与最接近的技术相比，具有长足的进步。

（3）实用性

所谓实用性，是指该发明或实用新型能够制造或使用，并且能够产生积极的效果。积极的效果包括积极的社会效果、积极的技术效果以及积极的经济效果。

根据我国《专利法》的规定，一项外观设计获得专利权的实质条件是新颖性。所谓新颖性，是指授予专利权的外观设计应当同申请日以前在国内外出版物上公开发表过或者国内公开使用过的外观设计不相同和不相近似，并不得与他人在先取得的合法权利相冲突。

2．授予专利权的消极（禁止）条件

根据《专利法》的规定，只有符合法定条件的发明创造，才可能被授予专利权。不属于《专利法》规定的保护对象或者不符合《专利法》规定条件的对象，就不能被授予专利权。

《专利法》第五条规定，对违反国家法律，社会公德或者妨害公共利益的发明创造，不授予专利权。因此，对于违法或违反公序良俗的发明创造，尽管其可能具备新颖性、创造性和实用性，也不能被授予专利权。

此外，《专利法》第二十五条还规定了不适用《专利法》的对象，包括：

（1）科学发现

所谓科学发现，是指人们通过自己的智力活动对客观世界已经存在但未被揭示出来的规律、性质和现象等的认识。

（2）智力活动的规则和方法

所谓智力活动的规则和方法，是指人们进行推理、分析、判断、运算，处理、记忆等思维活动的规则和方法。智力活动的规则和方法虽然不能获得专利权，但是，用于智力活动的设备或者根据智力活动的规则和方法设计，制造的用具和仪器等，只要符合获得专利权的条件，可以被授予专利权。

（3）疾病的诊断和治疗方法

其方法本身虽然不是适用《专利法》的对象，但是用于疾病诊断和治疗的仪器、设备等，只要具备授予专利权的条件，可以获得专利权。

（4）动物和植物品种

包括天然生长和人工培养的两类。

（5）用原子核变换方法获得的物质

它是指用核裂变和核聚变的方法获得的单质或化合物。

但对第（4）项所列产品的生产方法，可以依照《专利法》的规定授予专利权。

（四）专利权的期限、终止与无效

1. 专利权的期限

专利权是一种具有时间性的专有权，一旦超过法律规定的保护期限，就不再受保护。根据我国《专利法》的规定，发明专利权的期限为二十年，实用新型和外观设计专利权的期限为十年，均自申请日起计算。有优先权的，自优先权日起计算。

2. 专利权的终止

专利权的终止是指因某种法律事实的发生而导致专利权的效力趋于消灭的情形。专利权的终止有广义和狭义之分。广义的专利权终止除了包括上述因某种法律事实导致专利权效力的消灭，即狭义的专利权终止，还包括专利权因宣告无效而自始不存在的情形，以及因专利权的转让导致原专利权人丧失专利权的情形。

五、专利权的保护

（一）专利权保护的范围

专利权的保护范围，是指发明创造专利权的法律效力所及的范围。根据《专利法》的规定，发明或者实用新型专利权的保护范围以其权利要求书的内容为准，说明书及附图可以用于解释权利要求。外观设计专利权的保护范围以表示在图片或者照片中的该外观设计专利产品为准。

产品发明专利的保护范围，及于一切具有相同特征、相同结构和相同性能的产品，而不问该产品是以什么方式制造的。方法发明专利的保护范围，及于一切具有相同特征，相同参数和相同效果的方法。在方法的实施过程中所使用设备、工具、仪器、装备等，不应限制方法专利的保护范围。

（二）侵权纠纷及其处理

在专利权的有效期内，任何单位和个人未经专利权人许可，实施其专利，触犯其专利权保护范围的，即侵犯其专利权，引起纠纷的，由当事人协商解决。不愿协商或者协商不成的，专利权人或者利害关系人可以向人民法院起诉，也可以请求管理专利工作的部门处理。管理专利工作的部门处理时，认定侵权行为成立的，可以责令侵权人立即停止侵权行为，当事人不服的，可以自收到处理通知之日起十五日内依照《行政诉讼法》向人民法院起诉；侵权人期满不起诉又不停止侵权行为的，管理专利工作的部门可以申请人民法院强制执行。进行处理的管理专利工作的部门应当事人的请求，可以就侵犯专利权的赔偿数额进行调解；调解不成的，当事人可以依照《民事诉讼法》向人民法院起诉。

专利侵权纠纷涉及新产品制造方法的发明专利的，制造同样产品的单位或者个人应当提供其产品制造方法不同于专利方法的证明；涉及实用新型专利的，人民法院或者管理专利工作的部门可以要求专利权人出具由国务院专利行政部门做出的检索报告。

（三）赔偿数额的计算

侵犯专利权的赔偿数额，按照权利人因被侵权所受到的损失或者侵权人因侵权所获得的利益确定；被侵权人的损失或者侵权人获得的利益难以确定的，参照该专利许可使用费的倍数合理确定。

（四）诉讼保全措施

专利权人或者利害关系人有证据证明他人正在实施或者即将实施侵犯其专利权的行为，如不及时制止将会使其合法权益受到难以弥补的损害的，可以在起诉前向人民法院申请采取责令停止有关行为和财产保全的措施。

（五）专利侵权的诉讼时效

侵犯专利权的诉讼时效为两年，自专利权人或者利害关系人得知或者应当得知侵权行为之日起计算。发明专利申请公布后至专利权授予前使用该发明未支付适当使用费的，专利权人要求支付使用费的诉讼时效为两年，自专利权人得知或者应当得知他人使用其发明之日起计算，但是，专利权人于专利权授予之日前即已得知或者应当得知的，自专利权授予之日起计算。

（六）专利侵权行为

1. 专利侵权行为的概念与构成要件

专利侵权行为是指在专利权的有效期限内，任何他人在未经专利权人许可，也没有其他法定事由的情况下，擅自以营利为目的实施专利的行为。

2. 专利侵权行为的种类

根据《专利法》第十一条以及第六十三条的规定，专利侵权行为包括以下七种类型：

①未经许可制造专利产品的行为，专利产品包括专利权人在发明或者实用新型的权利要求书中所描述的产品或者在外观设计专利申请文件中写明的使用该外观设计的产品；

②未经许可使用、许诺销售发明或实用新型专利产品的行为；

③未经许可销售专利产品的行为；

④未经许可使用专利方法以及使用、许诺销售、销售依照专利方法直接获得的产品的行为；

⑤未经许可进口专利产品或者进口依照专利方法直接获得的产品的行为；

⑥假冒他人专利的行为；

⑦冒充专利的行为。

3. 假冒他人专利的行为

下列行为属于假冒他人专利的行为：

①未经许可，在其制造或者销售的产品，产品的包装上标注他人的专利号；

②未经许可，在广告或者其他宣传材料中使用他人的专利号，使人将所涉及的技术误认为是他人的专利技术；

③未经许可，在合同中使用他人的专利号，使人将合同涉及的技术误认为是他人的专利技术；

④伪造或者变造他人的专利证书、专利文件或者专利申请文件。

假冒他人专利的行为，除依法承担民事责任外，由管理专利工作的部门责令改正并予公告，没收违法所得，可以并处违法所得四倍以下的罚款，没有违法所得的，可以处二十万元以下的罚款；构成犯罪的，依法追究刑事责任。

第四节　著作权法

一、著作权法概述

著作权也称版权，是指作者及其他权利人对文学、艺术和科学作品享有的人身权和财产权的总称。著作权过去称为版权。版权最初的含义是copyright（"版"和"权"），也就是复制权。过去印刷术不普及，当时社会认为附随于著作物最重要之权利莫过于将之印刷出版之权，故有此称呼。不过随着时代演进及科技的进步，著作的种类逐渐增加。

中文最早使用"著作权"一词，始于中国第一部著作权法律《大清著作权律》。清政府解释为："有法律不称为版权律而名之曰著作权律者，盖版权多于特许，且所保护者在出版，而不及于出版物创作人；又多指书籍图画，而不是以赅刻模型等美术物，故自以著作权名之适当也。"此后中国著作权法律都沿用这个称呼。

那么，著作权何时开始享有？在中华人民共和国境内，凡是中国公民、法人或者非法人单位的作品，不论是否发表都享有著作权；外国人的作品首先在中国境内发表的，也依《中华人民共和国著作权法》享有著作权；外国人在中国境外发表的作品，根据其所属国与中国签订的协议或者共同参加的国际条约享有著作权。这里所说的是否发表，是指无论在国内发表还是在国外发表，或者不发表，都享有著作权。

至于外国人、无国籍人的作品，则区分以下三种情形：

①外国人，无国籍人的作品首先在中国境内出版的，依照《中华人民共和国著作权法》享有著作权。这里所称的出版指作品的复制、发行。

②未与中国签订协议或者共同参加国际条约的国家的作者以及无国籍人的作品首次在中国参加的国际条约的成员国出版的，或者在成员国和非成员国同时出版的，受《中华人民共和国著作权法》保护。

③外国人、无国籍人的作品根据其作者所属国或者经常居住地国同中国签订的协议或者共同参加的国际条约享有的著作权，受《中华人民共和国著作权法》保护。

我国在知识产权立法中，著作权（即版权）与专利、商标相比，是较晚立法的，但和知识产权其他范畴一样，著作权的立法也是多层次多方面的。其中最主要的是《中华人民共和国著作权法》（以下简称《著作权法》）和《中华人民共和国著作权法实施细则》（以下简称《著作权法实施细则》），还有国家新闻出版广电总局、文化部等部门发布的众多部颁规章等。

二、著作权的内容

《著作权法》所称的著作权人包括：①作者；②其他依照本法享有著作权的公民，法人或者其他组织。

著作权通常有狭义和广义之分。狭义的著作权是指作者依法享有的权利，包括著作人身权和著作财产权；广义的著作权除包含上述内容之外，还包括著作邻接权等权利。

（一）著作人身权

著作人身权又称著作精神权利，是指作者对其作品所享有的各种与人身相联系或者密不可分而又无直接财产内容的权利。著作人身权是指作者通过创作表现个人风格的作品而依法享有的获得名誉，声望和维护作品完整性的权利。该权利由作者终身享有，不可转让、剥夺和限制。作者死后，一般由其继承人或者法定机构予以保护。

著作人身权具有以下四个特征：①著作人身权整体的不可转让性；②著作人身权不可剥夺性；③著作人身权个别权能的可继承性（如发表权）；④著作人身权的永久性。

根据我国《著作权法》的规定，著作人身权的内容具体包括：①发表权；②署名权；③修改权；4 保护作品完整权。

（二）著作财产权

著作财产权是指作者对其作品的自行使用和被他人使用所享有的以物质利益为内容的权利。著作财产权的内容具体包括复制权、发行权、出租权、展览权、表演权、放映权、广播权、信息网络传播权、摄制权、改编权、翻译权、汇编权、追续权以及应当由著作权人享有的其他权利。

（三）邻接权

邻接权是指作品传播者对在传播作品过程中产生的劳动成果依法享有的专有权利，又称为作品传播者权或与著作权有关的权益。广义的著作权可以包括邻接权。狭义的著作权与邻接权的关系极为密切。没有作品，就谈不上作品的传播，因而邻接权以著作权为基础；对于著作权合理使用的限制，同样适用于对邻接权的限制；邻接权的保护期为五十年。

邻接权与著作权的主要区别是：邻接权的主体多为法人或其他组织，著作权的主体多为自然人；邻接权的客体是传播作品过程中产生的成果，而著作权的客体是作品本身；邻接权中除表演者权外一般不涉及人身权，而著作权包括人身权和财产权两方面的内容。

三、著作权的归属

（一）一般原则

《著作权法》第十一条规定，著作权属于作者（这里的作者包括自然人、法人和其他组织），本法另有规定的除外。创作作品的公民是作者。由法人或者其他组织主持，代表法人或者其他组织意志创作，并由法人或者其他组织承担责任的作品，法人或者其他组织视为作者。如无相反证明，在作品上署名的公民、法人或者其他组织为作者。

（二）演绎作品

改编、翻译、注释、整理已有作品而产生的作品，称为演绎作品，根据《著作权法》，其著作权由改编、翻译、注释、整理人享有，但行使著作权时不得侵犯原作品的著作权。

（三）合作作品

两人以上合作创作的作品，著作权由合作作者共同享有。没有参加创作的人，不能成为合作作者。合作作品可以分割使用的，作者对各自创作的部分可以单独享有著作权，但行使著作权时不得侵犯合作作品整体的著作权。

（四）汇编作品

汇编若干作品、作品的片段或者不构成作品的数据或者其他材料，对其内容的选择或者编排体现独创性的作品，为汇编作品，其著作权由汇编人享有，但行使著作权时，不得侵犯原作品的著作权。

（五）视听作品

电影作品和以类似摄制电影的方法创作的作品的著作权由制片者享有，但编剧、导演、摄影、作词、作曲等作者享有署名权，并有权按照与制片者签订的合同获得报酬。电影作品和以类似摄制电影的方法创作的作品中的剧本，音乐等可以单独使用的作品的作者有权单独行使其著作权。

（六）职务作品

公民为完成法人或者其他组织工作任务所创作的作品是职务作品，除《著作权法》第十六条第二款的规定以外，著作权由作者享有，但法人或者其他组织有权在其业务范围内优先使用。作品完成两年内，未经单位同意，作者不得许可第三人以与单位使用的相同方式使用该作品。有下列情形之一的职务作品，作者享有署名权，著作权的其他权利由法人或者其他组织享有，法人或者其他组织可以给予作者奖励：

①主要是利用法人或者其他组织的物质技术条件创作，并由法人或者其他组织承担责任的工程设计图、产品设计图、地图、计算机软件等职务作品；

②法律、行政法规规定或者合同约定著作权由法人或者其他组织享有的职务作品。

（七）委托作品

受委托创作的作品，著作权的归属由委托人和受托人通过合同约定。合同未作明确约定或者没有订立合同的，著作权属于受托人。

（八）美术作品

美术等作品原件所有权的转移，不视为作品著作权的转移，但美术作品原件的展览权由原件所有人享有。

著作权属于公民的，公民死亡后，其著作财产权在《著作权法》规定的保护期内，依照《中华人民共和国继承法》的规定转移。

著作权属于法人或者其他组织的，法人或者其他组织变更，终止后，其著作财产权在规定的保护期内，由承受其权利义务的法人或者其他组织享有；没有承受其权利义务的法人或者其他组织的，由国家享有。

四、著作权的保护期限

著作人身权中作者的署名权、修改权、保护作品完整权的保护期不受限制。

公民的作品，其发表权及著作财产权的保护期为作者终生及其死亡后五十年，截止于作者死亡后第五十年的 12 月 31 日；如果是合作作品，截止于最后死亡的作者死亡后第五十年的 12 月 31 日。

法人或者其他组织的作品、著作权（署名权除外）由法人或者其他组织享有的职务作品，其发表权及著作财产权的保护期为五十年，截止于作品首次发表后第五十年的 12 月 31 日，但作品自创作完成后五十年内未发表的，《著作权法》不再保护。

电影作品和以类似摄制电影的方法创作的作品、摄影作品，其发表权、著作财产权的保护期为五十年，截止于作品首次发表后第五十年的 12 月 31 日，但作品自创作完成后五十年内未发表的，《著作权法》不再保护。

第七章 社会保障法

第一节 社会保障法概述

一、社会保障的概念和特征

（一）社会保障的概念

社会保障的含义，在不同国家的立法中不尽相同，一般是指国家为了保障社会安全和经济发展而依法建立的，在公民由于年老、疾病、伤残、失业、灾害、战争等原因而发生生活困难的情况下，由国家和社会通过国民收入分配和再分配，提供物质帮助等，以满足公民基本生活需要的制度。①

社会保障主要包括以下几方面内容：

①社会保障的责任主体是国家和社会，即有责任向全体公民提供社会保障的主体有两个：一是国家。作为全社会的管理者、全民利益的代表者和国民收入的分配者，国家有责任组织社会力量向公民提供基本生活保障。二是企事业单位等社会组织。作为社会劳动力资源的使用者和社会经济活动的获利者，企事业单位等社会组织有责任将部分利益通过政府和非政府公共机构向公民提供基本生活保障。

2. 社会保障的权利主体是由于年老，疾病、伤残、失业、灾害，战争等原因发生生活困难的公民。

3. 社会保障的方式是通过国民收入分配和再分配（表现为货币，实物、劳务等）为公民提供基本生活保障或健康保障。

4. 社会保障的目标是确保公民基本生存权的实现，使其不因特定事件的发生而陷入生存危机。

5. 社会保障的依据是相应的法律规范。社会保障的范围、资金来源、享受条件及支付标准、保障措施等都由相关的立法来规定。

---

① 杨紫烜：《经济法》，北京大学出版社 1999 年版，第 495 页。

6. 社会保障的功能在于稳定社会，促进整个社会经济的协调发展，实现社会的公平和正义。

（二）社会保障的特征

1. 强制性

社会保障是国家以强制性规范予以确立和推行的制度。世界各国都用法律将社会保障的项目，体制，基金、标准、监管等固定下来，无论市场发生何种变化，政府、社会保障机构和企事业单位都必须向公民履行提供社会保障的法定责任，不得以任何形式限制或取消法律赋予公民的社会保障权利。

2. 社会性

首先，社会保障的对象具有社会性。社会保障制度的覆盖面是全体公民，不分男女老少，不论职业、工种等，只要其生存权利受到威胁，都可享受社会保障的权利。其次，社会保障的运作具有社会性。社会保障业务不是由公民所属的各个企事业单位分散或封闭进行，而是主要由专门的社会公共机构面向全体公民统一提供社会保障服务。再次，社会保障基金的来源具有社会性。社会保障基金的来源呈现多元化格局，或者由国家以征税方式，或者由专门机构以收费等方式向全社会筹集，体现了社会事业社会办的原则。

3. 福利性

社会保障是造福于全体公民的社会公益事业，绝不能营利或商业化。因此，社会保障被认为是保障国民基本生活需要的社会政策的一个重要组成部分。在社会总产品的分配中，用于应付不幸事故、自然灾害等保障基金的扣除，以及社会保险基金的建立，都体现了国家福利政策和福利分配，使每一个公民在年老，疾病，伤残、失业、灾害等情况下都能实现从国家和社会获得物质帮助的权利。

4. 互助性

社会保障所遵循的是"集聚众多资金，分散危险损失"的互助共济准则。社会保障基金的筹集，分配和使用的过程，是全体公民之间有组织的互助过程。社会保障实际是借助于国家力量对国民收入进行分配和再分配的一种方式，使国民收入在不同群体之间发生转移。这种转移既有横向的转移，也有纵向的转移。横向转移，，是收入在富裕者和贫困者之间，健康者和病残者之间、在职者和退休者以及失业者之间的转移，它体现为一种"横向互助"。纵向转移则是一种"代际互助"，如在现收现付的养老体制下，在职人员缴纳的养老保险费需即时支付给退休人员作为养老金，这就体现了后代人与前代人的互助。

二、社会保障法的概念和特征

（一）社会保障法的概念和调整对象

社会保障法，是调整社会保障关系的法律规范的总称。这里的社会保障关系，是指国家在保障公民生存权，健康权过程中所形成的各种社会关系。从内容来看，社会保障关系主要包括以下关系：

1. 社会保障给付关系

社会保障给付是国家通过宪法和具体法律规定的有关部门的支付，给付关系即政府部门与公民之间形成的支付与受付关系。政府部门在给付关系中扮演义务主体，履行法定给付义务；而公民则是权利主体，享有给付请求权和受给权。给付有直接给付和间接给付两种，直接给付通常表现为政府有关部门或社会保障经办机构直接向公民发放一定的货币或实物；间接给付通常表现为政府有关部门或社会保障经办机构通过有关服务机构向公民提供一定的服务。

2. 社会保障基金形成和管理关系

社会保障基金形成关系是指政府和社会保障经办机构通过各种法定渠道向社会保障基金供给主体筹集社会保障基金的关系，具体表现为特定的税收关系、财政补贴关系、缴费关系，捐赠关系等。社会保障基金管理关系，是指在社会保障基金筹集、分配，使用过程中所发生的预算、决算、核算、结算，审计等管理关系。

3. 社会保障行政关系

社会保障行政关系主要是指社会保障行政部门与行政管理相对人之间，社会保障行政部门之间所形成的行政关系。社会保障实施范围广，内容多，必须建立全国性的行政系统，从中央政府、地方政府，到最基层的街道、乡镇办事处，形成了宝塔型的管理体系；而其内部又有主管部门和经办部门之分。

4. 社会保障争议关系

社会保障争议的范围包括：公民与主管部门之间就受付资格，水准、期限等所发生的争议；公民与用人单位在参加社会保险、缴费等问题上的纠纷；公民与业务机构间的纠纷；用人单位与主管部门之间就缴费等发生的争议。不同的争议主体，适用不同的法律，按不同的法律程序解决。

5. 社会保障监管关系

即政府机关，其他社会组织及公民对社会保障业务活动实施监督管理的关系。其中，社会保障行政部门的监督管理占有重要地位。

社会保障关系可从不同角度做出多种分类。如：依社会保障项目不同，可分为社会保险关系，社会福利关系，社会救助关系，社会优抚关系；依社会保障对象的不同，可分为城镇社会保障关系、农村社会保障关系和军人社会保障关系等。

（二）社会保障法的特征

1. 明显的强制性

社会保障法依靠国家的行政权力来保证施行，强制法的色彩非常浓厚，可以说除了补充项目中的一些任意性规定，都是强制性规定。

2. 实体规范和程序规范的统一性

社会保障法具有实体法和程序法的统一性，既有主体权利和义务的实体规定，又有资格认定与受给手续等程序性规定，实务性很强。

3. 广泛的社会性

社会保障法体现了社会本位的立法思想，保护弱势群体的倾向明显，以保障公民的社会权为目的，具有广泛的社会性。

三、社会保障法的宗旨和原则

（一）社会保障法的宗旨

1. 保障基本人权

人权具有多方面、多层次的内容，其中最基本的是生存权，即获得最低限度生活条件的权利。生存权是人权的基础，现代社会保障法的首要目的，就是要保障公民的生存权。由于在市场经济中，优胜劣汰的竞争机制必然导致贫困阶层的出现，每个公民都有可能遇到生存障碍，陷入生活困境，因此，社会保障法应当以每个人的生存作为保障的客体。相对而言，公民中的弱者、贫困者，患病者、残疾者的生存障碍更多，更有可能遇到生存威胁，所以，社会保障法应当以保障弱者、贫困者和残疾者等的生存权为重点。

2. 保障社会公平

社会公平是人类社会发展中客观产生的一种共同需要，是人类向往和追求的一种伦理目标。在生存条件方面，社会公平的主要体现和要求是没有过度的贫富差别。而在市场经济体制下，市场竞争机制所决定的收入分配机制，必然导致公民的收入分配不均等，甚至出现过度的贫富差别。为了解决这一社会问题，就需要运用国家和社会的力量对经济活动进行干预，将社会共同创造的价值和社会共同负担的责任在全体公民中合理分配。其主要方式就是强制推行社会保障制度，调节收入分配机制，将高收入者的一部分收入适当转移给低收入者，形成高，低收入阶层之间的互助，节制贫富差别的程度。因此，社会保障法应是以实现社会公平为目的的收入分配调节法，是贫富差别节制法。

3. 保障社会安全

众所周知，导致社会不安全的因素很多，其中，公民的生存无保障是重要原因。社会保障制度是维护社会安全的重要防线，是各国社会安全体系中最普遍、最常用，效果最好的制度。它通过对没有生活来源者，贫困者、遭遇不幸者和失业者等提供帮助，保障其生活需要，消除其不安全感，从而实现整个社会乃至统治秩序的稳定。因此，西方国家把社会保障制度誉为"社会安全网"和"社会减震器"。社会保障法通过立法来确认公民获得社会保障的权利及途径，通过执法来保障公民能真正享有社会保障的权利，从而达到保障社会安全的宗旨。

社会保障法的三个宗旨是相互联系的一个整体，保障基本人权和社会公平是保障社会安全的需要，而保障社会安全是保障基本人权和社会公平的条件。

（二）社会保障法的原则

1. 基本保障原则

基本保障原则，是指国家和社会给予公民的保障首先是满足基本生活需要的保障，是提供基本生存条件的保障。生存权，是为了维护人的生存必不可少的权利，是人权保障的重要内容，是享受其他权利的基础。在现代社会，一定的，必需的物质基础是人们生存的基础，也是个人享有人格的基础，否则，将无法生活并展开各种社会活动，将无法成为社会的人。但是，一个社会中总会有一些人由于种种原因出现生存危机，为了使生存权落到实处，必须通过法律的形式将保障公民的生存权确立下来。因此，满足人们基本的生活需要，就成为社会保障法的基本原则。

2. 普遍保障原则

普遍保障原则，是指社会保障的实施范围应包括所有公民，强调一切公民都享有社会保障的权利。对公民实行普遍的社会保障，是各国社会保障立法所共同遵循的一条基本原则。《世界人权宣言》和《社会，经济、文化权利国际公约》等都规定，人人有权享受社会保障。我国《宪法》第45条规定的获得物质帮助的权利，享受的主体也是指全体公民。

3. 平等保障原则

平等保障原则，是指人人平等享有社会保障权利，要求给予条件相同者以平等的社会保障待遇。平等权作为公民的基本权利在许多国家的宪法以及国际公约中均有体现。我国《宪法》第35条规定："公民在法律面前一律平等……任何

公民享有宪法和法律规定的权利，同时必须履行宪法和法律规定的义务。"因此，平等保障原则是法律面前

人人平等的宪法原则在社会保障法中的体现。平等保障的基本要求包括：①每个公民都具有平等地成为社会保障权利主体的资格，不受民族、种族、性别、宗教、政治，财产等因素的影响；②纳入特定社会保障项目范围的每个公民都有权在具备法定条件时享受社会保障待遇；③作为特定社会保障项目之保障对象的每个公民，只要法定条件相同，都有权享受同样的社会保障待遇。

4. 保障水平与经济发展水平相适应的原则

社会保障的水平必须与本国的经济发展水平相适应。高于经济发展水平的社会保障，势必给经济的发展背上沉重的包袱，阻碍经济的发展；而低于经济发展水平的社会保障，则不能真正起到预期的保障作用，还会引发一些社会矛盾。因此，各国的社会保障制度都呈现出随着本国经济的发展，社会保障对象的范围由窄到宽、项目由少到多、待遇水平由低到高的特点。我国目前仍处于社会主义初级阶段，我们必须充分考虑到我国现阶段的经济发展状况和基本国情，对社会保障项目设置不能过多，范围不能过宽，标准不能过高，保障水平必须与社会主义初级阶段的经济发展水平相适应，并逐渐随着经济发展水平的提高而提高。

第二节 社会保险法

一、社会保险概述

（一）社会保险的含义

我国《劳动法》第79条规定："国家发展社会保险事业，建立社会保险制度，设立社会保险基金，使劳动者在年老，患病、工伤、失业、生育等情况下获得帮助和补偿。"社会保险是根据立法，由劳动者及劳动者所在的工作单位或社区以及国家三方面共同筹资，帮助劳动者及其亲属在遭遇年老、疾病、工伤、生育、失业等风险时，防止收入的中断，减少和丧失，以保障其基本生活需求的社会保障制度。社会保险包括以下四层含义：

①参加社会保险的成员资格通过立法确定。哪些成员必须参加社会保险由立法规定，因此，社会保险带有一定的强制性。

②社会保险强调个人缴费。这种缴费在形式上与商业保险的缴费有相似之处，但是，社会保险的缴费建立在自助自保和互助互济基础上。参加社会保险制度的劳动者通过缴费，获得成员资格，因此有"先尽义务，后享权利"一说。

同时，这种权利和义务对等，在机会上均等，在遭遇法定范围内的各种风险时，参加社会保险制度的成员都可得到保障基本生活需求的津贴。

③社会保险强调劳动者、劳动者所在工作单位以及国家三方共同筹资。这体现了国家和社会对劳动者提供基本生活保障的责任。劳动者所在工作单位的缴费，使社会保险资金来源避免了渠道的单一化，增加了社会保险制度本身的保险系数。而国家的参与，更使社会保险有了强大后盾。

④社会保险的"保险"具有积极预防的作用。它对法定范围之内的风险起到了未雨绸缪的效用，使参加社会保险制度的成员获得心理上的安全感，彰显了社会保障稳定社会的机能。

（二）社会保险的特征

1. 社会性

社会保险的社会性主要体现在三个方面：一是保险范围的社会性。享受保险的对象范围广泛，包括社会上不同层次，不同行业，不同所有制形式和不同身份的各种劳动者。二是保险目的的社会性。建立社会保险的目的不仅是个人获得基本的生活保障，而且也有稳定社会，促进社会经济发展的目的。三是保险组织和管理的社会性。社会保险的保险基金的筹集，发放、调剂、管理等方面都是由政府来组织实施的，不是私人的行为。

2. 强制性

社会保险由国家立法加以确认，并强制实施。它的强制性可以体现在多个方面，比如保险当事人无权决定是否参加保险以及选择所参加的保险项目，保险法律关系的建立无须订立保险合同等。社会保险的强制性特点，使其与以自愿为特征的商业保险区别开来。

3. 互济性

社会保险的互济性表现在保险基金实行社会统筹，并依据调剂的原则集中使用资金。它是通过多方筹集资金后进行平衡调剂，将个别劳动者在特定情况下的损失和负担，在缴纳保险费的多数主体间进行分摊。

4. 补偿性

社会保险的补偿性主要体现在两个方面：一是劳动者通过劳动创造的价值或者财富，除了一部分表现为劳动报酬返回给劳动者之外，另一部分作为社会的各项扣除，纳入了政府收入的范畴。在社会保险基金的来源中，国家负担部分，最初来源于劳动者的劳动。国家通过社会保险将这部分再返回给劳动者，其实质是对劳动者过去劳动的一种补偿。二是劳动者在向社会提供劳动能力，并因此获取劳动报酬的期间，按照国家规定标准将报酬的一定比例，作为劳动保险基金缴纳，待年老，患病、工伤等时候，又依照国家规定标准领回，是社会保险报酬性的具体体现。[1]

（三）社会保险的基本项目

社会保险项目是指社会保险的险种。按照国际劳工组织于 1952 年通过的第 102 号国际公约——《社会保障最低标准公约》的规定，社会保险项目有九个，分别是医疗、疾病，失业，老年、工伤、家庭补助、生育，伤残和遗属。

我国《社会保险法》沿用了这些法律的有关规定，将八个项目的内容都纳入了社会保险的体系中，但对分类做了科学合并，把社会保险分为基本养老保险、基本医疗保险、工伤保险、失业保险和生育保险。

二、社会保险法概述

（一）社会保险法的概念

社会保险法，是调整在参加、组织．管理、经办、监督社会保险的过程中所发生的社会关系的法律规范的总称。

社会保险法所调整的社会关系主要包括以下几方面：

①社会保险行政管理关系，即社会保险行政管理机关在进行社会保险行政管理的过程中，与管理相对人之间形成的社会关系。主要包括与社会保险经办机构的行政管理关系、与用人单位的行政管理关系、与被保险人的行政管理关系。

②社会保险经办关系，即社会保险经办机构在经办社会保险的过程中，与用人单位和被保险人之间发生的社会关系。社会保险的基础工作是由社会保险经办机构来完成的，如社会保险费的收缴、基金的管理、待遇的发放以及退休，失业人员的服务管理等方面的工作，都是由社会保险经办机构从事或由其组织的。社会保险经办关系是社会保险关系中最为普遍和经常的社会关系。

③社会保险监督关系，即指社会保险监督机构在监督社会保险管理、经办工作过程中所发生的社会关系。社会保险监督的对象主要是社会保险行政部门和经办机构，监督的重点是有关社会保险的法律，法规的执行情况和社会保险基金的管理。

④社会保险合同关系，即用人单位与劳动者签订劳动合同时，应当根据国家有关社会保险的规定，明确企业的社会保险责任和劳动者的社会保险权利。劳动合同不得约定免除企业的社会保险责任，也不得做出与社会保险法律、法规、规章和政策不一致的约定。

---

[1] 王益英：《社会保障法》，中国人民大学出版社 2000 年版，第 27～一 28 页。

（二）社会保险法的基本原则

我国《社会保险法》第 3 条规定："社会保险制度坚持广覆盖、保基本、多层次，可持续的方针，社会保险水平应当与经济社会发展水平相适应。"该条确立了以下社会保险法的基本原则：

1. 保障基本生活、与经济发展水平相适应原则

《劳动法》第 71 条规定："社会保险水平应当与社会经济发展水平和社会承受能力相适应。"因此，我国的社会保险水平必须与我国社会主义初级阶段的国情相适应，既要让劳动者充分享有社会保险的权利，同时又不能超过我国目前的经济发展水平，否则将会给国家和社会带来过重的负担，影响经济和社会的发展。

2. 公平与效率相结合原则

社会保险待遇水平既要体现社会公平，又要体现个体之间的差别，在维护社会公平的同时，强调社会保险对效率的促进作用。

3. 权利与义务相对应原则

目前大多数国家在社会保险制度中都实行权利与义务相对应的原则，即要求参保人员只有履行了规定的义务，才能享受规定的社会保险待遇。

4. 社会化原则

社会保险的社会化，要求扩大社会保险的覆盖面，并且社会保险基金要逐步实行社会统筹，加强社会对社会保险基金的管理与监督。

三、社会保险基金法律制度

（一）社会保险基金的概念和特征

社会保险基金是指根据法律的规定，通过向劳动者及其所在用人单位征缴社会保险费，或由国家财政直接拨款和社会捐助而集中起来的用于社会保险的资金。社会保险基金不同于一般的社会基金，它具有强制性，风险防范性，权利和义务对应性、储备性和集中性等特征。

（二）社会保险基金的分类

社会保险基金按不同标准，可有不同的分类：

①按社会保险的项目，社会保险基金可分为养老保险基金，失业保险基金，医疗保险基金、工伤保险基金和生育保险基金等。

②按基金调剂范围（分为社会统筹模式和个人账户模式）和是否有基金积累（可分为现收现付制和基金积累制），社会保险基金可分为现收现付社会统筹

制形成的社会保险基金、个人账户储存基金制形成的社会保险基金，社会统筹部分基金积累制形成的社会保险基金以及社会统筹和个人账户相结合的社会保险基金。

我国社会保险基金目前采取的是社会统筹和个人账户相结合的模式。

（三）社会保险基金的筹集

目前，我国社会保险基金的筹集实行的是国家、企业和个人三方共同负担的原则，即国家，用人单位及劳动者个人按照一定的方式和比例承担社会保险基金的筹集。具体来说，包括以下几部分：

①用人单位按本单位工资总额的一定百分比定期缴纳的保险费；

②劳动者按本人工资的一定百分比或按规定的数额定期缴纳的保险费；

③政府的财政补贴；

④社会保险基金的增值性收入，如社会保险基金购买国债或存入银行的利息收入；

⑤社会保险基金所获得的捐赠和其他收入。

在社会保险基金的来源构成中，社会保险费占比最大，是社会保险基金筹集的主要渠道。

此外，一些学者建议我国应开征社会保险税，即凡是参加工作的人都应按其个人收入的一定比例交纳社会保障税，因为税收具有固定性和强制性，因此征收社会保险税往往比征收社会保险费更能促进社会保险基金的稳定增长。

（四）社会保险基金的支付

社会保险基金的法定支付项目一般有：

1. 按法定项目和标准支付被保险人的社会保险金（如养老保险金，失业保险金等）和其他社会保险待遇（如医疗补助金和丧葬补助费等）。

2. 按法定方法和比例提取社会保险服务费用和管理费用。

3. 在失业保险基金中依法定标准支出再就业服务费用。

4. 法定其他支出，如在社会保险基金中按一定比例提取的专项特别调剂金。

（五）社会保险基金管理

1. 社会保险基金管理的概念和目标

社会保险基金管理是为实现社会保险的基本目标，保证社会保险制度的稳定运行，对社会保险基金的征缴、支付、投资营运、监督管理等进行全面规划和系统管理的总称，是社会保险制度运行的核心环节。社会保险基金管理的目标在于：确保基金的完整和安全；防止基金贬值，实现基金保值，争取基金增值；满足给付的需要，避免支付危机发生；保持高效率。其中，维护基金安全是最重要也是最基本的目标。

2. 社会保险基金管理的原则

①依法管理，规范运行。管理社会保险基金必须以法律法规为依据，按法定的程序和方式来管理。

②坚持收支两条线，征收和支出适当分离。实践中既可以是两个部门（如财政税务系统与社会保障系统）分别承担筹资和给付的职能，也可以是一个部门中的两个相互独立的机构（如英国社会保障系统就分设有征收机构与待遇支付机构）各司其职。

③分账核算管理。社会保险基金管理中，要求按险种分别建账，分别核算，专款专用，自求平衡，不得相互挤占和调剂。

④实行统一管理。社会保险基金统一由社会保险经办机构管理，设立单独的社会保险基金财政专户，专用于社会保险的各项开支，任何单位和个人不得挤占，挪用社会保险基金，也不得用于平衡财政预算。

3. 社会保险基金管理的主要模式

①财政集中型基金管理模式，即以建立社会保险预算或直接列入国家财政预算的方式管理社会保险基金，体现国家财政对社会保险基金管理的最后责任。

②多元分散型基金管理模式，即社会保险专门机构委托银行，信托，投资公司、基金管理公司等金融机构对社会保险基金在法律允许的范围内进行信托投资，并规定最低投资收益率的基金管理途径。

③专门机构的集中基金管理模式，即由相对独立和集中的社会保险银行，社会保险基金管理公司或基金会等专门机构负责社会保险基金的管理和投资营运。社会保险基金管理专门机构的董事会由财政、金融、劳动保障、工会、审计和社会保险机构等有关方面代表组成。

目前我国采取的是财政总监督下的部门分管体制，由劳动和社会保障部管理各项社会保险基金，该部不仅设置有专门的社会保险事业管理中心作为基金管理组织，而且专门设置有基金监察司来监管基金的运作。

第三节 社会救助法与福利法

一、社会救助概述

（一）社会救助的概念和特征

社会救助，在我国又称为社会救济，是指国家和社会对因为各种原因而陷入生存困境的公民，给予财物救济和生活援助，以保障其最低生活需要。

社会救助作为社会保障体系的一个重要组成部分，具有不同于社会保险和社会福利的社会保障目标。社会保险的目标是预防劳动风险，社会福利的目标是提高生活质量，社会救助的目标是缓解生活困难。因此与社会保险和社会福利相比较，社会救助具有以下特征：

1. 救助对象具有选择性和动态性

即公民只有在基本生活发生困难并经调查认定的情况下，才可成为社会救助的对象。因而，在一定时期，社会救助的对象具有选择性，在不同时期，社会救助对象的范围是变动的。原享受救助的公民一旦解除困难就不再成为救助的对象。

2. 社会救助的权利义务具有单向性

在社会救助法律关系中，公民只是享受救助的权利主体，国家和社会只是提供救助的义务主体。也就是说，公民只要符合社会救助的条件就有权申请和得到救助而无须承担与此对应的义务，国家和社会对符合社会救助条件的公民必须提供救助。

3. 社会救助的保障标准具有低层次性和地域差别性

社会救助保障的是公民的最低生活需要，主要针对的是贫困人群，因此它具有低层次性。在不同地区，由于社会经济发展水平的不同，维持最低生活需要的标准也就不同，社会救助的具体标准也就不一样，因此社会救助的保障标准又具有地域差别性。

（二）社会救助的主要模式

1. 民间救助

民间救助又称为慈善机构救助，它是以社会捐赠的财产为来源，由民间公益团体或机构对生存困难者提供的救助。它最早表现为宗教慈善机构的救助，后来又出现了非宗教慈善机构的救助。在这种救助中，政府并不直接参与整个救助过程，所选择的救助对象和救助资金去向也不由政府决定，而由慈善机构自主决定。

2. 官方救助

官方救助又称为政府救助，是以政府直接组织并以财政支出为主要财产来源的，对生存困难者提供的救助。其救助对象和标准都由法律规定，救助活动纳入政府的社会发展规划。

3. 官方与民间相结合的救助

官方与民间相结合的救助，是指由官方救助与民间救助相互补充而构成的对生存困难者提供的救助。在这种救助模式中，既有政府组织的救济机构，也有民间慈善机构，由他们分别以一些单位的财政支出和民间的捐赠来帮助生存困难者。

在我国，长期以来实施的是政府救助模式，但随着市场经济体制的改革，更多地选择了官方与民间相结合的救助模式。这样，既可以减轻国家财政的负担，又可以充分调动民间救助的积极性，吸收更多的民间资本投入到社会救助事业中来。

二、社会救助的基本法律问题

（一）社会救助当事人

1. 社会救助供给主体

社会救助供给主体，仅指直接向有生存困难的公民提供社会救助待遇的主体。在我国的社会救助实践中，可作为社会救助供给主体的，一般包括政府特定部门（如民政部门）、有关社会团体（如中华慈善总会，红十字会等）以及它们出资举办的或委托的社会救助机构。在特定场合，根据政府有关部门或社会保障机构的安排，企事业单位和公民个人可直接向特定的救助对象提供救助待遇，因此，企事业单位和公民个人也可成为社会救助供给主体。

社会救助供给主体的主要职责是：筹集和安排使用社会救助基金，确认社会救助对象，向社会救助对象提供社会救助待遇。

2. 社会救助享受主体

社会救助享受主体，又称为社会救助对象，是指按照统一标准确定的实际生活长期或暂时处在法定最低生活水平线或以下状态的公民。根据发生贫困的原因的不同，可大致分为三类：①无依无靠，完全没有生活来源的公民，如孤儿，无社会保险待遇的失业者，孤寡老人等，此类公民为长期救助对象。②有劳动能力，也有生活来源，但自然灾害，社会灾祸意外降临，遭受沉重损失，一时生活困难的公民，此类公民为短期救助对象。③有收入来源，但生活水平低于或仅相当于法定最低生活标准的公民。对这类公民的救助可长期，也可短期，其收入一旦脱离贫困状态即可不再救助。

（二）社会救助标准

社会救助标准，是指国家制定的界定社会救助对象并确定社会救助待遇水平的标准。社会救助的目标是对生存发生困难的贫困公民给予最低生活保障。因此，只有难以维持最低生活水平的公民，才有必要列为社会救助对象，而提供的社会救助待遇，只需让社会救助对象达到最低生活水平即可。

公民的最低生活水平，一般表现为国家公布的最低生活标准（亦称为贫困线），是指在社会发展的某一时期内，由国家制定的，与社会经济发展水平相适应的，在衣食住行等方面维持一个人生存的最低限度的基本生活标准。它具有地域性、时间性和综合性，要受到物价水平、经济发展水平，居民生活形态、恩格尔系数、贫困人口范围，政府财力状况等因素的影响。

（三）社会救助基金

1. 社会救助基金的来源

社会救助基金是国家和社会为了进行社会救助而提供的资金集合。社会救助基金的来源主要有以下四个渠道：

①财政拨款。这是社会救助基金的主要来源，包括中央财政拨款和地方财政拨款。其中，中央财政拨款所占的比例较大。

②社会筹集。包括社会各界无偿的捐助，农村由乡镇统一筹集的供养"五保户"的粮款、扶贫经济实体和社会福利企业的利润分成，救灾扶贫互储经费的储金。

③信贷扶贫。即通过金融机构筹集融通资金，发放支持贫困地区经济开发，扶持贫困户发展生产的低息或者贴息优惠贷款。

④国际援助。主要是国际社会的救灾援助款项。

2. 社会救助基金的使用

社会救助基金的使用必须坚持以下三项原则：

①专款专用和重点使用相结合的原则。专款专用，是指各种项目的救助基金只能用于特定救助项目，不得改变用途。重点使用，是指在扶贫工作中，将资金用于最困难的、最需要救助的灾区或公民，重点用于衣、食、住等方面的救助。

②无偿使用和有偿使用相结合的原则。无偿使用，是指将救助款项无偿地发放给接受救助者。有偿使用，是指将社会救助款项低息或者无息地放贷给接受救助者，扶持其发展生产。

③分散使用和集中使用相结合的原则。分散使用，是指将社会救助基金直接发放给被救助的个人或家庭，由其单独使用。集中使用，是指将达到一定数量规模的社会救助款项集中扶持能产生整体效益的经济项目。

三、社会福利概述

（一）社会福利的概念和特征

社会福利有广义和狭义之分。广义的社会福利是指国家和社会对全体公民在生命过程中所需要的生活、卫生，住房，教育，就业等方面提供的各种公共服务。狭义的社会福利是指国家和社会为维持和提高公民的一定生活质量而提供一定物质帮助，以满足公民的共同和特殊生活需要的一种社会保障项目。与社会保障的其他形式相比较，社会福利具有以下特征：

①社会福利具有单向性，即国家和社会向公民提供的物质帮助是单向的，无须公民对国家和社会履行相应的义务。

②社会福利具有普惠性，即社会福利在一定范围内人人有份，有的福利项目可以在一定地区范围内人人有份，有的福利项目可以在特殊群体范围内人人有份，有的福利项目可以在特定单位内人人有份。

③福利分配标准具有统一性，即社会福利待遇在一定范围内按统一的标准进行分配，而不考虑享受福利者的贫富差别和贡献大小。

④保障水平具有较高层次性，即社会福利的保障目标，不是为了济贫，而是通过提供物质帮助使公民的生活质量不断得以改善和提高。

（二）社会福利的分类

社会福利按照不同的标准有着不同的分类：

1. 社会福利的表现形式

按照社会福利的表现形式的不同，可分为设施性福利、物质性福利和服务性福利三种

①设施性福利，指通过各种福利设施的建设而向公民提供的福利，如政府、社区、单位修建的文化娱乐和教育设施。

②物质性福利，指通过提供一定数额的资金或者实物而实现的福利，如单位给职工发放的各种福利用品或者福利费用等。

③服务性福利，指通过提供一定的社会服务而向公民提供的福利，如全民免疫计划的实施等。

2. 社会福利发放的对象

按照社会福利发放的对象不同，可分为开放式福利和封闭式福利

①开放式福利，指对所有人提供的福利，如公共场所的文化娱乐设施、休闲设施等。

②封闭式福利，指对特定人所提供的福利，如单位向本单位职工发放福利用品和福利费用。这种福利的享用必须符合一定的条件。

3. 社会福利资金来源

按照社会福利资金来源的不同，可分为财政福利与自筹资金兴办的福利两种

①财政福利，指通过国家财政筹集福利事业的经费，并以此作为各种社会福利项目的资金来源。

②自筹资金兴办的福利，指特定的社区通过捐款和集资而兴办的福利。

4. 社会福利发放的主体范围和对象

按照社会福利发放的主体范围和对象的不同，可分为全民性福利，社区性福利和职业福利三种

①全民性福利，指国家和社会向全体人民提供的福利。

②社区性福利，指地方政府和社区基层组织向特定社区的成员提供的福利。

③职业福利，指各用人单位对其职工提供的福利。

(三) 社会福利的主要模式

1. 城乡一体型社会福利和城乡分立型社会福利

城乡一体型社会福利，指统一适用于城镇和乡村的福利。其主要特点是对城镇居民和乡村居民实行统一的社会福利制度，社会福利的水平，内容没有城乡差别，设立覆盖城乡的社会福利供给系统和社会福利基金。在发达国家，大多实行城乡一体化社会福利。

城乡分立型社会福利，指在城镇和乡村分别实行不同的社会福利。其主要特点是，城镇居民和乡村居民分别适用不同的社会福利制度，福利的水平和内容在城乡之间有一定的差别，建立两种不同的社会福利供给系统和社会基金。发展中国家一般采用城乡分立型社会福利。

2. 宏观为主型社会福利和微观为主型社会福利

宏观为主型社会福利，是指以政府为直接责任主体，面向全社会的幅利。其福利基金主要来源于财政支出，并由政府组织，福利待遇的提供具有社会化，是由政府或社会公共团体设立公共机构，直接向公民提供福利待遇，其享受者不受所属单位的影响。宏观为主型社会福利主要被市场经济国家所采用。

微观为主型社会福利，指以企业等微观单位为责任主体，仅面向本单位劳动者及其家庭的福利，福利基金主要从本单位的收入或经费中提取。微观为主型社会福利主要为计划经济国家所采用。

3. 我国应选择的社会福利模式

我国传统的社会福利模式是建立在城乡二元经济结构和计划经济体制基础上，因此采用的是城乡分立型和微观为主型社会福利模式。这种福利模式具有不公平，社会化程度低以及效率低等缺点。为适应市场经济的发展需要，结合我国国情，在社会福利制度改革中，应该在保持城乡福利分立格局的同时，通过加大政府对乡村福利的投入和组织，促进农村经济的发展，逐步缩小城乡之间的福利差距。另外，在保持微观福利的同时，逐步增大宏观福利的比重，更好地体现社会福利的普惠性。

四、公共福利法律制度

（一）公共福利的概念和特征

公共福利是社会福利的重要项目，它是国家和社会为满足全体公民的物质及精神生活基本需要而兴办公益性设施和提供相关服务的福利。公共福利的提供通常采用以下三种形式：①通过公共服务而使全体公民享受某种利益；②通过福利设施的建设为公民开展各项文化、体育、娱乐活动创造条件；③通过一定的补贴，保障公民的生活质量得到提高。

公共福利具有以下特征：

①宏观性，即公共福利是由政府在全社会范围内统一规划和组织的福利。

②社会化，即公共福利突破微观单位界限，是面向全社会和特殊人群的福利。

③多样化，即公共福利具有多方面的内容，按不同的社会群体设置众多的福利项目。

公共福利的内容十分广泛，涉及人民生活的诸多方面，教育福利、卫生福利、文化康乐福利以及住房福利等都属于公共福利。公共福利按照不同的标准，可以做不同的分类，如按照地域范围，可分为城镇公共福利和农村公共福利；按福利对象，可分为全民性公共福利和特殊群体福利。下面主要介绍全民性公共福利和特殊群体福利。

（二）全民性公共福利

全民性公共福利，是针对全体公民的福利。具体包括以下几种：

1. 住房福利

随着住房制度的改革，我国住房福利也相应改革，其追求的目标模式是：分配货币化、产权自有化、经营社会化的住房福利。其内容如下：

①住房分配货币化，即停止住房实物分配，而代之以按规定分配住房补贴用于购买或租用住房。

②提供经济适用住房，即供中低收入家庭购买自住的优惠商品房。它由政府出资、扶持和组织建设，并按照保本、微利的原则确定政府指导价，使之与中低收入家庭的承受能力相适应。

③提供廉租住房，即由政府或单位以低廉的租金向最低收入家庭出租。廉租住房可以从腾退的旧公有住房中调剂解决，也可以由政府或单位出资兴建，其租金实行政府定价。

④提供住房金融扶持，即发展住房公积金贷款和商业银行贷款相结合的组合

住房贷款业务，优先发放经济适用住房开发建设贷款，并为符合条件的购房者发放个人住房贷款。

2. 卫生福利

卫生福利是指国家和社会以保障公民身体健康为目的所提供的以医疗和保健为内容的公共福利。包括医疗福利和保健福利。医疗福利，是在为公民提供医疗方面的社会救助和社会保险的同时，为病患者恢复健康提供必要的医疗场所、医疗设施和医疗照顾。保健福利即初级卫生保健，是国家卫生系统和社会福利机构向全社会提供预防性、治疗性和综合性的促进健康的服务，如主要传染病的预防接种，妇幼保健、计划生育，地方病的防治、普及健康教育等。

3. 教育和文化康乐福利

教育福利，是指国家和社会以提高国民素质为目的所提供的兴办和扶持教育，以实现全体公民的受教育权利为内容的公共福利。教育福利最主要的表现是中小学的义务教育，国家对各类学校的教育制度也是教育福利的一种表现。

文化康乐福利，是指国家和社会为满足公民文化娱乐的精神生活需要而提供的，以非商业性经营文化康乐设施和服务为内容的公共福利，包括公园．图书馆，博物馆、体育馆、艺术馆等文化康乐设施以及相应的服务。

（三）特殊群体福利

特殊群体福利，是针对一定范围内的特殊社会群体的福利。具体包括以下几种：

1. 残疾人福利

残疾人福利是指对全社会的残疾人实施的福利。残疾人福利的目标是充分保障残疾人的生活，教育，医疗，康复和就业权益，为残疾人创造良好的物质和精神条件，使残疾人在事实上成为全社会平等的一员。残疾人福利的主要内容有：对残疾人就业采取集中安置和分散安置的特别措施，发展残疾人特殊教育，发展残疾人康复事业，举办福利院和其他安置收养机构等。

2. 老年人福利

老年人福利是指对全社会的老年人实施的福利。老年人福利的目标是安定老年人生活，维护老年人健康，充实老年人精神文化生活，实现"老有所养、老有所依，老有所为，老有所乐"。老年人福利的主要内容有：兴办养老院；建立以医疗机构为基础，以社区为依托的医疗保健组织，配备专门的医疗技术人员，为老年人提供充分的保健服务；建立专门的老年文化、教育．体育等机构，丰富老年人的文化生活；要求社会公共服务机构发扬敬老爱老的传统美德，在本行业服务过程中，尽可能为老年人提供照顾和方便。

3. 儿童福利

儿童福利是指对全社会的儿童实施的福利。儿童福利的目标，是解除家庭养育儿童方面的后顾之忧，实现优生、优育、优教，保障儿童身心健康和全面发展。儿童福利的主要内容有：兴办儿童收养机构；兴办儿童医院或者在医疗机构设立儿科；建立托儿所、幼儿园、儿童活动中心，少年宫等儿童活动场所；普及义务教育等。

4. 妇女福利

妇女福利是指对全社会妇女实施的福利。妇女福利的目标是保障妇女实现其基于生理特征和生育负担的特殊权益。妇女福利的主要内容有：建立妇女保健机构，为妇女提供保健服务；为育龄妇女提供孕产福利津贴和孕产医疗服务；为妇女提供职业培训和职业介绍服务等。

第四节　社会优抚法

一、社会优抚概述

（一）社会优抚的概念和特征

社会优抚是政府和社会按照相关规定，对法定的优抚对象，为保证其一定生活水平而提供的资助和服务，它是一种带有褒扬，优待和抚恤性质的特殊的社会保障项目。社会优抚具有以下特征：

①社会优抚的对象是法定特殊群体。社会优抚是国家和社会对特殊的公民实施的一项制度，优抚对象具有身份的特定性，即对国家和社会有特殊贡献的个人及其家庭。

②社会优抚的直接责任主体是政府和社区组织，即社会优抚的工作以政府有关部门实施为主，社区组织实施为辅，社会优抚的资金来源以财政支出为主，以社会统筹为辅。

③社会优抚具有褒扬性，即社会优抚表明国家和社会对做出特殊贡献者的赞扬和奖励，对自我牺牲和无私奉献精神的表彰和倡导，使优抚对象成为社会尊敬和效仿的榜样。

④社会优抚具有优待性，即社会优抚是向优抚对象提供比较优厚的待遇，以保障优抚对象的生活稍高于或者不低于当地群众的平均生活水平。

（二）社会优抚的主要模式

1. 社会保险式优抚，社会福利式优抚和社会救助式优抚

社会保险式优抚，是指以社会保险方式实行社会优抚，将社会优抚纳入社会保险系统。社会福利式优抚，是指以社会福利的方式实施社会优抚，即向优抚对象给付货币形态福利和服务形态福利。社会救助式优抚，是指以社会救助的方式实施社会优抚，主要表现为由国家和社会对退役军人和现役军人的家属提供救济和服务。由于社会保障水平的不断提高，社会福利式优抚已成为当代社会优抚的主要形式。

2. 政府优抚和非政府优抚

政府优抚，是指由政府和军队直接向优抚对象提供优抚待遇，其经费来源主要是国家的财政支出。非政府优抚，是指由非政府机构，包括社会组织和企事业单位，直接向优抚对象提供优抚待遇，其资金主要来源于社会筹集或由企事业单位自行负担。

我国的优抚制度采用的是政府优抚为主，非政府优抚为辅，政府优抚和非政府优抚相结合的模式。这种模式有利于筹集更多的社会资金，减轻国家的财政压力，增加对优抚的投入，更好地实现优抚的目的。

（三）社会优抚的当事人

社会优抚的当事人包括社会优抚的发放人和社会优抚的对象。

1. 社会优抚的发放人

当前，我国社会优抚的发放人主要为政府和军队。二者各有分工，又互相协调。政府作为社会优抚的发放人主要是各级政府民政部门，而军队作为社会优抚的发放人主要是军队政治部门和后勤部门。

2. 社会优抚的对象

社会优抚对象在各国都是由政府依法认定的，由于各国政治背景和社会发展水平不同，社会优抚对象的范围也不尽相同。根据我国现行法律规定，社会优抚对象主要包括以下几类：

①现役军人，包括中国人民解放军现役军官，文职干部、士兵和具有军籍的学员。

②革命伤残人员，包括伤残军人，伤残民兵，伤残民警。

③退役军人，即复员退伍军人。

④烈属，即革命烈士的家属，指为革命事业牺牲并取得革命烈士称号的人员的遗属。

⑤病故军人的家属，指在各个时间病故的革命军人的遗属。

⑥军属，即现役军人和实行义务兵制的人民警察的家属。

⑦见义勇为人员，即非履行职务而为保护国家利益、公共利益和公民的人身，财产安全，不顾个人安危，同违法犯罪行为作斗争或者在灾害事故中勇于救助的人员。

（四）社会优抚资金

1. 社会优抚资金的分类

社会优抚资金按其来源不同，可分为预算内优抚资金和预算外优抚资金。

（1）预算内优抚资金

预算内优抚资金，是指中央和地方财政拨给的用于优抚的专项资金。它包括国家在收支平稳、略有节余的原则下，结合社会优抚事业发展情况，根据历年优抚收支规律而编制的预算所拨给的资金，以及根据形势变化，由中央和地方财政所追加的资金。其使用范围包括：死亡军人抚恤费，伤残军人抚恤费，复员、退伍、转业、离退休军人的安置费，生活补助费，优抚事业单位经费，烈士纪念建筑物管理维修费等。

（2）预算外优抚资金

预算外优抚资金，是指由社会优抚管理机构根据党的方针、政策和国家财政制度，按照国家指定的收支范围，自收自支，单独结算，自行管理的资金。其主要包括：统筹资金、社会资助资金、优抚事业单位上缴资金。

2. 社会优抚资金的使用管理原则

无论是预算内优抚资金还是预算外优抚资金，在使用管理上都应当遵循以下原则：

①专款专用原则，即各项社会优抚资金都只能用于规定的专项用途。

②集中使用原则，即社会优抚资金应当按照社会需要进行安排，除了专项资金外，其他的都应当用于社会最需要的地方。

③群众路线原则，即社会优抚资金的分配要履行个人申请，群众评议、基层政府批准的手续，并提高透明度，接受群众的广泛监督。

二、社会抚恤法律制度

社会抚恤，是指国家负责对符合法定条件的伤残人员或死者遗属予以抚慰，并为保障其生活而提供具有褒扬意义和补偿性质的抚恤金。

按照抚恤的事由和对象的不同，可将社会抚恤分为死亡抚恤和伤残抚恤。

（一）死亡抚恤

1. 死亡抚恤的对象

死亡抚恤的对象是指符合法定条件的死者遗属。按照现行立法规定，符合条件的死者主要包括：革命烈士，因公牺牲和病故的现役军人，人民警察，中国人民解放军（包括武装警察部队）序列编制内无军籍的正式职工（不含企事业单位的职工），参战伤亡的民兵，民工和参加军事训练的民兵（不含企事业单位的民兵），见义勇为者。遗属包括：死亡人员的父母、配偶、子女、未满 18 周岁的弟妹以及从死亡人员出生至 18 周岁期间，曾连续抚养逾 7 年以上者（即抚养人）。

2. 死亡抚恤的分类及待遇

死亡抚恤是指国家对死者亲属采取的物质抚慰形式，分一次性抚恤和定期抚恤两种。

①一次性抚恤，是指主要用于帮助解决符合法定条件的死者遗属的突发性生活困难的社会津贴，具有褒扬和补偿性质。

一次性抚恤金标准分为烈士抚恤，因公牺牲抚恤和病故抚恤三种。标准是：因公牺牲的，为上一年度全国城镇居民人均可支配收入的 20 倍加本人 40 个月的工资；病故的，为上一年度全国城镇居民人均可支配收入的 2 倍加本人 40 个月的工资。月工资或者津贴低于排职少尉军官工资标准的，按照排职少尉军官工资标准计算。以上抚恤金由县级人民政府民政部门发放。

一次性抚恤金发给家属的顺序是：有父母（或抚养人）无配偶的，发给父母（或抚养人）；有配偶无父母（或抚养人）的，发给配偶；既有父母（或抚养人）又有配偶的，各发半数；无父母（或抚养人）和配偶的，发给子女；无父母（或抚养人）配偶、子女的，发给未满 18 周岁的兄弟姐妹和已满 18 周岁但无生活费来源且由死者生前供养的兄弟姐妹；无上述亲属的，不发。

②定期死亡抚恤，是指为了帮助解决符合法定条件的死者遗属的长期生活困难而发给的国家补助，它具有救助性质。

领取定期抚恤金的条件是：死者的父母（抚养人）、配偶无劳动能力、无生活费来源，或者收入水平低于当地居民平均生活水平的；死者的子女未满 18 周岁或者已满 18 周岁但因上学或者残疾无生活费来源的；死者的兄弟姐妹未满 18 周岁或者已满 18 周岁但因上学无生活费来源且由死者生前供养的。

定期抚恤金标准应当参照全国城乡居民家庭人均收入水平确定。定期抚恤金的标准及其调整办法，由国务院民政部门会同国务院财政部门规定。县级以上地方人民政府对依靠定期抚恤金生活仍有困难的抚恤对象，可以增发抚恤金或者采取其他方式予以补助，保障其生活不低于当地的平均生活水平。享受定期抚恤金的人死亡的，增发 6 个月其原享受的定期抚恤金，作为丧葬补助费，同时注销其领取定期抚恤金的证件。

（二）伤残抚恤

伤残抚恤是国家为了保障符合法定条件的伤残人员及其家属的生活达到当时社会的一定水平，而按法定项目和标准提供一定资金和服务的特殊保障。

1. 伤残抚恤的对象

伤残抚恤的对象主要是：在部队负伤致残退出现役的军人（包括人民武装警察部队官兵）、伤残人民警察（不包括企事业单位享受劳保待遇的伤残人民警察）国家机关伤残工作人员（包括国家权力机关，行政机关的工作人员，由国家补贴的民主党派、人民团体的工作人员，人民解放军、人民武装警察部队列入编制内无军籍的工作人员），参战伤残民兵民工、参加军事训练的民兵（指无工作单位的农民，城市居民，学生），因维护社会治安负伤致残无工作单位的人民群众等。

2. 伤残抚恤金的标准

伤残抚恤金的标准，应当参照全国职工平均工资水平由国务院民政部门会同国务院财政部门规定。县级以上地方人民政府对依靠残疾抚恤金生活仍有困难的伤残人员，可以增发残疾抚恤金或者采取其他方式予以补助，保障其生活不低于当地的平均生活水平。另外，享受伤残抚恤金的伤残人员死亡的，其遗属可按规定享受死亡抚恤待遇。

三、社会优待法律制度

社会优待，是指国家和社会按照法律规定和社会习俗，对军人及其亲属提供保证其一定生活水平和生活质量的资金和服务的社会保障项目。根据 2011 年修订的《军人抚恤优待条例》，我国的社会优待主要包括以下几种情况：

（一）现役军人享受的优待

现役军人享受的优待有以下方面：

义务兵和初级士官入伍前的承包地（山，林）等，应当保留，不能没收；服现役期间，除依照国家有关规定和承包合同的约定缴纳有关税费外，免除其他负担；义务兵从部队发出的平信，免费邮递。

现役军人凭有效证件优先购票乘坐境内运行的火车，轮船、长途公共汽车以及民航班机；乘坐市内公共汽车、电车和轨道交通工具，参观游览公园、博物馆、名胜古迹享受优待。

（二）伤残军人享受的优待

1. 医疗优待

国家对一级至六级残疾军人的医疗费用按照规定予以保障，由所在医疗保险统筹地区社会保险经办机构单独列账管理。残疾军人享受医疗优惠待遇。

七级至十级残疾军人旧伤复发的医疗费用，已经参加工伤保险的，由工伤保险基金支付，未参加工伤保险，有工作的由工作单位解决，没有工作的由当地县级以上地方人民政府负责解决；七级至十级残疾军人旧伤复发以外的医疗费用，未参加医疗保险且本人支付有困难的，由当地县级以上地方人民政府酌情给予补助。

2. 劳动优待

在国家机关，社会团体、企业事业单位工作的残疾军人，享受与所在单位工伤人员同等的生活福利和医疗待遇。所在单位不得因其残疾将其辞退，解聘或者解除劳动关系。

3. 生活优待

残疾军人凭"残疾军人证"优先购票乘坐境内运行的火车、轮船、长途公共汽车以及民航班机，享受减收正常票价50%的优待；凭证免费乘坐市内公共汽车，电车和轨道交通工具；凭有效证件参观游览公园，博物馆、名胜古迹享受优待；承租、购买住房依照有关规定享受优先、优惠待遇。

（三）复员、退役军人享受的优待

义务兵和初级士官入伍前是国家机关，社会团体、企业事业单位职工（含合同制人员）的，退出现役后，允许复工复职，并享受不低于本单位同岗位（工种）、同工龄职工的各项待遇。

义务兵和初级士官退出现役后，报考国家公务员、高等学校和中等职业学校，在与其他考生同等条件下优先录取。

复员军人、带病回乡退伍军人享受医疗优惠待遇，其承租、购买住房依照有关规定享受优先、优惠待遇。

复员军人生活困难的，按照规定的条件，由当地人民政府民政部门给予定期定量补助，逐步改善其生活条件。

（四）军人家属享受的优待

义务兵服现役期间，其家庭由当地人民政府发给优待金或者给予其他优待，优待标准不低于当地平均生活水平，如果其入伍前是国家机关，社会团体、企业事业单位职工（含合同制人员）的，服现役期间，其家属继续享受该单位职工家属的有关福利待遇。

　　现役军人子女的入学、入托、在同等条件下优先接收。残疾军人、烈士子女、因公牺牲军人子女、一级至四级残疾军人的子女，驻边远艰苦地区的现役军人的子女报考普通高中、中等职业学校，高等学校，在与其他考生同等条件下优先录取；接受学历教育的，在同等条件下优先享受国家规定的各项助学政策。

　　残疾军人、复员军人、带病回乡退伍军人，因公牺牲军人遗属、病故军人遗属承租、购买住房依照有关规定享受优先，优惠待遇。因公牺牲军人，病故军人的子女、兄弟姐妹，本人自愿应征并且符合征兵条件的，优先批准服现役。

　　经军队师（旅）级以上单位政治机关批准，驻军所在地的有关机关应妥善安置随军家属。对在一些边远艰苦地区服役的军人的符合随军条件无法随军的家属，所在地人民政府应当妥善安置，保障其生活不低于当地的平均生活水平。

参考文献

［1］仇兆波. 经济法第 2 版［M］. 北京：北京理工大学出版社，2021. 02.

［2］刘茵. 经济法概论流通法律制度第 4 版［M］. 北京：知识产权出版社，2021. 03.

［3］马慧娟，李丹萍. 经济法概论［M］. 昆明：云南大学出版社，2021. 08.

［4］李贺，宋建涛. 经济法基础［M］. 立信会计出版社有限公司，2021. 01.

［5］薛华勇. 经济法概论［M］. 苏州：苏州大学出版社，2021. 12.

［6］司丽娟. 经济法基础第 2 版［M］. 北京：中国财政经济出版社，2021. 05.

［7］谢慧. 经济法［M］. 重庆：重庆大学出版社，2020. 06.

［8］鞠齐. 米德超. 经济法第 11 版［M］. 成都：四川大学出版社，2020. 12.

［9］陆中宝. 经济法应试指导［M］. 苏州：苏州大学出版社，2020. 09.

［10］朱长根，张靖，谢代国. 新编经济法教程［M］. 北京：北京理工大学出版社，2020. 07.

［11］曾文革，陈咏梅. 际经济法案例选编［M］. 重庆：重庆大学出版社，2020. 01.

［12］潘慧明. 经济法［M］. 杭州：浙江大学出版社，2019. 03.

［13］王允高. 经济法［M］. 北京：北京理工大学出版社，2019. 08.

［14］崔巍，韩磊. 经济法［M］. 北京：北京理工大学出版社，2019. 08.

［15］揭莹. 经济法［M］. 重庆：重庆大学出版社，2019. 09.

［16］李亮国，邹娟平，刘秋蓉. 经济法［M］. 成都：电子科技大学出版社，2019. 06.

［17］李振华. 经济法概论［M］. 北京：中国民主法制出版社，2019. 12.

［18］李贺. 经济法理论·实务·案例·实训［M］. 上海：上海财经大学出版社，2019. 05.

经济法的理论
与实践研究

JINGJIFA DE LILUN YU SHIJIAN YANJIU

ISBN 978-7-5158-3495-5

9 787515 834955 >

定价: 78.00元